JN017242

2025 教員採用試験
年度 公務員試験研究会◎編 実務教育出版

差がつく
論文の
書き方

本書の特長

本書は３章からなり、多くの学生の論作文指導に携わってきた経験者の視点で、教員採用選考試験における論作文試験をいかに攻略するか，具体的な方策を示している。

第1章 基礎編

教員採用選考試験における論作文試験のねらい、実施状況、評価の基準など、実際に論作文を書くにあたって不可欠な基礎知識を説明している。

たとえば、説得力のある具体策の大切さ、制限時間・制限字数への対策、論作文の構想の練り方、論述の実際、表記の基本ルールなど、論作文を書くときにはきっと役立つだろう。

第2章 問題演習編

各自治体の論作文試験（論述試験等を含む）から教職経験者用の問題を含む出題例（課題文）を選び、出題例ごとに、出題のねらいや解答のポイントなど論作文を書くうえで必要な要素を満載している。

また、本章は、解答へのアプローチの仕方、課題文の構成例、採点者が見るポイントなどの基本要素で構成されるSTAGE１、それに合格答案例とアドバイスを加えたSTAGE２、添削例とアドバイスを加えたSTAGE３の３つに分けられている。特に、合格答案例と現役の大学生が書いた答案の添削例は参考となるだろう。本書を読んだら、是非自分なりにまとめた考えを加えて、実際に手書きで論作文を書く練習をしてみてほしい。

課題文の構成例
合格レベルに達する論作文はこういう形になるだろうという構成であるが、あくまでも一例である。

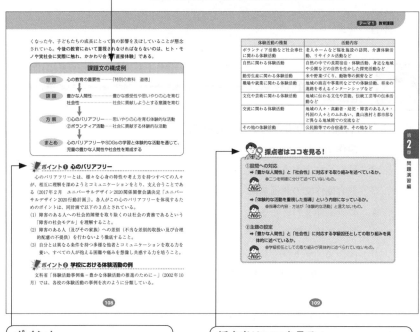

ポイント
課題文（出題例）に必要な視点や考え方など解答のポイントとなる点を示している。

採点者はココを見る！
採点者が評価するポイントと、逆にNG（No Good）と思われる部分を具体的に説明している。

第3章 資料編

　各都道府県・政令指定都市の教育委員会の求める教員像、中央教育審議会（中教審）の答申など重要資料を掲載している。

　特に、教育委員会が求める教師像については、面接試験等において問われることも多いので、よく覚えておくようにしてほしい。

2025年度版 教員採用試験 差がつく論文の書き方
目次

第1章
基礎編

第2章
問題演習編

STAGE 3

第3章
資料編

【凡例】小：小学校　中：中学校　高：高等学校　特：特別支援学校　養：養護教諭

第1章

基礎編

Ⅰ　教育論作文の書き方の基礎を知ろう

1　論作文のねらい

　教員採用選考試験では筆記試験（一般教養・教職教養・専門教養）、論作文試験、面接試験が課され、その他に模擬授業・実技試験・適性検査などが課されることもある。

　近年、教員志望者の減少に伴って教員採用選考試験の負担軽減を図る自治体もあるが、面接試験は100％、論作文試験は約60％の自治体で実施されている。人物を重視して優れた資質能力の教員を求めているのである。

　では、論作文で何をみようとしているのか。筆記試験（一般教養・教職教養・専門教養）では教員としての基礎的な教養や専門的な教養つまり知識の豊かさを問われるのに対して、論作文試験では多様な教育課題についての理解力とともにそれへの対応力や課題解決能力など教員としてのより実践的な力が問われる。

　例えば、近年の東京都の論作文問題は事例問題形式で、前年度の生徒の学習や生活に関する課題や生徒対象のアンケートの結果を踏まえた教育課題を取り上げるなど、教育現場に即した出題となっていた。前年度の課題を受けて主任が会議で本年度の重点事項や学年経営の方針を提示する。それに基づいて課題を明確にした上で教師としての具体的な方策を二つ述べることが求められる。出題の背景や教育課題を正確に理解し、対応策を具体的に述べることが必要である。

（1）多様な教育課題の理解と見識

　現在、学校をとりまく様々な教育課題がある。学校ではそれらの課題を解決するための取り組みが行われている。そして、論作文では具体的な教育課題に対する「あなたの考えと取り組み」を述べることが求められる。ここでは現在の教育課題の理解とともに受験者の見識が問われる。

　日ごろから学校教育に関する国の動向や都道府県の教育施策等に目を配り、教育課題について児童・生徒の実態や社会的背景と関連付けて自分の考えをまとめておくことが大切である。

（2）具体的な問題への対応力

　受験者にとって論作文が難しいのは、まだ教師になっていないのに教師として何をどのように実践するかを具体的に答えなければならない点である。**具体策は机上の空論ではなく、学校現場や生徒の実態に即した実行可能なも**

のや実効性のあるものが求められている。その前提として学校や子どもの現状への理解が必要である。また、**論作文では一人の若手教師として教育への情熱や意欲的な姿勢が問われる**。

　各都道府県の教育委員会も公立学校の教員採用選考試験を実施するにあたって求める教師像を示しているが、そのもとにある文部科学省の考え方を理解しておくことは大切である。文部科学省は「魅力ある教員を求めて」というパンフレットを作成し、優れた魅力ある教員の確保の必要性を次のように説明している。

「教育は人なり」といわれるように、学校教育の成否は、教員の資質能力に負うところが極めて大きいと言えます。特に、「確かな学力」と「豊かな心」、「健やかな体」などの「生きる力」の育成やいじめ、不登校など学校教育を巡る様々な課題への対応などの面で、優れた資質能力を備えた魅力ある教員の確保は、ますます重要となっています。

　そして、教員に求められる資質能力を次の二つに分けて説明し、それらを総合して優れた教員の条件を以下のようにまとめている。

1　いつの時代にも求められる資質能力
　①教育者としての使命感
　②人間の成長・発達についての深い理解
　③幼児・児童・生徒に対する教育的愛情
　④教科等に関する専門的知識
　⑤広く豊かな教養

2　今後特に求められる資質能力
　①地球的視野に立って行動するための資質能力
　②変化の時代を生きる社会人に求められる資質能力
　③教員の職務から必然的に求められる資質能力

【優れた教員の条件】
　①教師の仕事に対する強い情熱（教師の仕事に対する強い使命感や誇り、子どもに対する愛情や責任感など）
　②教育の専門家としての確かな力量（子ども理解力、児童・生徒指導力、集団指導の力、学級づくりの力など）
　③総合的な人間力（豊かな人間性や社会性、常識と教養、礼儀作法をはじめ対人間関係能力など）

各都道府県の教育委員会が求める教師像

〈例1〉東京都教育委員会が求める教師像

1　教育に対する熱意と使命感をもつ教師 　・子供に対する深い愛情 　・教育者としての責任感と誇り 　・高い倫理観と社会的常識 2　豊かな人間性と思いやりのある教師 　・温かい心、柔軟な発想や思考 　・幅広いコミュニケーション能力 3　子供のよさや可能性を引き出し伸ばすことができる教師 　・一人一人のよさや可能性を見抜く力 　・教科等に関する高い指導力 　・自己研さんに励む力 4　組織人としての責任感、協調性を有し、互いに高め合う教師 　・より高い目標にチャレンジする意欲 　・若手教員を育てる力 　・経営参加への意欲
教員に求められる基本的な四つの力 ①　学習指導力　　　　　　②　生活指導力・進路指導力 ③　外部との連携・折衝力　④　学校運営力・組織貢献力

「東京都教員人材育成基本方針【一部改正版】」(2015.2) より

〈例2〉愛知県教育委員会が求める教師像

1　広い教養と豊富な専門的知識・技能を備えた人 2　児童生徒に愛情をもち、教育に情熱と使命感をもつ人 3　高い倫理観をもち、円満で調和のとれた人 4　実行力に富み、粘り強さがある人 5　明るく、心身ともに健康な人 6　組織の一員としての自覚や協調性がある人

〈例3〉　大阪府教育委員会が求める教師像

1　豊かな人間性
　　何より子どもが好きで、子どもと共感でき、子どもに積極的に心を
　　開いていくことができる人
2　実践的な専門性
　　幅広い識見や主体的・自律的に教育活動に当たる姿勢など、専門的
　　知識・技能に裏打ちされた指導力を備えた人
3　開かれた社会性
　　保護者や地域の人々と相互連携を深めながら、信頼関係を築き、学
　　校教育を通して家庭や地域に働きかけ、その思いを受け入れていく
　　人

（第3章資料編P.224〜231参照）

2　教育論作文の実施状況

（1）論作文の実施状況

　近年の教員採用選考試験では、全国の自治体のうち60％ほどの自治体が
論作文試験を実施している。論作文試験については一次選考で課す自治体と
二次選考で課す自治体がある。出題形式、制限時間、字数などは自治体に
よって様々である。そこで受験者は自分が受験する自治体の過去の問題を調
べてそれに応じた準備をする必要がある。また、教職経験者や社会人経験者
対象の特別選考で教養試験に代わって論作文が課されることもある。

（2）論作文のテーマ

　論作文試験に出題されるテーマの傾向は次の3通りに大別できるが、多い
のは①や③及び①＋③のパターンである。

　　①**教育論**（教育の目的、教育の在り方、教育の時事的課題等）
　　②**教師論**（理想の教師像、教師としての使命感、教師の資質・能力等）
　　③**指導論**（学習指導、生徒指導、学級経営、学校現場の課題等）

　①については学習指導要領の改訂など国レベルの改革をはじめ教育改革の
大きな流れを理解しておく必要がある。そして、**重要な答申や報告に用いら
れているキーワードを論作文の中で使いこなせるようにしておくとよい。**

　また、②については**まず自分が教師を志望する理由を自分自身の中で明確
にしておくことが大切である。**そして**生徒や保護者からどのような教師が望
まれているか、教師として求められる資質・能力とは何かなど**について答申

第1章　基礎編

等を踏まえて自分の考えをまとめておくべきである。

③は受験者の課題解決能力をみる問題である。「不登校」「いじめ」「スマホ使用」など、学校で起こっている様々な問題についてその社会的背景の理解とともに対応策が求められる。**学校や児童・生徒の実態に関する情報収集に努め自分の意見や対応策を考えておくことが必要**である。

（3）論作文問題の類型

論作文問題を出題形式の上から分類するといくつかの類型に分けることができる。しかし、出題形式は自治体ごとに例年ほぼ決まっており、自分が受験する自治体の出題形式に応じた対策を考えておくべきである。

①**普通の論述問題**（一般的な論述問題）

最も多い形式であり、まず現在の学校教育等に関する課題の提示があり、それに関する受験者の考えや教師としての具体的な取り組みを求めるものである。この形式は教員採用選考試験の論作文問題で圧倒的多数を占めている。前半ではその教育課題が問題となる児童・生徒の実態や社会的背景への認識が、後半ではその課題解決のための教師としての具体的な方策が問われる。前半と後半がはっきり分かれていない問題であっても、受験者としてはこの2点に触れるように答えていくことが望ましい。

②**事例をみて論述させる問題**

学校現場で実際に教師が直面するような事例の文章を読ませ、その事例に関する受験者の考えや教師としての具体的な取り組みを求める。近年の東京都の問題はこの形式であったが、全国的にはこの出題は少ない。

③**調査・統計をみて論述させる問題**

国や都道府県教育委員会等の調査や統計資料等を示して教育課題の解決のために取り組むべき課題を指摘させ具体的な方策を求める。

④**資料・原典等を読んで論述させる問題**

「次の文章を読んで教師を目指すあなたの考えを述べよ」という形で提示した文章を読ませ、教育に関する受験者の考えを論述させる。

⑤**抽象的な題材について論述させる問題**

「しなやか」「間」「創」等の抽象的な課題についての論述や「つまずく」「踏み出す」等の言葉を示して教育観や体験に関わる論述を求める。

（4）制限時間と字数

制限時間は自治体によって30分～90分と様々であり、字数も300字～1,200字と様々である。60分で800字というのが平均的である。字数を示すのではなくA4用紙1枚やB4用紙1枚という場合もある。

　字数については例えば800字でも「800字以内」、「800字程度」、「600～800字以内」など自治体によっていろいろである。「600～800字以内」の場合はその範囲内であればよいが、下限の600字に近いよりは上限の800字に近い方が望ましい（量と質が関連することが多いので）。「800字以内」や「800字程度」の場合はなるべく800字に近い字数であることが望ましい。**目安としては90％以上の近似値**、つまり「800字以内」であれば720字以上800字以内を目指すとよい。「800字程度」の場合は800字を超えることがあってもよいが、その超過部分もあまり大幅にならぬよう配慮すべきである。

　受験者にとって重要なのは時間と字数の関係である。「60分で800字」が平均的であるが、「30分で600字」や「60分で1,200字」という時間的にかなり厳しい自治体がある一方、「80分で800字」という比較的ゆったりした自治体もある。この時間と字数の条件が論作文試験の難しい理由の一つでもある。特に時間的に厳しい自治体の場合は構成と時間配分を厳密に計画し、練習を通じて時間の感覚を身に付けていくことが必要である。

3　教育論作文の評価基準

（1）問題に正対していること

　論作文は答案であり、出題されたテーマに即した文章を書かねばならない。自分は出題された問題に対してこれから答えていくのだという基本的な姿勢を堅持することが大切である。そのためにはテーマの正確な把握が前提となる。

　例えば、出題テーマが「自他の生命を尊重する心を育てる」という場合、それが不十分であるために社会で、また学校で、さらに子どもたちの間ではどのような困ったことが起きているかと考える。そこから自分の志望校種や担当教科ではどんな取り組みが有効かと考えるとよい。事例問題などで問題文が長い場合は、問題文を正確に読み取って出題テーマを正しく把握する必要がある。問題文の中にヒントが含まれていることもあるのでキーワードに注目して注意深く読み込み、そこに含まれる教育課題を解決する具体策を述べていく。

　また、**出題された問題文中のキーワードに注目する**ことも大切である。それを冒頭に用いることで出題された問題に対して答えていく姿勢を示すことができる。また、最後のまとめに用いることで、出題テーマに即して述べてきたのだという自分の姿勢を示すこともよい。

　問題への正対に関して陥りやすい過ちは、**受験者が練習段階での答案をそ**

のまま再現しようとしてしまうことである。これにはテーマの類似性や時間の制約等の理由が考えられるが、決してあってはならないことである。既に出来あがった論作文の再現は採点者に鋭く見抜かれると心得るべきである。

　また、課題解決につながる適当な具体策が思い浮かばないために、例えば「教師と生徒の信頼関係の確立」など、誰も反対しようがない原理原則と言えるような方策に立ち戻ってしまうことによって、問題への正対が弱くなることもあるので注意が必要である。

（2）論理的に筋が通っていること

　全体の構成がしっかり整って論理が一貫している文章であることが大切である。俗に「風通しのよい文章」という言い方がある。一読しただけで筆者の言おうとすることがすっきりわかる文章のことである。その条件は、何よりも全体の論理的な構成であるが、表現技術の上でも工夫すべきである。

　例えば、**内容的なまとまりによって適当な段落分けがなされていれば理解**しやすい。また、**一文の長さにしても短文の積み重ねの方が理解しやすく**、前後の照応がおかしい文になる危険も回避することができる。日ごろから短文の積み重ねで表現することを心がけておくのがよい。

　教員採用選考試験の論作文の場合、採点者は限られた時間で多くの論作文を読んで評価しなければならないので、何度も読み返さないと意味がつかみにくいということではよい評価を得られない。段落分けや一文の長さなども読み手を意識して工夫すべきである。

　論理的な構成とするためには、**問題を見て論作文を書き出す前に、しっかり全体の構想を練ることが大切である。その際、全体の構想メモを作成する**とよい。構想メモは自分が参考にするものであり、文章ではなく単語や熟語レベルのものでよい。いざ書き出してからは構想メモを参考にしながら一気呵成に書き上げる。これが制限時間のある中で論理の一貫した論作文を書くコツである。

（3）当事者としての姿勢を示すこと

　教育論作文では、多くの場合、「このことについて、あなたは教師としてどのように取り組んでいくか」と、出題テーマに関する受験者自身の具体策が求められる。ここでは問題となっている教育課題に取り組む当事者としての意識が前提となっている。

　不合格となる論作文のよくない傾向として「第三者的」「評論家的」とみなされる語尾表現がある。代表的なのは「〜だろう」という表現で、「〜だ」や「〜である」に比べて当事者意識の弱さが目立つ。**ズバッと言い切る断定**

の表現は書き手の強い気持ちを表して当事者意識を感じさせる。さらに、書き手の自信に満ちた余裕ある態度まで感じさせる。

（4）学校現場に即した立論や具体策であること

　論作文試験があくまでも教員採用選考試験の一環である以上、出題された問題で問われている「あなたの考え」や「あなたの取り組み」等は学校現場や児童・生徒の実態等に即したものでなければならない。

　ある意味で上記（3）とも関連するが、論作文が一般論や抽象論で終始してはならない。例えば、家庭の貧困による教育格差や学力への不安など社会的に問題視されている教育課題、学級崩壊や障がいのある児童・生徒への支援など現実に学校で取り組んでいる教育課題、いじめや不登校など最近の生徒の実態など、出題の中で問題になっている教育課題に対する受験者の考えであり具体策である必要がある。

　言い換えれば**論作文にリアリティがなければならない**ということである。具体策は、机上の空論でなく、児童・生徒の実態や学校の実情を踏まえ、実行でき、かつ実効の上がるものでなくてはならない。そのためには、学校で児童・生徒や教職員と接して教育の現場を直接体験することが重要であり、教育実習はそのための絶好の機会である。教育実習を通じて児童・生徒への対応や教師の仕事について学ぶことが教師としての取り組みを考える時の参考になる。また、学生時代に教育ボランティア等で実際に児童・生徒と交流して彼らの実態を知り対応方法を学ぶこと、教育界の出来事や新しい教育課題などの情報に目配りしておくことも大切である。

（5）実践的指導力を感じさせる取り組みであること

　最近の教員採用選考試験は受験者の教師としての実践力を問う傾向が強まっており、教員経験のない受験者も論作文や面接で教師としての具体的な取り組みや対応策を問われる。

　例えば、教員採用選考試験で問われる「あなたの取り組み」とは「**一人の若手教師としてのあなたの取り組み**」ということである。そこで、**まずは一人の若手教師が努力して達成できる範囲の解答が求められていると考えて自分の校種や教科に即した取り組みを考えるのがよい。**

　しかし、当然のことながら、教師の仕事はチームプレーで進めることが多く、また近年はチームとしての学校ということが強く求められている。**自分の取り組みを述べるにあたって、他の教職員との連携・協力や保護者や地域社会との連携の必要性についても配慮する必要がある。**

　教師としてなすべきことは、学習指導、学級経営、校務分掌、部活動指導

といろいろ考えられる。出題された問題に正対する取り組みとしてまず一人の教師として努力すべきことは何か、またそれが課題の解決に有効であるかを考えなくてはならない。それを行えば事態が改善されそうだなと読み手が感じるような取り組みであることが必要である。

　例えば、生徒の興味・関心を喚起する授業の実施に取り組む場合、そのために教科指導の研修に努めるというのでは一般的すぎるし、長期休業中に図書館や博物館で教材研究するというのも実施上の困難度という点で迫力不足である。生徒に調べさせ発表させる授業を行うために他の教職員と連携して図書室（館）やパソコン教室で調べ学習を行わせ、生徒の発表成果を冊子にまとめさせるなどの方が、生徒の動きや教師の授業計画力がうかがえてよい。こうした学びこそ、今求められている新しい学びのスタイルである。

参考① 評価の観点の公表

　かつて教員採用選考試験に関する不正問題が大きく報道され、文部科学省が都道府県教育委員会に教員採用選考試験に関する点検と改善を求めた結果、問題・正答・配点・評価の観点等の公表が促進された。

　例えば、東京都教育委員会は、令和5年夏実施の教員採用選考試験について問題・正答・配点等を公表した。また、それに先立って教員採用選考試験の実施要項に論文に関する主な評価の観点を次のとおり公表している。

> ○　課題把握
> ○　教師としての実践的指導力
> ○　論理的表現力

　また、神奈川県教育委員会もホームページに次のとおり論文試験の評価の観点を公表している。

> 論文試験の評価の観点について
> 論文試験（第一次試験受験者全員に実施）は、次の観点で評価し、総合的に評定します。
>
> | <表現> | <内容> |
> | --- | --- |
> | ・文字数（600字以上　825字以下） | ・着想 |
> | ・文章の構成 | ・論旨、結論 |
> | ・分かりやすさ | ・自分の考え |
> | ・表記の正確さ（誤字、脱字） | |

参考②　よい論作文と悪い論作文

　ここでよい論作文と悪い論作文の特徴を対照的に示すので、合格する論作文に必要な条件を理解してほしい。

項　目	よい論作文	悪い論作文
課題の把握	・出題テーマを正しく把握して具体策を考えている。 ・児童・生徒の実態や社会的背景を正しく理解して述べている。	・出題テーマの理解が不十分で具体策が対応していない。 ・児童・生徒の実態や社会的背景を十分理解していない。
論理的な構成	・全体が論理的に構成されており論旨が明確である。 ・きちんと内容に応じた段落分けがなされている。	・繰り返しや飛躍などがあり論理が明快でない。 ・内容に応じた段落分けがなされていない。
人物・個性	・自分の独自の考えをきちんと打ち出している。 ・自分の経験などに基づく個性的な意見を述べている。	・一般論を述べているだけで独自の考えがうかがえない。 ・教育に関する知識や情報の羅列に終始している。
実践的指導力	・課題解決の取り組みが具体的に述べられている。 ・取り組みの内容が実践的でその効果が期待できる。	・課題解決の取り組みが抽象的、一般的で具体性に欠けている。 ・取り組みの内容が学校や生徒の実態に即していない。
文章力	・誤字や脱字、文法的な誤り等がない。 ・適切な用語を用いており、字数の条件を満たしている。	・誤字や脱字、送り仮名や前後の照応等の誤りがある。 ・用語の使い方が不適切で、字数に過不足がある。

　よい論作文の条件を簡単にまとめると次の３点に絞られる。そして、多くの受験者にとって①②より③の方が難しい。

①　考えや取り組みの内容が出題に正対している。

②　日本語の文章表現として隙がない。

③　教師としての取り組みが具体的で充実している。

第1章 基礎編

4　教育論作文の難しさ

（1）説得力のある具体策

　前述の評価基準の中で当事者意識と学校現場に即した立論や具体策が大切であることを述べた。これらは互いに関連しており、教育論作文では現実の教育課題の解決を目指す受験者の姿勢や取り組みが求められている。受験者の中には教員（他府県受験）や非常勤講師の経験者もいることを考えると、現役学生の受験者は模擬授業とともに授業中に寝ている生徒をどう指導するかといった場面指導に十分な準備が必要である。

　特に、「このことについて、あなたは教師としてどのように取り組んでいくか」と具体策を求められる場合、まだ教師になっていない受験者が教師としての取り組みを述べることになる。**ここで学校現場で実効性のある具体策を述べることができればポイントが高くなる**。そのためには、まず学校現場の実情や児童・生徒の実態について理解を深めることが大切である。その意味で現職教員の仕事ぶりを間近に見て教えを受けたり、児童・生徒を直接指導したりする教育実習は重要な経験である。また、**市区町村の教育委員会や各学校が個別に募集する教育ボランティア等にも学生時代に積極的に取り組むことが望ましい**（当社『面接試験・場面指導の必修テーマ100』参照）。

　また、試験場で問題を見てその場で有効な具体策を考えるわけではあるが、全くの白紙状態から考えるというのでは時間的にも難しさがある。受験準備の段階で自分が教師になった時に取り組みたいと考える具体策を整理しておくとよい。その場合、学習指導、生徒（生活）指導、学級経営、部活動指導等の分野ごとに内容を整理して100字～200字程度の文章にまとめておくのがよい。

（2）オリジナリティのある論

　「このことについてあなたの考えを述べよ。」という問題の場合、結論としての自分の考えを述べるだけでなく、なぜそのように考えるのかという理由や根拠を示す必要がある。そして、自分の考えの理由や根拠を述べるにあたって、社会的な背景、児童・生徒の実態、自分の過去の経験などに触れることが、考えの根拠を示すとともに論のオリジナリティにつながる。

　試験場で問題を見た時、なぜ今このことが問題にされるのかと出題の意図や背景を考えることが問題に正対した答えを導き出すことにつながる。そのためには、まず日ごろから教育問題をはじめ広く世の中の動きに注意を払う習慣を身につけるべきである。特に教育問題については、インターネットや

関係雑誌等を通じて文部科学省や各県教育委員会の答申・調査・報告・施策等に関する情報を集め、現在の教育課題について理解しておく必要がある。

　また、児童・生徒の実態や自分の過去の経験に触れることもオリジナリティのある論作文を書く上で大切である。**教育実習や教育ボランティアを通じて見聞した児童・生徒の実態及び自己の体験など、自分の論の根拠として使えそうな事柄を事前に整理して短い文章にしておくとよい。**

（3）制限時間との戦い

　制限時間は論作文試験の難しさの大きな要素である。十分な時間があれば立派な論作文を書く力量のある人でも、例えば60分という限られた時間内に質量ともに優れた合格論文を仕上げるのは難しい。制限時間内に書き上げるための対策を考えておく必要がある。

　上記（1）（2）は、そのための論作文の材料整理にあたる。書くべき材料が整理されていれば問題に応じて対応できる。例えば、料理人が多様な食材を整えておき、お客様の注文に応じて手早く料理を仕上げるようなものである。**面接の対策としても想定される質問を分野ごとに分類してＱ＆Ａ形式の面接ノートを作成することが望まれるが、論作文に関する材料整理・情報整理も制限時間への対策として有効である。**

　そして、試験が近づいてきたら実際の試験を意識して制限時間内に書き上げる練習を繰り返すことによって時間の感覚を身に付けるようにしたい。

（4）マスターすべき形式

　論理的に一貫した「風通しのよい文章」が望ましいこと、そのために構想をよく練るべきことは前述した。しかし、例えば60分という限られた時間内で構想を練るのに割けるのはせいぜい10〜15分である。初めて問題を読んで試験本番の焦りの気持ちから十分に時間をかけて構想を練ることがないまま書き出すことも考えられる。その結果、論理的な一貫性に欠けたり論が繰り返しに陥ったりすることがある。

　構想を練る際には問題を読んでその答えとして何をどのように書くかを考えるわけである。書くべき内容は当然のことながら問題を見なければ考えることができない。しかし、形式については字数の条件が決められているので事前に対策を考えておくことが可能である。

　与えられた字数に合わせた構成を予め考えておくことができれば、構想段階ではその構成に合わせてどのような内容を書くかを考えることになる。例年の問題をもとに論作文の構成と字数配分等を予想し、練習を通じてその形をマスターするようにしたい。

5 制限時間と字数

（1）制限時間への対策

　論作文の難しさの一つは時間の制限があることである。前述したように論作文の時間は30分〜90分と自治体によって様々である。受験する自治体に応じて時間の使い方を研究することが必要である。時間配分について計画を立て、それに従って練習する中で時間の感覚を身に付けることが望ましい。時間配分を計画する際には、制限字数、構成、字を書くスピード等の条件を考慮する必要がある。

　ここで全国的に最も多い「60分で800字」の場合を例に**序論・本論・結論という3段落構成として字数と時間の配分を計画してみる**（下記③の本論を2つに分けて全体を**4段落構成**とすることも考えられる）。

【3段落構成】

①	7分	構想（全体の構想と構想メモ作成）	
②	15分	序論（論：問題から課題を明らかに）	→300字
③	25分	本論（策：課題に対する自分の方策）	→400字
④	10分	結論（教職への力強い決意とまとめ）	→100字
⑤	3分	点検（読み直しと誤字・脱字の点検）	
計	60分		800字

　ここでは本論の方策を400字とした。本論に充てられる字数にもよるが、一般に具体策は複数とするのがよい。また、それぞれの具体策を述べるにあたって、「①生徒の発表力を伸ばす授業」や「②生徒主体の学校行事の工夫」などと1行分使って見出しを立ててもよい。

　この計画では構想と点検に合計10分の時間が確保されているが、これは論作文の仕上がりに直接影響する大切なところである。特に構想にはできればもっと十分な時間を確保したい。

　そのためには受験者自身の字を書くスピードが問題となる。採点者に読みづらいという印象を与えることのないように書くことは大切であるが、字を書くスピードも大切である。字を書くスピードの遅い人は結果的に構想や点検の時間を削らざるを得ない。

　実際には論作文を書き進める途中で消しゴムで消して書き直すこともよくある。しかし、スピード感という点でマイナスである。書き始めたらなるべ

く消しゴムを使わずに先へ先へと書き進めるのがよい。それができるためには、はじめの構想がよく練られていることが必要である。**論作文を書き始める前に十分な時間を確保してよく構想を練り、書き始めたら構想メモをもとに一気に書き進め極力消しゴムを使わないようにするとよい。**

　論作文の練習の初期段階では質的レベルの向上をめざすべきであり、制限時間への対策は受験が近くなってきた時期に考えればよい。実際の試験が近くなってきたら、本番に近い形で練習する必要がある。例えば、受験する自治体の論作文が「60分で800字」の場合、時計で時間を確認しながら鉛筆と消しゴムによる手書きで練習してみる。特に構想を練るのに費やした時間はその都度記録しておき、自分が構想にどれほどの時間を費やすことができるかを把握する。また、最後に読み直して点検する時間を含めて60分という時間をどのように配分するのが適切かという時間の感覚を身に付ける。この際、構想を練ること自体が大切な練習であるので、なるべく今までに練習した問題を避け、初めて取り組む練習問題について書くようにするのがよい。

（2）字数への対策

　制限時間への対策とともに字数への対策も必要である。論作文試験の出題は内容的には様々であり、それを予め決めてかかることはできない。しかし、字数の条件は前年度までの例からほぼ予想できる。内容はわからなくても字数はわかっているので、それへの対策を考えておくのである。

　例えば、800字で述べよという問題の場合、800字でどのように書くかということは、800字の論作文をどう構成するかということである。その構成を予め計画しておき練習で形を身に付けておくのがよい。例えば前述のような800字の論作文であれば、序論・本論・結論の3段落構成または起承転結の4段落構成という形式を予め決めて練習してみるのである。

　段落構成には唯一絶対の正しいものがあるわけではない。実際の論作文試験では300字以内という自治体もあれば字数制限なしという自治体もある。論作文の構成は字数との関係で考えるべきである。しかし、3段落構成か4段落構成でほとんどの出題に対応できる。

　ここで東京都の最近の問題を例に字数配分の計画を立ててみる。最近の東京都の問題は従来の事例問題の形式ではなくなった。全校種の共通問題で、「志望する校種と教科等に即して」述べる。従来の「具体的な方策を二つ挙げ」「一つを350字程度で」などの書き方の細かい指示はなくなったが、「70分で1,050字」という大枠の条件は変わらない。

　問題文冒頭の「児童・生徒一人一人のよい点や可能性を引き出し伸ばす教育」が出題テーマである。「児童・生徒」については自分の志望する校種と教科等に即して小学校志望者は「児童」、中・高志望者は「生徒」と読み換える。従来の東京都の問題が「具体的な方策を二つ」挙げることを求めていたことを考慮して、教師としての取り組みを二つ述べる。その場合、問題文中の「よい点や可能性」に注目し、例えば、「よい点を引き出す」と「可能性を伸ばす」という二つに分けて教師としての取り組みを考える。

　次の「このことについて、……」以下の第二文も全体の構成を考える上で重要である。まず、「このことについて、あなたの考え」を述べる。それを第一段落として全体の序論とする。続いて「教師としての取り組み」を二つ述べる。それが第二・第三段落で全体の本論にあたる。最後に第四段落として100字程度のまとめがあると全体の形が整う。

　全体の字数配分は、過去の例を考慮して、「250＋350＋350＋100」と計画するとよい。つまり、序論（250字程度）で、出題テーマに関する「自分の考え」を述べる。続く本論①と本論②で、二つの「教師としての取り組み」をそれぞれ350字程度で述べ、最後に全体のまとめを結論として100字程度の独立した段落とするのである（次の【4段落構成】参照）。

　従来の東京都の問題は書き方について細かい指示があったが、この問題では「志望する校種と教科等に即して」が条件である。「志望する校種」とは小学校・中学校・高等学校・特別支援学校などのことである。「教科等」の「等」は養護教諭などが考えられる。この「志望する校種と教科等に即して」という条件は、従来の「具体的な方策」に対応する。つまり、教師としての自分の取り組みを具体的に述べるということは、自分の志望する「校種と教科等」に即して取り組みを述べることになる。

　例えば、小学校全科志望者の場合、過去数年の問題は、「あなたは、第5学年の学級担任である。」という一文で始まることが多かった。「第5学年の学

級担任」という具体的な条件が示されているので、具体的な方策も5年生向きの内容でなければならない。しかし、この問題ではその条件はないので、教師としての取り組みも具体的な学年を自分で想定して述べることになる。

　東京都の問題は、従来、小学校全科と小学校全科以外とで別問題であった。また、小学校全科以外の場合、A・B二問から一問選択で、A問題が「学習指導」の方策、B問題が「生活指導」の方策という傾向があった。小学校全科では、「学習面と生活面について具体的な方策を一つずつ挙げ」という問題もあった。この問題にそのような条件はないが、**教師としての取り組みを考える場合、学習指導と生活指導の双方を視野に入れておくとよい。**

　次に東京都の解答用紙（一行35字）に対応した字数配分の計画を例示する。内容的には「序論・本論・結論」の三つの部分からなるが、本論を①②に分けて全体を4段落構成とした（右端の行数は東京都の解答用紙に対応）。

【4段落構成】

序論　（論 ：校種に即して課題を明確化）	→245字	（7行）
本論①（策①：具体策①＝よい点を引き出す）	→350字	（10行）
本論②（策②：具体策②＝可能性を伸ばす）	→350字	（10行）
結論　（まとめ：教職への力強い決意とまとめ）	→105字	（3行）
計	1,050字	（30行）

6　論作文ノートづくり

（1）教育情報の整理

　論作文の出題テーマは前述のように「教育論」「教師論」「指導論」に大別できる。そして多くの場合、まず現在の学校教育等に関する課題の提示があり、受験者の考えや教師としての具体策を求めている。

　一部に都道府県教育委員会等の調査や統計資料等を示しつつ教育課題の解決の方策を求める問題がある。そのように明示されていない場合でも国レベルや都道府県レベルの教育課題を踏まえた出題になっていることが多いので、学力・いじめ・教育課程など現在の学校教育に関する課題について整理しておいたほうがよい。

　国レベルの新学習指導要領や重要な答申・報告、都道府県教育委員会の教育目標・教育振興基本計画・教育施策等に目を通すとともに、教育に関する時事的な知識を身に付ける必要がある。そのために教育関係書籍や雑誌のほ

か文部科学省や各都道府県教育委員会のホームページが参考になる。

　論作文対策としての**論作文ノートづくり**を勧めたい。論作文ノートでは分野ごとに項目を立てて情報を整理することを目標にするとよい。その整理に際しては自分にとって整理しやすく利用しやすい方法を工夫したい。例えば、次のような分野別に項目をピックアップしてみることも考えられる。

　　① 国レベルの教育動向（教育改革、重要な答申・報告など）

　　② 県レベルの教育動向（県の教育振興基本計画、県の教育施策など）

　　③ 学校・家庭・地域の課題（それぞれの課題、連携策など）

　　④ 指導上の課題（学習指導・生徒（生活）指導・進路指導など）

　　⑤ 教師の課題（目指す教師像・求められる資質能力など）

　　⑥ 生徒の課題（いじめ・不登校・基本的生活習慣など）

　この分類は例であり、大切なのは受験者が自分の知識や情報を論作文の中で使いこなせるように頭の中で整理することである。

（2）「考え」の根拠と取り組みの整理

　教育論作文では出題された教育課題について自分の考え（論）と教師としての具体的な取り組み（策）を述べることが求められることが多い。

　自分の考え（論）についてはその理由・根拠を示して論の合理性を確保しなければならない。例えば、かつての東京都の論作文問題では、「あなたの考え」を述べるにあたって「児童・生徒の実態」「社会的な背景」「今までの自分の経験」などを踏まえることを条件としていた。つまり、これらに触れながら自分の考えを述べることで、その考えが手前勝手なものでなく客観性や合理性を備えていることを示す必要があるのである。特にそれらの条件がない場合も、自分の考えの根拠を示すことを心がけるとよい。

　児童・生徒の実態等を、その場で考えるというのでは時間が足りなくなってしまう。教育論を展開する上で論拠として使えそうな児童・生徒の実態等について自分の経験や見聞したところを100字以内の短い文章にまとめ、見出しをつけて整理しておくのがよい。

　また、教職経験者や社会人経験者対象の特例選考の場合、教職経験から得た成果・課題や社会人としての経験を踏まえて述べることが求められる。特例選考受験者の論作文の中には自分の経験を長々と述べているものがあるが、経験そのものの紹介が目的ではないので注意が必要である。**自己の経験を簡潔に述べ、これからの教育実践にどのように生かしていくかを述べることが大切である。**

　教師としての取り組み（策）についても同様である。その場で考えるので

はなく、**自分が教師として何にどのように取り組むか整理しておくとよい。**課題解決のための具体策は一つだけとは限らないので考えられる限りの方策をピックアップしてみる。その際、教師としての仕事を例えば次のように分類し、その分類に従って考えられる方策をあげてみるとよい。

① 　教科担任として（授業の工夫・改善など）
② 　学級担任として（学級経営、生徒（生活）指導、進路指導など）
③ 　校務分掌として（学校経営への貢献、学校行事など）
④ 　部活動顧問として（対外的な活動、地域への貢献など）
⑤ 　保護者との連携（学級だより、教育相談、個人面談）
⑥ 　地域との連携　（総合学習、外部の教育力の活用、外部評価）

　これらのうち一人の若手教師として特に努力すべきは①であり、②や③も大いに期待される。自分なら何ができるかと考えておくのがよい。

　また、**あるテーマに関する「考え」と「取り組み」をセットにして自分なりに整理しておくとよい。**例えば、次のような表形式にしてテーマごとにカード化して整理しておき、あるテーマについて自分は何を書くかを予め準備しておくのである。このカードを何枚も作成することで、自己の知識・情報や「考え」と「取り組み」をセットにして整理しておくとよい。

【例】テーマ：学習意欲の向上

論	自分の考え （子どもの実態等から）	学習意欲の低下の現状 ・国内外の学力調査にみる学習意欲の低下 教育実習の経験から ・学業不振や不登校の生徒の実態
策	自分の取り組み （教師としての実践）	①考えさせる授業の工夫 ・教材の研究・開発と発問の研究 ②学ぶ意欲を高める授業の工夫 ・生徒による授業評価の実施と活用

（3）取り組み（策）の吟味

　教育論作文では、教師としての取り組み（策）を具体的に述べることが求められる。現場経験の乏しい新卒の受験者の場合は、机上プランになりかねない。受験者の中には非常勤講師などで実際に教壇に立つ経験を持つ既卒者もいる。そこで、自分の考えた取り組み（策）が、実際に学校で課題を解決することに役立つものか否か、吟味する機会を持つことが望ましい。

　そのためには、**学校現場の実情に通じた人（例：恩師、教育実習の指導教官、先輩など）に自分の考えた取り組み（策）を説明し、その実行性や有効性を評価してもらうのがよい。**学校現場の実情に通じた人の目によって価値ありとみなされた取り組み（策）であれば論作文にも活用できる。

第1章　基礎編

Ⅱ 教育論作文を実際にどう書くか

1 構想を練る

(1) 出題の背景を考える

　構想を練る時には何をどのように書くかを考えるわけで、これはいわば出題された問題に対する自分の解答を見つけ出すことである。それが解答として的外れにならないためには出題の背景を考えることが大切である。

　「魅力ある教師、信頼できる教師とはどのような教師であると考えるか。このことについて、あなたの考えを述べなさい。」（福井県／全校種）という問題を例に考えてみる。まず今なぜ魅力ある教師や信頼できる教師が問題となるのか、そのような教師が求められるのは逆にそのような教師が少ないために学校教育や子どもたちに問題が起きているのではないかと考える。このように**出題の背景を考えることから解決すべき教育課題を限定し、自分の考えや取り組みに結び付けていくとよい。**すぐに魅力ある教師像あるいは信頼できる教師像が浮かんだとしても、論理的に説明して自分の考えの合理性・妥当性を示す必要がある。

(2) 構想の時間を確保する

　論作文試験は制限時間と指示された字数という二つの条件のもとで書くことになる。時間的な制約を意識するあまり問題を見てすぐ書きはじめるようでは論理的に整った論作文を書くことは難しい。また、考えながら書いていくと文章を前に遡って手直しするようなことになり時間的にもロスが大きくなりかねない。

　従って、**問題を読んで構想を練る時間をしっかり確保することが大切である。**確保すべき構想時間は制限時間・字数・筆記スピード等を考慮して各自で計画するのがよい。例えば「40分で1,000字」の論作文の場合であれば、構想に10分以上をあてる余裕はないと思われる。また「80分で800字」の場合であれば15〜20分を構想に費やしても書き上げることができるかもしれない。

　各自が練習を重ねて「**時間の感覚**」を身につけることが大切である。例えば、「70分で1,000字」の問題の場合、構想に費やす時間を10分、15分、20分といろいろ変えて練習してみる。そして1,000字の論作文を書き上げるのにどれだけの時間があればよいかをつかむ。この練習を積むことで自分が構想に使える時間が自然に決まってくる。

（3）構想メモを作成する

　構想を練る際には構想メモを作るとよい。この構想メモは人に見せるものではなく自分が理解できればよいので単語レベルや熟語レベルのものでよい。実際の試験でメモ用紙が配布されるとは限らないので、問題用紙の余白や裏面を利用してメモを作る。構想メモは全体の構成とそれに応じた内容をメモすることであるが、全体の構成は求められる字数に応じて予め考えておくのがよい。**全体の形を考えておいてその形に合わせて内容を考えることで、構想を練るのが楽になり時間を節約することができる。**参考までに例題と構想メモの例を示す。ここでは序論・本論・結論の3段落構成とした。

【例題】　教師にとって、生徒との信頼関係を構築することは、授業を行う上でも学級を運営していく上でも大切なことです。生徒との信頼関係を構築するためには、どのようなことが重要だと考えますか。あなたの考えを述べなさい。

（神奈川県／中／60分／600〜825字）

【構想メモの例】

●**序論**　・問題の受け止め
　　　　　　　①校内暴力の増加（対教師暴力を含む）
　　　　　　　②学級崩壊・授業崩壊
　　　　　・課題の把握（自分の考え）
　　　　　　　①信頼される教師の条件1＝授業力
　　　　　　　②信頼される教師の条件2＝生徒理解力

●**本論**　・実践する内容
　　　　　　　①授業の工夫・改善⇒わかりやすい授業⇒生徒の信頼
　　　　　　　②生徒理解の深化⇒個別面談の徹底⇒一人一人を理解

●**結論**　・まとめと決意
　　　　　　　骨惜しみせず時間を惜しまない生徒指導で生徒の信頼を得る

第1章　基礎編

（4）論理的であること

　構想メモの作成にあたっては、全体的に論理が通るように配慮することが大切である。上の構想メモ例でいえば、序論の後半にあたる「課題の把握（自分の考え）」の①・②と本論の「実践する内容」の①・②とが対応するように内容を考えるとよい。その意味で全体の構成を決めておけば構想を練る時に必ずしも文章のはじめから順に考えなくてもよい。**自分の考え（論）としてどのようなことを述べるか、自分の取り組み（策）としてどのような実践をするか、この（論）と（策）の2つをセットにして構想を練ることで論理が通る論作文にしていくのがよい。**

（1）書き出しについて

　論作文の序論については読み手の関心に訴えかける**魅力的な書き出し**が望ましいとされる。読み手の心を捉える書き出しの一文が理想である。読み手は同じ問題の論作文を次々と読んでいくので意表をつくような書き出しに出会うと新鮮な感じを受ける。しかし、これは書き手の文才や発想の豊かさによるところが大きい。

　十分に構想を練って結論として述べるべきことが決まっていれば書き出しのところで結論を先に述べるような方法も可能である。これは頭括法と呼ばれる叙述方法であり、時間制限のある論作文で用いるには難しさがあるが、読み手に新鮮な印象を与えることが期待できる。

　いずれにせよ教育論作文で奇を衒うような書き出しを目指す必要もないし、実際の試験では時間の都合もあるので文章表現に凝っていては時間が足りなくなるおそれがある。書き出しの表現よりは内容が的外れにならないように留意すべきである。

（2）問題への正対

　書き出しの序論の部分は出題された問題と本論をつなぐ役目がある。**論述にあたって「これから自分は出題された問題に対して答えていくのだ」ということを常に意識し、その思いを文章にも表現していくべきである。これが問題に正対するためのポイントである。**

　また、具体的な取り組みを考えるためには、今なぜこのことが問題にされているのかと出題の背景を考えることが必要である。次の問題を例に考えてみる。

　「さいたま市は、求める教師像の一つに、『豊かな人間性と社会性』を備えた教師を挙げています。あなたは、『豊かな人間性と社会性』を身に付けるために、どのような努力をしていきますか。あなたが目指す教師像にも触れ、具体的に述べなさい。」
　　　　　　　　　　　　　　　　　　　　　　　　（さいたま市／小・中・養）

　今、なぜ「豊かな人間性と社会性」を備えた教師が求められているのかと出題の背景を考える。平成22年1月、文部科学省は教員の資質向上策の抜本的な見直しに着手するにあたり、各方面に幅広く意見を求めた。当該県教育委員会は、その回答の中で、養成段階・採用段階・初任者段階にある教員に求められる能力の第一番に「豊かな人間性と社会性」を挙げている。若手

教師には、豊かな人間性、使命感、情熱を備えていること、社会人として必要とされる基本的な知識・教養・常識や社会的なマナーを備えていることが求められているのである。このように各自治体の問題について出題の背景を考える時にも国レベルの答申や報告が参考になるので目を通しておくことが望ましい。

　また、実際の受験の場で特に参考にすべき資料が思い浮かばない場合は、「豊かな人間性と社会性」を備えていない教師による困った事例や教育上の問題を考えるとよい。このように逆に考えるところから教育上の課題とその解決策を述べる形で自らの取り組みを述べていくのである。

（3）具体策の準備

　論作文の問題として「あなたは教師としてどのように実践していくか」と具体的な取り組みを求められることが多い。そして**具体策の内容は論作文の評価を決定するほど重要なもの**である。なぜなら、**その具体策が出題された課題の解決に有効かつ妥当であれば、教師としての実践的な力量を示すことになるからである。**

　一方、教育問題の場合、原因にしても解決策にしても唯一絶対のものがあるわけではない。いじめや不登校にしても実際には個別の事情があり、有効な対応策もほとんどケース・バイ・ケースである。従って、教師としての具体的な取り組みについては具体策をなるべくたくさん自分の引き出しに蓄えておき、必要な時に取り出せるようにしておきたい。

　教育論作文の答として価値ある具体策については次に述べるが、**学校に赴任して間もない若手の一教師の取り組みということが前提である。**従って若手教師として自分が努力すべき分野を想定して、具体策を教科指導・学級経営・生徒（生活）指導・部活動指導・校内の協力体制・保護者や地域との連携等に分類して整理しておくとよい。

（4）具体策の価値

　具体策の価値は出題された課題の解決に有効であるか、また妥当であるかによる。「あなたは教師としてどのように実践していくか」という問題の場合、「私は〜のように実践する」と述べるわけで、ここには大切なポイントがいくつかある。それは次のような点である。

①実行性

　現実の学校現場で実践できる内容でなければならない。また、一人の若手教師として実践できる内容であることも大切である。全校を挙げて取り組まねばならない具体策は説得力に欠けることがある。その意味で授業の工夫・

改善などは個人の努力で実行できる代表的な取り組みである。

②有効性

　問題とされている教育課題の解決のための具体策として有効性のある内容でなければならない。その取り組みを行えば課題解決に役立つと思われる内容であることが必要である。構想を練る段階で解決すべき課題と解決する方策をセットで考えることが大切である。

③困難性

　具体策が楽に実行できるような内容では説得力に欠ける。一人の若手教師として全力を挙げて取り組むべき内容であることが望まれる。一人の若手教師が汗水流して努力する姿を髣髴（ほうふつ）とさせるような取り組みであることが求められる。例えば、子どもの指導に時間を惜しまず、また骨惜しみをしない実践で教育者としての熱意や使命感を感じさせるとよい。

3　論述の実際……その2

（1）論と策の対応

　次頁の福井県の問題は論作文問題の典型的な例である。前半で「これからの社会を生きる子どもたちに、どのような力が必要になると考えますか」と受験者の「考え」を問い、後半で「そのような力をつけるために、あなたはどのようなことに取り組みますか」と教師としての具体策を問う形である。前半の「考え」と後半「取り組み」を関連させて述べる必要がある。

　つまり、前半の考え（論）と後半の取り組み（策）の対応が求められているわけで、両者の間に論理的な整合性がなくてはならない。論理的な一貫性のある「風通しのよい文章」を書くために、はじめの構想の段階で両者をセットで考えることが大切である。そして、このことは他の自治体の問題にも応用できる。**まず前半で自分の考え（論）を述べ、次に後半で教師としての取り組み（策）を述べるという形を身に付けておくとよい。**

（2）具体策は複数で

　教育課題を解決する方策として唯一絶対のものがあるわけではないので、論作文の答としても課題解決に迫る複数の具体策を示すことが考えられる。例えば、次頁の福井県の問題は800字以内であるが、そのうちの500字〜600字位で複数の策を書くのがよい。ただし、**策の数が多すぎると個々の策の内容が薄くなるおそれがあるので、策は二つまでとするとよい。**この福井県の問題では子どもたちに必要な力や方策の数は指定されていないが、近年の東京都の問題では「具体的な方策を二つ」と指定されていた。

> 「あなたは、これからの社会を生きる子どもたちに、どのような力が必要になると考えますか。社会的な背景を踏まえて論じなさい。また、そのような力をつけるために、あなたはどのようなことに取り組みますか。教師としての立場から、具体的に800字程度で論じなさい。なお、問題文中の「子どもたち」とは、あなたが希望する校種（小・中・高・特支）の子どもを指します。」
>
> （福井県／全校種）

　この問題では、まず「あなたは、……どのような力が必要になると考えますか」とあるので、これからの社会を生きる子どもたちに必要な力は何かと考え、社会的な背景を踏まえて、例えば「課題解決能力」と「コミュニケーション能力」の二つの力に的を絞る。次に、それぞれの力をつけるための取り組みを具体的に述べる。その際、「課題解決能力」については授業の工夫・改善によって、「コミュニケーション能力」については学級経営の工夫によってというように、**二つの別角度からの取り組みによって課題の解決に迫っていくという述べ方がよい。**

　特に、**授業の工夫・改善は若手教師が取り組む教育実践として重要で、策として適当である。**また、その他の別角度からの取り組みも、先に具体策の価値としてあげた実行性・有効性・困難性への配慮が必要である。

（3）力強いまとめ

　論作文の最後には全体を締めくくるまとめとなる叙述がほしい。ここで大切なのは最後で再び問題文に立ち返ることで、問題への正対を確認することである。できることなら**問題文中のキーワードを用いて自分の主張を明快にまとめることで、出題された問題に対して答えてきたのだということを改めて**アピールするのがよい。

　また、**論作文の結びのことばには教師としての力強い決意表明がほしい**ところである。これは自分の教師としての決意であるから、あらかじめ用いる自分らしい言葉を考えておくのもよい。例えば、次のように出題テーマに結びつけながら教師としての基本的な態度・姿勢を表明するとよい。

　「私は生徒に○○○○を指導するために、時間を惜しまず、一人ひとりの生徒を深く理解し、信頼される教師となることを目指して全力を尽くす。」

（4）誤字・脱字の点検

　制限時間のある論作文試験では誤字・脱字が発生しやすい。誤字・脱字も程度問題であり、何箇所もあるようでは不合格となると覚悟しなければならない。適切な時間配分によって、ぜひ見直しの時間を確保したいところであ

る。

　誤字対策として漢字で書くことに自信のないことばは他の言い回しを考え**て使うのを避けるとよい**。しかし、これも自信がないという自覚があってのことで、無自覚のうちに間違えている場合は誤字を避けることができない。最近はパソコンの普及により文章を手書きすることが少なくなってきているため、大学生でも「生徒」を「生従」とするなど漢字を間違えて書く人がいる。教師は生徒の前で板書し説明するので、校種や教科にかかわらず基本的な国語力を身に付けておく必要がある。

（5）手書きの勧め

　論作文の練習は、ごく初期の段階ではパソコンでもよいが、なるべく実際の試験に近い状態で練習するためには**鉛筆と消しゴムによる手書きがよい**。手書きすることにより頭でなく手で字を覚えることができる。

　また、先に述べたように、手書きの場合は「よく構想を練り、書き始めたら構想メモをもとに一気に書き進め極力消しゴムを使わないようにする」のがよい。パソコンであれば前にさかのぼって訂正することが簡単にできるが、手書きの場合には「思考→決定→筆記」という流れが一方通行的に進行するわけで、頭の働き方に違いがある。

　誤字対策だけでなく、時間対策の練習として、また頭の使い方の練習としても手書きで練習することを勧める。

（6）具体的に述べるということ

　論作文では、教師としてどのように取り組んでいくかを問われる。その際、具体的に述べることが求められる。**教師としての取り組みを具体的に述べることが教師としての実践的指導力を示すことになるのである**。しかし、具体的に述べるという点で不十分な答案が多いのが実情である。

　このことについては、5W1H（いつ、どこで、誰が、なにを、なぜ、どのように）の発想が参考になる。例えば、教師として「なにを」「どの場面で」「どのように」行うかを述べ、その際どんなことに配慮するか、さらに事後の指導をどのように行うかなど補足的な内容も加えて、**一つの実践を詳しく具体的に述べるのがよい**。また、児童・生徒の指導に関する取り組みであっても、家庭や地域との連携に言及するなど複線的なアプローチもよい。論作文全体の中で自分の考え（論）と教師としての取り組み（策）との量的な比を１：２とし、「策重視の論作文」を計画するとよい。また、教師としての取り組みを二つにしてそれぞれを詳しく具体的に述べるとよい。

1　原稿用紙の使い方

　教育論作文は、多くの場合、字数の指定がある。解答用紙も１マスに１字ずつ記入する形になっている。字数制限がなく、罫線だけの解答用紙という場合もあるが、例外的である。一般に、原稿用紙はマス目になっている。例えば、市販の400字詰め原稿用紙は20字×20行の形式である。原稿用紙への記入について注意すべき点は以下のとおりである。

---

①１字１マスが原則

　促音（っ）や拗音（ゃ）は小さく書くが、これらも１字を１マスに書く。また、句点（。）や読点（、）、カッコのなどの符号類（「」や『』）などにも１マスを使う。しかし、2024年といった数字を横書きする場合には、20を１マスに、24を次の１マスに書いてよい。また、英単語を書く場合、大文字は１字１マス、小文字は２字１マスでよい。

②句読点や符号を行頭に置かない

　句読点やカッコのなどの符号類は行頭の１マスに書かない。それらが行頭に来てしまう場合は、前行の最後の１マス内に文字と一緒に書くか、マスの外に書く。

③題・氏名

　教育論作文では特に指定された場合でなければ題を書く必要がなく、また、受験番号や氏名の記入箇所も指定されていることが多い。一般に、原稿用紙に題と氏名を記入する場合は、初めの３〜５行を使って題と氏名を書く。題は２〜３マス空けて書き、氏名は行を変えて行末に１マス分の空きが残るように書く。

④書き出しは１字下げ

　本文の書き出しは１マス空けて２マス目から書く。段落を変えて改行する場合も、新しい段落の書き出しは１マス空けて２マス目から書く。「改行１字下げ」と覚えておくとよい。

2　文体

　ここでいう文体とは、文末が「〜だ。」や「〜である。」で終る常体、「〜です。」や「〜ます。」で終る敬体のことである。**教育論作文は、常体で書かれることが多い。**敬体は冗長な感じになりかねないが、常体は力強く引き締まった感じになる。特に気をつけて避けなくてはならないのは常体と敬体の混用である。全体が常体で書かれている中に敬体が一部混じっていると読み

手に違和感を与え、減点の対象になる。常体で書く場合も、常に文末が「〜だ。」や「〜である。」で終るのは良くない。文末がいつも同じでは稚拙な感じの文章になってしまうので、文末の表現には変化が必要である。

3　文末表現

　教師は教育問題の当事者であり、論作文は当事者意識に基づいて述べられていることが重要である。文末の「〜だろう。」「〜かもしれない。」などの表現は第三者的であり、当事者意識の欠如とみなされる。「〜と思う。」や「〜したい。」なども自信のなさを感じさせる弱い表現である。きちんと考えた内容を強く言い切る文末表現が望ましい。また、自分の考え（論）を述べる時の文末表現と教師としての実践（策）を述べる時の文末表現の使い分けに注意すべきである。双方の違いは、例えば次のとおりである。

・論の文末＝意見を述べる時の文末で、「〜である。」「〜と考える。」など。
・策の文末＝実践を述べる時の文末で、「〜を行う。」「〜を実践する。」など。

4　段落分け・前後の照応

　教育論作文では字数が指定されることが多い。全国的にみて最も多いのは800字であるが、これが段落に分けることなく書かれていては読みにくい。そこで、**序論・本論・結論の三段落構成か、起承転結の四段落構成**にすることが考えられる。段落分けは必ず「改行1字下げ」により、形の上でも一目で分かるようにする。**段落は形式的に区切られているとともに、内容的にも一つのまとまりになっていることが大切である。**

　また、例えば「私の考えでは、……だと考える。」といった一文の中で前後の照応がおかしい表現は、読み手に違和感を与えるので避けなくてはならない。一文の中で前後の照応がおかしくなる原因として、一文が長すぎることが考えられるので、短い文の積み重ねで書き進めるようにするのがよい。

5　用語・敬語

　教育論作文では教育関係の専門用語について的確な使用が求められる。例えば、「児童・生徒」とある場合、「児童」は小学生、「生徒」は中学生・高校生をさす。教育論作文では、「父兄」ではなく「保護者」を、「先生」ではなく「教師」を、「勉強」ではなく「学習」の語を用いるべきである。

　また、教師は生徒を指導する立場にあり、授業で生徒に「理解してもらう」という言い回しではなく、「理解させる」や「理解を促す」とするのがよい。

　文末が「〜だ。」や「〜である。」で終る常体で書くところから、教育論作文では基本的に敬語表現は必要ない。しかし、小学校時代の恩師について自

然な感じで敬語表現が用いられる場合などは問題ない。

6 横書き・縦書き・字数

　解答用紙は横書きが多いが、自治体によっては縦書きの場合もある。横書きでも縦書きでも基本的に書き方は変わらない。繰り返し符号は「々」以外は使わないようにするのがよいが、特に横書きでは「々」以外は使わない。また、横書きでは算用数字を、縦書きでは漢数字を用いることが多い。「一般的に」「二者択一」「三拍子」など慣用的な表現の場合は、横書きでも漢数字を用いる。

　教育論作文は多くの自治体で字数が指定される。例えば、「800字以内」という指定で、解答用紙が20字×40行の場合、最後の40行目まで書いてあることが望ましい。また、全体が序論・本論・結論の三段落構成になっている場合であれば、冒頭以外に「改行1字下げ」の形が2箇所ある。第一段落と第二段落の最終行は20字全部が文字で埋まっていないわけだが、そのような行についても20字と数えてよい。つまり、**字数は、実字数ではなく、空きマスも含めて数える。**

7 漢字・仮名・送り仮名

　漢字書きと仮名書きの使い分けについては、2010年に内閣によって告示された新しい常用漢字表が基本になる。また同表にない漢字の使用を避け、同表にない音訓の使用を避けるのが原則である。しかし、同表は漢字使用の目安であり、この原則に合わない慣用的な表現が広く用いられている。例えば、「なお」「さらに」などの副詞、「ただし」「ゆえに」などの接続詞はひらがなで書くのが適当である。逆に「主に」「〜の中で」など漢字書きの方が意味の明確なものには漢字を用いるのが適切である。

　また、送り仮名については1973年に内閣訓令として告示され1981年に一部改正された「送り仮名の付け方」によるのが原則である。これは、送り仮名の付け方のよりどころを示したものであるが、通則1から通則7までの原則に加えて、慣用的な「例外」や「許容」が示されている。漢字と仮名の使い分けや送り仮名については、日頃から書物・新聞・雑誌などを読んで日本語の表記について習熟していることが必要である。

8 誤字・脱字

　「専門→専間」「成績→成積」「不可欠→不可決」などの誤字は減点の対象となる。内容的に優れていても、誤字があれば書き手の教師としての資質に疑問を持たれる。日頃からの読み書きの習慣とともに、論作文を書き上げた後で推敲の時間を確保して誤字や脱字を点検することが大切である。

第2章

問題演習編

「学校における働き方改革」として取り組みたい業務

 「新しい時代の教育に向けた持続可能な学校指導・運営体制の構築のための学校における働き方改革に関する総合的な方策について（答申）」（平成31年1月　中央教育審議会）において、これまで学校・教師が担ってきた代表的な業務の在り方に関する考え方について、以下のとおりに整理されました。これらのことを踏まえて、あなたが学校における働き方改革として取り組みたい業務を①〜⑭から二つ選び、選んだ理由についてそれぞれ述べるとともに、そのうち1つの業務についての改善に向けた取組を具体的に述べなさい。

［基本的には学校以外が担うべき業務］

　①登下校に関する対応　②放課後から夜間などにおける見回り、児童生徒が補導された時の対応　③学校徴収金の徴収・管理　④地域ボランティアとの連絡調整

［学校の業務だが、必ずしも教師が担う必要のない業務］

　⑤調査・統計等への回答等　⑥児童生徒の休み時間における対応　⑦校内清掃　⑧部活動

［教師の業務だが、負担軽減が可能な業務］

　⑨給食時の対応　⑩授業準備　⑪学習評価や成績処理　⑫学校行事の準備・運営　⑬進路指導　⑭支援が必要な児童・生徒・家庭への対応

　　　　　　　　　　　　　　　　　　三重県　全校種　60分300字以内

※なお、本問は他の2問と合わせて3問60分である。

 出題のねらい

　学校における働き方改革として取り組みたい業務を二つ選び、それぞれ選んだ理由を明らかにする。そのうちの一つについて、改善に向けての具体的な取組について論述する。いずれも、あまり経験のない領域なので、論述するのが難しいが、小中高時代の経験や教育実習、学校ボランティア等の経験を踏まえて述べることが求められる。児童生徒の休み時間における対応や部活動、給食時の対応等比較的取り組みやすい業務もある。

解答へのアプローチ＆キーワード

1 本来学校が担うべき業務

前掲の中教審答申では、**学校が担うべき業務を下記のように大きく3つに分類している。**

① 学習指導要領等を基準として編成された教育課程に基づく学習指導

② 児童生徒の人格の形成を助けるために必要不可欠な生徒指導・進路指導

③ 保護者・地域等と連携を進めながら、これら教育課程の実施や生徒指導の実施に必要な学級経営や学校運営業務

教師は、こうした業務に加え、その関連業務についても、範囲が曖昧なまま行っている実態がある。一方、教師以外が担った方が児童生徒に対してより効果的な教育活動を展開できる業務や、教師が業務の主たる担い手であっても、その一部を教師以外が担うことが可能な業務は存在している。我が国の学校・教師が担う業務の範囲は、諸外国に比べて多岐にわたり、これらの中には、法令で明確に位置付けられた業務もあれば、半ば慣習的に行われてきた業務もある。

その上で、学校・教師が担う業務の明確化・適正化を図るため、学校関連の業務を、課題文に見られるように3つの視点で①〜⑭の業務に分類した。

課題文の構成例

背景　子どもたちが抱える困難の多様化・複雑化
学校や教師に対する期待の高まり

⬇

現状　長時間労働の常態化—過労死や精神疾患者等の増加など
教員志願者の減少

⬇

課題　教員の業務の明確化・適正化

⬇

方策　学校関連業務の見直し
○放課後から夜間にかけての見回り
○調査・統計等への回答等
○部活動の指導

⬇

まとめ　児童・生徒も教員も共に生き生きとした学校生活の実現

ポイント❶ 改善に向けた取組

　①〜⑭の学校関連業務のいずれについても、その改善策について述べるのは難しい作業となる。したがって、できるだけ興味関心のある領域か実際に教育実習や学校ボランティア等で関わった業務について論述するとよい。

　「部活動」はそのうちの一つなのかもしれない。しかし、最も関心があり、自ら体験した部活動であっても、改善に向けた取組を考えるのは容易なことではない。しかも、部活動は学習指導とともに学校生活の中で最も重要な教育活動の一つであり、部活動に熱心に取り組む教師もいることから、それらの事情にも配慮する必要がある。

 ## ポイント❷ 文科省有識者会議の緊急提言（令和5年8月28日）

　教員の多忙さが十分に是正されず危機的状況にあるとして、中教審特別部会の有識者会議が様々な改善策を盛り込んだ緊急提言を行った。小学校高学年の教科担任制の強化や国の基準を大きく上回る授業時数の削減、学校行事の精選・重点化、準備の簡素化・省力化を提言。プリントの用意や来客対応などの仕事をサポートする「**教員業務支援員**」の全公立小中学校への配置。また、副校長・教頭**マネジメント支援員**、**スクールカウンセラー**や**スクールソーシャルワーカー**、**学習指導員**、**部活動指導員**等、支援スタッフの充実。学校と保護者間の連絡手段のデジタル化など、ICT活用による校務効率化を進める。提言は、こうした業務削減によって、教員が学習指導や生徒指導など専門性を発揮できる時間を確保できれば、公教育の質の向上にもつながるとした。論述の際には緊急提言や各自治体の最近の動向等を踏まえる必要がある。

緊急提言の主な項目

①業務の適正化
・学校や教員の業務に優先順位をつけて負担軽減を図る対応策の例示
・標準を大幅に上回る授業時間数の見直しや学校行事の精選
・生成AIをはじめ情報技術を活用した校務の効率化
②働き方改革の実効性の向上
・保護者からの過剰な苦情への対応で、首長部局との連携を含めた支援体制の構築
③持続可能な勤務環境の整備
・全ての小中学校への教員業務支援員や副校長・教頭マネジメント支援員の配置

・主任手当や管理職手当の増額

・奨学金の返済支援の検討

 ポイント❸ 学校における働き方改革の推進（「令和4年度　文部科学白書」）

学校における働き方改革の推進（一部）

学校における働き方改革は、特効薬のない総力戦であるため、国・教育委員会・学校それぞれの立場において、取組を着実に推進し、教師が教師でなければできないことに全力投球できる環境整備が必要

教育委員会

●勤務時間の客観的な把握の徹底
労安衛法により義務付けられているICカードやタイムカード等の記録による客観的な方法での勤務実態の把握を徹底するための環境整備の推進

実施割合 (R4.9.1時点)	
都道府県	100%
政令市	100%
市区町村	93.3%

●各取組の推進
(例)上限指針を踏まえた条例・規則制定、働き方改革の方針策定、学校閉庁日、留守番電話設定、支援スタッフの配置、校務支援システムの導入、調査・統計業務の削減等

●スクラップ＆ビルドを原則とした施策推進

●学校運営協議会制度の導入や地域学校協働本部の整備を推進

学校

●業務の見直し・削減
学校の伝統として続いているが、必ずしも適切といえない又は本来は家庭や地域社会が担うべき業務を削減

●地域・保護者等との連携
コミュニティ・スクールや地域学校協働活動を活用し、保護者や地域住民等と教育目標を共有しながら、適切な役割分担を進める

 採点者はココを見る！

①設問への対応

➡ 中教審の答申や緊急提言、また、それらに対応した自治体の動向等を踏まえて、①〜⑭のうちの2つの業務についての理由が論述されているか。

 ●一般論に終始し、曖昧な論述で明確な理由が述べられていないもの。

②主題の設定

➡ 理由が述べられた事項のうちの一つの業務について、具体的な改善策が論述されているか。

 ●改善に向けた方向性に乏しく、具体的でないもの。

 読んでおきたい資料集

●中教審答申「新しい時代の教育に向けた持続可能な学校指導・運営体制の構築のための学校における働き方改革に関する総合的な方策について」（2019年1月）

●中教審質の高い教師の確保特別部会「教師を取り巻く環境整備について緊急的に取り組むべき施策（提言）」（2023年8月）

第2章　問題演習編

グローバル化に対応できる人材の育成

 京都府教育委員会では、「京都府教育振興プラン」の見直しを行い、本年4月に「平成28年度改訂版」をスタートさせました。その中で、「グローバル化に対応できる人材の育成」を主要な施策の方向性の一つとして掲げていますが、「グローバル化に対応できる人材」とはどのような人材であると思いますか、あなたの考えを述べなさい。また、そのような人材を育成するためには、学校としてどのような取組を行うことが重要だと思いますか、具体的に述べなさい。

京都府　小・中・高・特　40分　字数制限なし

出題のねらい

　現代社会において、少子化・高齢化が進行し、グローバル化・情報化が進展するなど、社会の様々な面での変化が急速に進んでいる。こうした社会的変化の中で、グローバル化に対応できる人材とはどのような人材なのか、また、このような人材を育成するために、学校としてどのような取り組みを行えばよいのかなど、社会的変化に対応した学校の在り方が問われている。

 ## 解答へのアプローチ&キーワード

1 社会状況の変化

　「現在の社会は知識基盤社会であり、新しい知識・情報・技術が、社会のあらゆる領域での活動の基盤として非常に重要であるが、この知識・情報・技術をめぐる変化は加速度を増している。また、グローバル化の進展等によって、一つの出来事が広範囲かつ複雑に伝搬し、社会の変化を正確に予測することはますます難しくなってきている。

　このような状況の中にあって、2030年頃には、IoT（Internet of Things）やビッグデータ、AI等をはじめとする技術革新やグローバル化の一層の進展、人口構造の変化や女性・高齢者等の活躍の進展、雇用環境の変化等が予想されている」（第3期教育振興基本計画）。

　グローバル化に関していえば、技術革新により生活圏も広がり世界の国々の相互影響と依存の度合いが急速に高まる。また、世界のGDPに占める日本の割合が低下するとの予測もあり、あらゆる分野でのつながりが国境を越

え、人材の流動化、人材獲得競争などグローバル競争の激化が予想される。

2 国際バカロレアの推進

「国際バカロレア（IB：International Baccalaureate）は、IB機構が提供する教育プログラムであり、国際的に活躍できる人材を育成する上で優れたプログラムとして評価されています。IBの教育理念や手法は、学習指導要領の目指す方向性と軌を一にするものであり、語学力のみならず課題発見・解決能力、論理的思考、コミュニケーション能力など、グローバル化に対応した素養・能力を育む上で適しています。」（「令和4年度　文部科学白書」）。

高校レベルの「ディプロマ・プログラム」（DP）を2年間履修し（16歳〜19歳対象）、最終試験を経て所定の成績を収めえることで、国際的に通用する大学入学資格（IB資格）が取得できる。

3 グローバル社会の中で求められる力

「グローバル化が進行する社会においては、**多様な人と関わり様々な経験を積み重ねるなど『社会を生き抜く力』を身に付ける過程の中で、未来への飛躍を担うための創造性やチャレンジ精神、強い意志を持って迅速に決断し組織を統率するリーダーシップ、国境を越えて人々と協働するための英語等の語学力・コミュニケーション能力、異文化・多様性の理解、日本人としてのアイデンティティーなど**を培っていくことが、一層重要になってきます。

これらを踏まえ、文部科学省では以下に述べるように小・中・高等学校を通じた外国語教育の強化、高校生の留学・国際交流の促進、WWL（ワールド・ワイド・ラーニング）コンソーシアム構築支援事業の展開や国際理解教育の推進に取り組むとともに、海外で学ぶ子供や帰国・外国人児童生徒等に対する教育の充実に取り組んでいます。

また、国際社会で活躍する日本人の育成を図るためには、我が国の歴史や伝統文化、国語に関する教育を推進していくことも重要です。このため、学習指導要領においては、我が国の言語文化、県内の主な文化財や年中行事の理解、我が国や郷土の音楽、和楽器、武道、和食や和服などの指導を通して、わが国の伝統や文化についての理解を深める学習の充実を図っています」（「令和4年度　文部科学白書」）。

なお、「**社会を生き抜く力**」を身に付けさせるための教育の必要性は、知識基盤社会への移行を踏まえて課題とされ、OECDが主導した「**キーコンピテンシー**」に代表されるが、学習指導要領の「**生きる力**」や中教審の「**基礎的・汎用的能力**」、大学審の「**課題探究能力**」等々とも軌を一にするものである。

第2章　問題演習編

課題文の構成例

背 景 グローバル化・情報化・少子高齢化等の進展

↓

現 状 急速なグローバル化の進展と国際的な存在感の低下

↓

課 題 「グローバル化」に対応できる人材－社会を生き抜く力の養成
- ○未来への飛躍を担うための創造性・チャレンジ精神
- ○迅速に決断し組織を統率するリーダーシップ
- ○国境を越えて人々と協働するための語学力と
  コミュニケーション力
- ○異文化理解
- ○日本人としてのアイデンティティーの確立

↓

方 策 教科学習と体験学習による伝統文化の継承と異文化理解

↓

まとめ 全教育活動を通じてグローバル化に対応できる人材の育成

ポイント❶ 京都府教育振興プランとグローバル人材の育成

　京都府教育振興プランでは、社会の動向として、少子高齢化の進行や地方創生、高度情報化の進展等6項目を挙げているが、グローバル化への対応はその一つである。京都府では、府の基本理念を実現するために2つの柱（京都の未来を創造する人づくりに向けた教育の推進と京都の力を活かして一人一人の学びを支える教育環境づくり）と10の重点目標を定めた。「グローバル化に対応できる人材の育成」は最初の柱の重点目標5に関わるものである。

　さらに、同プランでは、グローバル化に対応できる人材を育成するために、外国語によるコミュニケーション能力の育成や京都の伝統や文化を学び発信できるよう取り組みを推進するとともに、英語を指導する教員の英語力及び指導力の向上を図るとしている。

　こうした、教育振興基本計画や京都府教育振興プラン等を参考にして、グローバル化に対応できる人材を育成するための手立てを考えるとよい。

ポイント❷ 体験学習で学ぶ伝統文化の学習と異文化理解

　まずは教科で、日本の伝統文化や異文化理解についてしっかり学ぶことが

大切である。その場合国語科や社会科の果たす役割が大きい。**新学習指導要領では、小学校では外国語が導入され、中学校社会科ではグローバル化に対応した改訂が行われた。**一方で、知識を学ぶだけでなく、学んだ知識を活用する機会の一つとして、在日留学生との交流会などの学校行事を導入することを考えることも効果的な工夫の一つである。また、京都の場合、日本の伝統と文化を考えることのできる機会に恵まれている。この立地条件を踏まえて、日本の伝統や文化を考えさせる体験学習を行うとよいが、日本のどの学校でもこうした機会を設けることは可能である。要は、そうした機会を可能にする**カリキュラムマネージメントの視点を持つことである。**

採点者はココを見る！

①設問への対応

➡ 京都府教育振興プランの概要を理解しているか。

●全く知らないか、具体的に内容を把握していないもの（内容を把握していればより具体策を論述することができる）。

➡ **グローバル化に対応できる人材とはどのような人材なのか、その資質能力について答えているか。**

●グローバル化に対応できる人物像について明確に答えていないもの。

②主題の設定

➡ **グローバル化に対応できる人材を育成するための具体的な取り組みについて述べているか。**

●学校種等を踏まえずにただ一般論として述べているもの。

読んでおきたい資料集

●京都府教育委員会「第2期京都府教育振興プラン」（2021年3月）

●中教審答申「幼稚園、小学校、中学校、高等学校及び特別支援学校の学習指導要領の改善及び必要な方策等について」（2016年12月）

●文科省「第4期教育振興基本計画」（2023年6月）

Society5.0 に向けた人材育成

出題例

平成三十年六月、文部科学省が「Society5.0 に向けた人材育成～社会が変わる、学びが変わる～」を取りまとめました。そこでは、将来、人工知能（AI）やロボットが人間の仕事を代替する社会が訪れると予測すると同時に、その中で、人間らしく豊かに生きていくためには、次のような力が必要であると述べています。①文章や情報を正確に読み解き、対話する力、②科学的に思考・吟味し活用する力、③価値を見つけ生み出す感性と力、好奇心・探求力、このうち一つを取り上げ、なぜ身に付けさせる必要があるかに触れた上で、あなたは高等学校教員として、授業の中で、その力を身に付けさせるためにどのように取り組むか、受験している教科・科目を踏まえて具体的に述べなさい。

愛媛県　高　60分　1,000～1,200字以内

 **出題のねらい**

AIやロボット等が人間の仕事を代替すると予想される社会で、人間らしく豊かに生きていくためにはどのような力が必要となるのか。Society5.0の社会で求められる3つの力の一つを取り上げ、その理由を述べた上で、その力を育むために授業を通してどのように取り組んでいくのか具体的な方策が問われている。

 解答へのアプローチ＆キーワード

1 Society5.0（超スマート社会）とは

Society5.0とは、人類史上5番目の新しい社会で、内閣府はサイバー空間（仮想空間）とフィジカル空間（現実空間）を高度に融合させたシステムにより、経済発展と社会的課題の解決を両立する、人間中心の社会と定義している。情報社会（Sosiety4.0）に続く、新たな社会をさすもので、第5期科学技術基本計画において我が国が目指すべき未来社会の姿として提唱された。

内閣府は、Society5.0による人間中心の社会について、「これまでの社会では、経済や組織といったシステムが優先され、個々の能力などに応じて個人が受けるモノやサービスに格差が生じている面がありました。Society5.0ではビッグデータを踏まえたAIやロボットが今まで人間が行っていた作業

や調整を代行・支援するため、日々の煩雑で不得手な作業などから解放され、誰もが快適で活力に満ちた質の高い生活を送ることができるようになります。

　これは一人一人の人間が中心となる社会であり、決してAIやロボットに支配され、監視されるような未来ではありません。また、我が国のみならず世界の様々な課題にも通じるもので、国連の『持続可能な開発目標』（SDGs）の達成にも通じるものです」と説明している（内閣府HP）。

Society1.0（**狩猟社会**）…一定の範囲内で活動し動植物の狩猟や採集を生活の基盤とする社会。

Society2.0（**農耕社会**）…農耕によって定住しやすく、そこから生まれた共同体が形成される社会。

Society3.0（**工業社会**）…文明開化に始まり「産業革命」による製造業が盛んになる社会。

Society4.0（**情報社会**）…情報が諸資源と同等の価値を有し、それらを中心とする社会。

Society5.0（**超スマート社会**）…IoT（Internet of Things）で全ての人とモノがつながり、様々な知識や情報が共有。人工知能（AI）により、必要な情報が必要な時に提供される社会。

第2章 問題演習編

課題文の構成例

背景 Society5.0（超スマート社会）時代の到来

↓

現状 知識・理解重視の教育（Society3.0、4.0対応の教育）

↓

課題 Society5.0で求められる力の育成（STEAM教育）
新学習指導要領で目指す子どもたちの資質・能力の育成

↓

方策 学校…育成を目指す資質・能力の明確化
教員…「主体的・対話的で深い学び」に向けた授業改善

↓

まとめ カリキュラム・マネジメントの推進
人間らしく豊かに生きていくために

ポイント❶ Society5.0で求められる力

　Society5.0においては、身のまわりにある様々なセンサーや活動履歴（ログ）等から得られる膨大なデータが、AIによって解析され、その結果がインターネットに接続される。そして、多くのモノやロボットを作動させ、様々な分野において作業の自動化等といった革新的な変化が起こる。その中心となる技術がAIである。AIによる自動運転車やドローン、会話ロボット・スピーカー、翻訳機、介護ロボットなどが既に実用化の段階にある。近い将来、定型的な業務や数値的に表現可能なある程度の知的業務は代替可能になる、と考えられている。

　こうした社会においては、一体どのような力が必要となるのか、これまで培ってきた学習が全く役立たなくなり、従来とは全く異なる新たな資質・能力が求められるのか、しっかりと考えておかなければならない。

　「むしろ、どのような時代の変化を迎えるとしても、知識・技能、思考力・判断力・表現力をベースとして、言葉や文化、時間や場所を超えながらも自己の主体性を軸にした学びに向かう一人一人の能力や人間性が問われることになる。特に、共通して求められる力として、①文章や情報を正確に読み解き、対話する力、②科学的に思考・吟味し活用する力、③価値を見つけ生み出す感性と力、好奇心・探求力が必要である」（Sosiety5.0に向けた人材育成に係る大臣懇談会「Society5.0に向けた人材育成〜社会が変わる、学びが変わる〜」）とされる。その意味では、新学習指導要領で求められる知・徳・体にわたる「生きる力」の育成と何ら変わるところがない。

ポイント❷ 育成を目指す資質・能力の明確化

　学習指導要領等の改善に関する中教審答申（平成28年12月）は、予測困難な社会的変化に主体的に関わり、よりよい社会と幸福な人生の作り手となる力は、全く新しい力というのではなく、学校教育が長年育成を目指してきた「生きる力」であることと改めて捉え直した。

　このため「生きる力」をより具体化し、教育課程全体を通して育成を目指す資質・能力を、①「何を理解しているか、何ができるか（生きて働く「知識・技能」の習得）、②「理解していること・できることをどう使うか（未知の状況に対応できる「思考力・判断力・表現力等の育成」）、③「どのように社会・世界と関わり、よりよい人生を送るか（学びを人生や社会に生かそうとする「学びに向かう力・人間性等」の涵養）の3つに整理した。

　その上で、子どもたちがこれからの時代に求められる力を身に付け、生涯にわたって能動的に学び続けるために、学習の質を一層高める授業改善に取り組むことが必要であるとして、「主体的・対話的で深い学び」の推進を求めた。さらに、学習の基盤となる資質・能力（言語能力、情報活用能力、問題発見・解決能力等）や現代的な諸課題に対応して求められる資質・能力の育成のために、教科横断的な学習の充実を求めた。

　以上の2つの提言や答申等を参考に、なぜこうした力が必要とされるのか、自らの教科・科目でどう実践するのかを述べるとよい。何か、特別の力を必要とするものではなく、新学習指導要領の基本的な考え方を読み込んでおけば十分対応できる問題である。

 採点者はココを見る！

①設問への対応

➡ Society5.0について、その特質等を認識して議論を展開しているか。

 ● Society5.0について全く認識していないもの。

②主題の設定

➡ Society5.0で身に付けなければならない3つの力のいずれか一つを取り上げ、その力が必要とされる理由について述べているか。また、新学習指導要領との関連性に触れているか。

 ●理由が曖昧で、しかも、新学習指導要領との関連性に触れていないもの。

➡ その力を身に付けさせるために、どのように授業の中で取り組むか。

 ●単なる抽象論に終始し、教科・科目を中心に具体的に論述されていないもの。

 読んでおきたい資料集

● Society5.0に向けた人材育成に係る大臣懇談会「Society5.0に向けた人材育成～社会が変わる、学びが変わる～」（2018年6月）
● 文科省「第4期教育振興基本計画」（2023年6月）
● 文科省「令和4年度　文部科学白書」（2023年7月）

人権教育

出題例 京都府教育委員会では、人権尊重の意識を高め、自分と他者の人権を大切にする教育を進めるとともに、児童生徒が自立的に社会に参画できる力を養うよう「一人一人を大切にした教育」を進めています。昨今の子どもを取り巻く状況や課題等を踏まえ、あなたが考える「一人一人を大切にした教育」とはどのようなものか述べなさい。また、具体的にどのような教育活動を進めていこうと思いますか。あなたの考えを述べなさい。

京都府　全校種　40分　字数制限なし

 出題のねらい

　京都府教育委員会では、「一人一人を大切にし、個性や能力を最大限に伸ばす」施策を進めている。今日の子どもの状況や課題等を踏まえて、「一人一人を大切にした教育」とはどのようなものか、また、そのためにどのような教育活動を進めるのかなど、直ちに学校現場で実践できる具体的な方策が問われている。

 解答へのアプローチ＆キーワード

1 「京都府教育振興プラン」と「学校教育の重点」

　京都府教育委員会では、令和3年に「第2期京都府教育振興プラン」を策定し、「京都府ならではの教育」を推進していくための指針を示した。「学校教育の重点」では、施策推進の3つの視点と6つの推進方策を定め、今後取り組むべき26の項目を掲げている。出題例に見られる人権教育と社会参画は、各年度の「学校教育の重点」の中で共通して取り上げられている課題である。とりわけ、平成30年度の「学校教育の重点」には、主要な施策の方向性として、「人権教育の推進」「公共の精神や社会参画の意識をはぐくむ教育の推進」が掲げられていた。

2 人権教育の目標

　人権教育の目標は、一人一人の児童生徒がその発達段階に応じ、人権の意義・内容や重要性について理解し、**自分の大切さとともに他の人の大切さを認めることができるようになり、それが様々な場面や状況下での具体的な態度や行動に現れるとともに、人権が尊重される社会づくりに向けた行動につ**

ながるようにすることである。

3 **人権教育を通じて育てたい資質・能力**

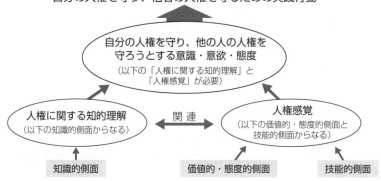

「人権教育を通じて育てたい資質・能力」
自分の人権を守り、他者の人権を守るための実践行動

自分の人権を守り、他の人の人権を
守ろうとする意識・意欲・態度
（以下の「人権に関する知的理解」と
「人権感覚」が必要）

人権に関する知的理解
（以下の知識的側面からなる）

関連

人権感覚
（以下の価値的・態度的側面と
技能的側面からなる）

知識的側面 　　　価値的・態度的側面 　　　技能的側面

（知識的側面）

・自由、責任、正義、平等、尊厳、権利、義務、連帯性等の概念
・人権の発展・人権侵害等に関する歴史や現状に関する知識
・自尊感情・自己開示・偏見など、人権課題の解決に必要な概念に関する
　知識等々

（価値的・態度的側面）

・人間の尊厳、自己価値及び他者の価値を感知する感覚
・自己についての肯定的態度
・自他の価値を尊重しようとする意志・態度等々

（技能的側面）

・人間の尊厳の平等性をふまえ、互いの相違を認め、受容する技能
・他者の痛みや感情を共感的に受容できるための想像力や感受性
・能動的な傾聴とコミュニケーションの技能等々

4 **社会的自立と社会参画の力を育む教育**

　学校においては、子どもたちが社会の中で自立し、他者と協働しながら生涯にわたって生き抜く力や地域の課題解決を主体的に担うことのできる力を身に付けられるよう、個々人の直面する課題や社会の多様な課題に対応した教育を進めることが求められる。

　また、**平成27年6月、選挙権年齢を満18歳以上に引き下げる改正公職選挙法が成立し、新たに有権者となる若い人たちの政治や選挙へ関心を高め、政治的教養を育む教育の必要性が高まり、主権者教育の取組も始まっている。**

第**2**章

問題演習編

課題文の構成例

| 背景 | 人権に関する知識や人権感覚の欠如
社会的無関心の広がりや社会的自立の遅れ |

↓

| 現状 | 子どもたちの状況 { 自尊心や自己肯定感の低下
暴力行為やいじめ、不登校等の課題 |

↓

| 課題 | 一人一人を大切にした教育の推進
○人権教育の推進
○社会的自立と社会参画力の育成（主権者教育の推進） |

↓

| 方策 | ○教育課程への位置づけ
○総合的な学習の時間や各教科、特別活動での取り組み |

↓

| まとめ | 自分の大切さと他の人の大切さを認め合える学級の形成 |

 ## ポイント❶ 一人一人を大切にした教育と最近の人権教育

「一人一人を大切にした教育」は、京都府教育委員会が一貫して掲げる重点目標の一つである。しかし、これを論述するとどうしても抽象的にならざるを得ない。出題例に、「自分と他者の人権を大切にする教育」「自律的に社会に参画できる力」とあり、これらを手掛かりに具体的に「一人一人を大切にした教育」の在り方を具体的な教育活動を通して論述するとよい。もちろん、前文等で最近の子どもたちの人権状況等に触れることも必要である。

部落差別の解消をめざした「同和教育」が近年「人権教育」に姿を変えている。また、SNSによる誹謗中傷や新型コロナ感染者へのいやがらせなど人権侵害の形や種類が多様化している。ジェンダーや不平等など「持続可能な開発目標（SDGs）」の視点からも解決すべき課題である。

学級会等で「人間関係づくりワークショップ」に参加して、自他を尊重する表現を学んだり、「コロナ差別」や「インターネットの人権侵害」について話し合う時間を設けたり、差別や偏見をテーマにした映画や演劇の観賞会を行うなど全国には多くの実践がある。

 ## ポイント❷ 社会参加や政治的教養の教育を進める教育活動

これらの教育活動を進めるに当たっては、一般的に「総合的な学習の時

間」（「総合的な探究の時間」）や学級活動、学校行事などの特別活動の時間などが考えられるが、全ての教科においても十分可能である。

　学級活動や学校行事として行われる各種のボランティア活動や町内清掃活動等、あるいは、「誰一人取り残さない」SDGsの取り組みなどを通じて地域社会との関わり、地域社会の課題解決を考えさせることもできる。また、各教科の中で、例えば、社会科の中でのフィールドワークや理科の中での環境問題をSDGsの視点で具体的に調べさせ、発表させることもできる。

　政治的教養の教育については、高等学校の公民科の中に「公共」科が新設され、幼小中高を通じて主権者教育に関する内容の充実が図られており、生徒会選挙や模擬選挙などを通じて、その意義と必要性等について考えさせることができる。

 ## 採点者はココを見る！

①設問への対応

➡ 昨今の子どもたちを取り巻く状況や課題を踏まえた論述となっているか。

 ●子どもたちの状況や課題等に全く触れていないもの。

➡ 「一人一人を大切にした教育」とは具体的にどのような教育なのか。

 ●「人権教育」や「社会的自立と社会参画」との関わりがうまく整理できていないもの。

②主題の設定

➡ 「一人一人を大切にした教育」活動をどのように進めていくのか。

 ●抽象的な論述に終始し、具体的な教育活動が論述されていないもの。

 ## 読んでおきたい資料集

●学校教育における人権教育調査研究協力者会議「人権教育を取り巻く諸情勢について」（2022年3月）
　※「人権教育の指導方法等の在り方について」第三次とりまとめ策定以降の補足資料
●京都府教育委員会「令和5年度　学校教育の重点」（2023年3月）

「懲戒処分者数の状況」のグラフから読み取った課題と取組

 出題例　福岡市教育委員会が「懲戒処分者数（教職員）」の状況について調査したところ、結果は下のグラフのとおりでした。あなたは、このグラフからどのようなことを課題として読み取りますか。また、その課題について、あなたは教員としてどのように取り組みますか。これまでの社会人等としての経験を踏まえて、読み取った課題と教員として取り組む内容について、あなたが勤務を希望する校種の教員になった場合を想定し、具体的に述べなさい。

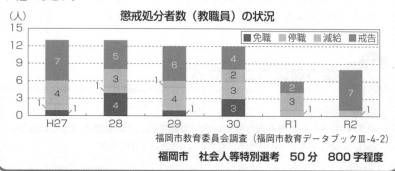

懲戒処分者数（教職員）の状況

福岡市教育委員会調査（福岡市教育データブックⅢ-4-2）

福岡市　社会人等特別選考　50分　800字程度

 **出題のねらい**

　懲戒処分者数（教職員）の統計からどのような課題を読み取り、読み取った課題に対して、社会人等としての経験を踏まえてどう取り組んでいくのか、教員としての資質能力を問う問題である。教員としての在り方が問われている極めて今日的な課題である。

 解答へのアプローチ＆キーワード

① 公立学校教職員に係る懲戒処分等の状況

　下記の統計は、公立学校教育職員の懲戒処分等の全国的な状況である（令和3年度）。出題例の統計には処分事由が示されていないが、別の調査によると、給与・任用に関する不正0，服務規律違反（欠勤等）2、一般非行（暴行・窃盗・わいせつ等）1，不適切な事務処理（収賄・公金横領等）1，道路交通法違反0，上司の管理監督責任1，合計8となっている（なお、体罰による懲戒処分は別掲-平成27年度以降2〜3人と横ばいで推移）。

公立学校教育職員に係る懲戒処分等の状況について （令和3年度）

（単位：人）

処 分 事 由	①懲戒処分	前年度比	②訓告等	合計（①+②）	前年度比	（参考）最近10年間で最も多かった件数（年度）
交通違反・交通事故	160	3	2,206	2,366	234	3,225 （H24年度）
争議行為	0	0	0	0	0	8 （H24年度）
体罰	90	▲14	250	340	▲53	3,953 （H25年度）
性犯罪・性暴力等	191	12	24	215	14	282 （H30年度）
公費の不正執行又は手当等の不正受給	26	▲33	25	51	▲35	185 （H26年度）
国旗掲揚・国歌斉唱の取扱いに係るもの	0	▲2	0	0	▲2	31 （H24年度）
個人情報の不適切な取扱いに係るもの	19	4	323	342	82	837 （H26年度）
パワーハラスメント等教職員同士のトラブルに係るもの	18	6	40	58	5	58 （R3年度）
その他の服務違反等に係るもの	196	13	1,097	1,293	319	4,680 （H24年度）
合　　　計	700	▲11	3,965	4,665	564	10,828 （H24年度）

（注）個人情報の不適切な取扱いは、平成17年度から項目を設定。パワーハラスメント等教職員同士のトラブルに係るものは、平成30年度から項目を設定。「性犯罪・性暴力等」は、令和2年度に「わいせつ行為等」から名称を変更。

2 **非違行為を行う教職員に対する厳正な対処**

　文科省は、「**体罰や性犯罪・性暴力などの非違行為は、それ自体許されないものであるだけでなく、教職員に対する信頼、ひいては学校教育全体に対する信頼を著しく損なうものです。**文科省では、各教育委員会に対して、懲戒処分全般の基準を作成することや、処分事案について、児童生徒などのプライバシー保護に十分配慮しつつ、できるだけ詳しい内容を公表するよう指導し、教職員の服務規律の一層の確保を促しています。」とした上で、次のような取組を求めている。

①体罰の未然防止、徹底した実態把握及び早期対応、体罰を行った教員に対する厳重な処分、傷害を負わせるような体罰、常習的に体罰を行った場合、体罰を行った事実を隠蔽した場合、特別な支援を要する児童生徒に体罰を行った場合には、免職を含めてより厳重な処分

②児童生徒に対する性暴力等は、教育職員として絶対に許されない。こうした非違行為があった場合は原則として懲戒処分。「**教育職員等による児童生徒性暴力等の防止等に関する法律**」（わいせつ教員対策新法）により、教育職員等による児童生徒等への性暴力等は、児童生徒等の同意や暴行・脅迫等の有無を問わず全て法律違反。国による特定免許状失効者等に関するデータベースの整備、同法に基づき「**教育職員等による児童生徒性暴力等の防止等に関する基本的な指針**」の策定

課題文の構成例

現 状	（体罰）や性犯罪・性暴力等の増加
課 題	教職員の資質・能力の向上
方 策	基本的指針に基づく校内指針の策定 校長等による管理・監督の徹底 教職員の意識啓発・校内外での教職員研修の充実
まとめ	倫理観・使命感に燃えた教職員集団の形成

 ## ポイント❶ 服務に関する宣誓及び懲戒処分の指針

　誰しも入市の際に（福岡市の場合）、「日本国憲法及び法律を擁護し、命令、条例及び規則を尊重することを固く誓います」「**市民全体の奉仕者**として公務を民主的かつ能率的に運営すべき責務を深く自覚し、誠実かつ公正に職務を執行することを固く誓います」等と口頭あるいは書面に記名して教職員としてスタートする。

　福岡市には、他にも「福岡市職員倫理行動基準」「福岡市教育委員会職員懲戒処分の指針」等の条例があり、市民全体の奉仕者として職務を執行するとともに、具体的な非違行為とそれに伴う懲戒処分が具体的に例示されている。

　自治体によっては、「教職員の服務に関するガイドライン」や各種のリーフレット等が発行されており、事前に受験する自治体の動向を把握しておくことが必要である。論述の際に大きな手掛かりとなるからである。

　出題例では、社会人経験を踏まえた論述ということなので、社内規定や就業規則等に明記されていた懲戒規定等を想起して論述するとよい。

 ## ポイント❷ 服務の根本と服務の基本的事項

　この際、服務に関する諸規定を整理しておくこととする。

［服務の根本基準］「**全て職員は、全体の奉仕者として公共の利益のために勤務し、且つ、職務の遂行に当たっては、全力を挙げてこれに専念しなければならない。**」（地方公務員法第30条）

［服務の基本的事項］

　・職務上の義務—**宣誓の義務**（同31条）、法令・職務命令に従う義務（同

第32条)、職務専念義務（同第35条）

・身分上の義務―信用失墜行為の禁止（同33条）、秘密を守る義務（同第34条）、政治的行為の制限（同第36条）、争議行為等の禁止（同第37条）、営利企業等の従事制限（第38条）

［教職員が負う責任］

・行政責任（懲戒免職・停職・減給・戒告）

・刑事責任（刑法その他の法律の刑罰規定に基づく）

・民事責任（金銭的な損害賠償）

　その他として、福岡県教育委員会のリーフレットでは、「もし、不祥事を起こしたら　想像してみて下さい。みんなを裏切るということを。」として、学校は、家族は、生計はという３つの視点で、具体的に、「学校は、児童生徒への影響、他の教職員への批判、学校への非難の電話やメール等」「家族は、自宅への嫌がらせ、転居、子どもの転校、家族の勤務先への取材や離職も等」「生計は勤続25年の47歳の教員が懲戒免職となった場合、約１億２千万円の損失」等と具体的に説明しており、分かりやすく明快である。

第 2 章　問題演習編

 採点者はココを見る！

①設問への対応

➡ **課題が簡潔にしかも明快に指摘されているか。**

 ●課題の読み取りが不十分で、論述が曖昧で明快さに欠けるもの。

②主題の設定

➡ **指摘された課題に対して、社会人等の経験を踏まえて、課題に対する取組を具体的に論述しているか。**

 ●課題に対する取組が不十分なもの、また、一般的で具体性に欠けるもの。
●社会人等の経験に全く触れていないもの。

 読んでおきたい資料集

●福岡市教育委員会職員懲戒処分の指針（2000年６月）

●地方公務員法（1951年２月13日施行）及び各自治体の服務規程等

●児童生徒への性暴力の防止に向けた啓発動画（2022年６月）

安全教育

出題例

> 学校は、児童生徒にとって安全・安心な場所でなければなりません。あなたは、このことをどのようにとらえていますか。また、あなたが考える児童生徒にとって安全・安心な学校を実現するため、どのように取り組んでいきますか。具体的に述べなさい。
>
> さいたま市　小・中　45分　800字以内

出題のねらい

　学校は、児童生徒の健やかな成長と自己実現を目指して教育活動を行うところであり、その基盤として安全で安心な環境が確保されている必要がある。このことをどうとらえるのか。また、安全・安心な学校を形成するためにはどのような方策が考えられるのか。教師としての考え方や具体的な実践力等を判定する。

解答へのアプローチ＆キーワード

1 子どもの安全と改正「学校保健安全法」

　改正「学校保健安全法」では、学校安全を取り巻く今日的課題に対して学校全体としての取組体制を整備充実させるために、**学校の施設・設備の安全点検**、日常生活における安全に関する指導などを含めた**学校安全計画の策定・実施や危険発生時の対処要領の作成（危機管理マニュアル）**など学校安全に関する規定が充実された。また、学校のみでは解決が難しい課題にも対応できるよう、**地域の関係機関との連携の推進に関する努力義務**が規定された。

　さらに、同法に基づき、平成24年4月に国としての「学校安全の推進に関する計画」を策定し、各学校における安全に関する取り組みを総合的かつ効果的に推進している（令和4年3月から第3次推進計画）。

　「第3次学校安全の推進に関する計画」（同上）では、「全ての児童生徒等が、自ら適切に判断し、主体的に行動できるよう、安全に関する資質・能力を身に付けること」が目指されることとなった。

2 実践的な安全教育の必要性

　小・中・高等学校の新学習指導要領では、前回の学習指導要領に引き続き「総則」に安全に関する指導が規定され、体育科、家庭科（技術・家庭科）、

特別活動などを中心に指導内容の充実が図られた。

　学校における安全教育においては、児童生徒等が自他の生命を尊重し、日常生活全般における安全のために必要な事柄を実践的に理解し、生涯を通じて安全な生活を送ることができるような態度や能力を養う**安全教育**を、生活安全・交通安全・災害安全のそれぞれの分野において行うことが必要である。特に、子どもの安全を確保するためには、子ども自身に危険を予測し、危険を回避する能力を育成するよう実践的な安全教育を推進する必要がある。

　○**生活安全**には防犯、下校時の安全、学校でのケガの予防も含まれる（障害・疾病・犯罪・虐待・いじめ・薬物等）

　○**災害安全**は自然災害や火災、原子力災害への対応（地震、津波、台風、洪水、大雪、火災、停電、原子力等）

　○**交通安全**は道路横断が中心だが、中高校生が近年加害者になることもある（歩行時の事故、横断時の事故、自転車・オートバイ・自動車事故等）

〈学校安全の構成〉

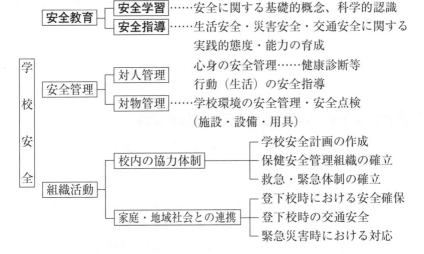

3 感染症対策と学校災害リスク対策

　新型コロナウイルス感染症の拡大に伴い、多くの小中高等学校等では2020年3月から5月にかけて臨時休校となり、**児童生徒への感染症対策や学力保障等が大きな課題となった**が、2023年度に入っても感染症の収束が見られず、課題を引き継ぐことになった。また、2020年の文科省調査では、豪雨時に浸水や土砂災害の恐れがある公立校が全体の3割に当たることが明らかになるなど、**学校災害リスク対策が課題**となっている（資料編P250参照）。

課題文の構成例

背景
授業中・部活・学校行事等での事故
学校の施設・設備の不良による事故
集団登校時の交通事故等
不審者侵入事件
熱中症や感染症の増加、学校災害リスクの恐れ

課題
子どもの安全意識の涵養
安全教育の充実（安全学習・安全指導）
学校施設・設備の安全点検の励行
安全計画の策定・実施
危険発生時の対処要領（危機管理マニュアル）の作成
地域社会・家庭等との連携強化

方策　教師 ┤ 安全教育の教育課程への位置づけ
　　　　　　　　教職員の危機管理意識の醸成と研修
　　　　　　　　地域ぐるみの安全体制の確立

私の取り組み　教科・学活・総合的学習の時間等を活用

まとめ　安全・安心な学校生活で自己実現の達成

ポイント❶ 学校での児童生徒の安全確保

　まずは、学校安全についてのあなたの考え方が問われている。「論」を展開するに当たり、次のような中教審答申も参考となる。「学校は、児童生徒等が集い、人と人との触れ合いにより人格の形成がなされる場であり、学校という場において、児童生徒等が生き生きと学習や運動等の活動を行うためには、児童生徒等の安全の確保が保障されることが不可欠の前提となる。また、児童生徒等は守られるべき対象であることにとどまらず、学校において、その生涯にわたり、自らの安全を確保することのできる基礎的な素養を育成していくことが求められる」（中教審答申「学校安全の推進に関する計画の策定について」）。

ポイント❷ 学校の危機管理体制の確立

　次は、児童生徒にとっていかに安全・安心な学校をつくり上げていくかという問題である。平成13年6月、大阪教育大附属池田小学校で起きた無差別

殺傷事件後の取り組みから学ぶことは多い。できれば安全管理システム等を構築すればよいが、予算等の関係でどこでもできることではない。しかし、**通用門の開閉や外来者等の確認作業**はいつでも何処でもできることである。

ソフト面では、各学校の事情に応じて**安全教育に関する内容を明確に教育課程に位置づける**ことである。また、安全指導については地域によって、生活安全（防犯、下校時の安全等）、交通安全（集団下校時等）、災害安全（地震、台風等）など、主たる対応等に配慮することが必要となる。

さらに、**教職員は「親権者」の監督責任代理者**であることを認識する必要があり、また、安全確認が強く要求される職種であることを自覚することである。学校安全は学校だけで解決できるものではなく、**警察、消防、近隣の商店街、そして家族、地域社会全体の協力**を得ながら進めなければならない。「地域とともにある学校への転換」「子どもも大人も学び合い育ち合う教育体制の構築」「学校を核とした地域づくりの推進」が必要とされる。

 ## 採点者はココを見る！

①設問への対応

➡ 「子どもにとって、学校は安全・安心な場所でなければならない」ということに対する明確な考え方をもっているか。

 ●学校安全についての理解が浅く、子どもの成長と学校安全との関わりについて明確な考え方がないもの。

②主題の設定

➡ 学校が「安全・安心な場所」となるための具体的な取り組みが指摘されているか。

 ●学校安全に十分留意していかなければならないなど、一般的・抽象的な記述に終始しているもの。

●児童生徒の視点に欠け、具体的な学校の現状を踏まえた組織的な取り組みとなっていないもの。

読んでおきたい資料集

●文科省「学校事故対応に関する指針」（2016年3月）

●文科省「学校の危機管理マニュアル作成の手引」（2018年2月）

●文科省「第3次学校安全の推進に関する計画について」（2022年3月）

合意形成を図るための手順や方法

出題例　本県は、特別活動における目指す児童生徒の姿の一つに、「話し合いの場において多様な意見を生かして、合意形成を図ることができる。」ことを掲げています。学級活動の話し合いにおいて、合意形成を図るための手順や方法についてどのように指導するのか、志願している校種を想定して述べなさい。

秋田県　小・中　50分　600字以内

出題のねらい

　学級経営の中核に位置付けられるのが、学級活動である。学級が抱える多様な諸課題について、学級を構成する児童生徒全員が話し合いに参加し解決への糸口を見つけていかなければならない。そのための合意形成に向けての手順や方法等が問われている。異なる意見や考えを基に、様々な解決の方法を模索したり、折り合いをつけたりすることで、互いの良さや可能性が発揮される。

解答へのアプローチ＆キーワード

1 特別活動の目標と秋田県「学校教育指導の重点」

　新学習指導要領において特別活動の目標は、小中高等学校を通じてほぼ同様に以下の3点が示されている。①多様な他者と協働する様々な集団活動の意義や活動を行う上で必要となることについて理解し、行動の仕方を身に付けるようにする。②集団や自己の生活、人間関係の課題を見いだし、解決するために話し合い、合意形成を図ったり、意思決定したりすることができるようにする。③自主的、実践的な集団活動を通して身に付けたことを生かして、集団や社会における生活及び人間関係をよりよく形成するとともに、自己の生き方についての考えを深め、自己実現を図ろうとする態度を養う。

　校種によって異なるのは下線部で、中学校では「人間としての生き方」、高等学校では「人間としての在り方生き方」となっている。また、高等学校では、波線部が「主体的に集団や社会に参画し」となっている。いずれも児童生徒の発達段階等に配慮したものであり、求められる資質能力の違いである。

　出題例に見られる「話し合い」「合意形成」などについては、直接的には全校種とも、「学級（ホームルーム）活動」の内容（1）「学級（ホームルーム）

や学校における生活づくりへの参画」ア「学級（ホームルーム）や学校における生活上の諸問題の解決」の「学級（ホームルーム）や学校における生活をよりよくする（向上・充実させる）ための課題を見いだし、解決するために話し合い、合意形成を図り、実践すること」に関係するが、「課題を見いだし、話し合い、合意形成を図ること」は学級経営や学習指導等の基盤となる。

また、秋田県教育委員会では、学校教育の指針「学校教育指導の重点」の中で、「各教科」「特別の教科　道徳」「総合的な学習（探究）の時間」「特別活動」ごとに、「小・中・高を貫いて育てる子どもの姿」を掲げている。「諸問題の解決のために、合意形成につながる話し合いをしたり、他者と協力して実践したりしている」はそのうちの一つである。

② 学級会の基本的な流れと進行

学級会における合意形成に至るまでの流れについては、新学習指導要領の解説で、「学級会では、学級や学校の生活上の諸問題を解決するために、提案理由を基によりよい解決方法や実践内容について話し合い、少数意見の考えも考慮するなど、多様な意見をまとめ、合意形成を図っていく。話し合って決まったことは学級全体で共通理解し、協力して実践し、振り返りを行う。このように『問題の発見確認』→『解決方法等の話し合い』→『解決方法の決定』→『決めたことの実践』→『振り返り』を児童が主体的に行えるようにするなど、自発的、自治的な活動が一層充実するよう指導することが求められる」（新小学校学習指導要領解説「特別活動編」）とされており、中学校での学級活動の基盤づくりともなる。

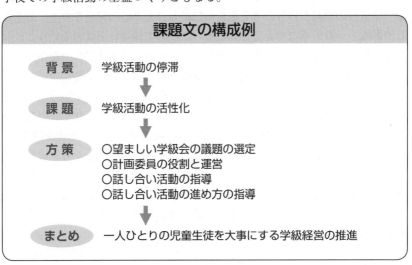

課題文の構成例

背景　学級活動の停滞

課題　学級活動の活性化

方策　○望ましい学級会の議題の選定
　　　○計画委員の役割と運営
　　　○話し合い活動の指導
　　　○話し合い活動の進め方の指導

まとめ　一人ひとりの児童生徒を大事にする学級経営の推進

ポイント❶ 議題の選定と留意点

　議題については、「学級や学校の生活上の諸問題」についてであるから、多様な議題の提出が考えられるが、できるだけ多くの児童生徒が早急な解決を望んでいる議題、学級内の問題で学級全員が協力しなければならない議題、決まったことを自分たちで実行できる議題であることが望ましい。その際、担任は学級経営上の視点を持っておくことが大切である。また、学級活動は児童生徒の自発的・自治的な活動の場であることから、全てを児童生徒に任せると問題が生じることもある。したがって、①個人情報やプライバシーに係わること、②相手を傷つけるような結果が予想されること、③教育課程に係わること、④校内のきまりや施設・設備の利用に係わること、④金銭徴収に係わること、⑤健康や安全に係わることなど、児童に任せることができない内容があることに十分留意する。議題の選定は、あらかじめ「議題ポスト」などを用いて公募しておき、「計画委員会」等で議題カードを整理し、議題案を選ぶ方法もある。議題カードには、提案内容とその理由を明記しておく。学級会の選挙で選ばれた数名の計画委員は、議題選択の他に話し合い活動の司会や書記なども担当する。いずれも担任の指導が欠かせない。

ポイント❷ 合意形成に向けた話し合い活動

　学級会における話し合いは、「意見を出し合う」「比べ合う」「まとめる（決める）」段階の３段階が考えられる。意見を出し合うためには、学級経営の中で学級会の仲間が自分の考えを自由に出し合える心的環境を整えておくことである。いろいろな考え方を認め合い、決して間違いを責めないなど、なんでも自由に本音で言い合える学級の雰囲気が議論の活性化につながる。

　提案理由に沿って出された賛成、反対の意見や第３の意見等については計画委員会の書記が短冊に貼って黒板に添付することにより、次の「比べ合う」「まとめる（決める）」段階へとつなげる。この段階では、それぞれの意見のよさを比べ合いながら、学級の全員が折り合いをつけて、合意形成を図る。

　学級会では、安易に多数決に頼らずに、折り合いをつけながら合意形成を図るよう指導することが大切である。その際、少数意見にも配慮しながらできるだけ多数の意見のよさを生かすことができるよう「よさを合わせる」努力を支えたいものである。そのためには、計画委員会での事前の打ち合わせや担任の指導も欠かせない。

ポイント❸ 合意形成のプロセス

「合意形成」をするためには、異なる意見を互いに理解し合った上で、合意点を見つけることが大切である。**合意形成の例**として次のようなものが考えられる。①新しい考えをつくる─出された意見をもとに新しい考えをつくる。②意見を合わせる─2つ以上の意見を合わせる。③優先順位を決める─優先順位をつけて行う。今回取り扱わなかった意見をどうするのか確認する。④条件を付ける─条件を付ける内容を明確にし、決定された内容に無理がないか確認する。⑤少しずつ全部行う─時間を決めて全て縮小して行う。時間的制約があることを確認する。⑥共感的に理解し、譲る─友だちの意見に共感して理解した上で、自分の意見を取り下げて決める。⑦多数決を行う─意見が十分に尽くされた状態で、多数決を行うことを全員が承認した場合に限り行う（国立教育政策研究所教育課程研究センター「みんなで、よりよい学級・学校生活をつくる特別活動　小学校編」）。

 採点者はココを見る！

①設問への対応

➡ 県の教育委員会が「多様な意見を生かして合意形成を図る」ことを、「特別活動」の指導の重点に置いた理由が理解できているか。

 ●単に学級活動の話し合い活動の一環としてだけしか把握していないもの。

②主題の設定

➡ 合意形成を図るための手順が具体的に叙述されているか。

 ●一般論に終始し、具体的な学級活動の場面が想定されていないもの。

➡ 学級経営的な視点で合意形成のための方法が述べられているか。

 ●安易に多数決で決定することなく、折り合いをつけて合意形成を図る方法が論述されていないもの。

 読んでおきたい資料集

●国立教育政策研究所「みんなで、よりよい学級・学校生活をつくる特別活動　小学校編」（2018年12月）、同「学級・学校文化を創る特別活動　中学校編」（2014年6月）
●秋田県教育委員会「令和5年度　学校教育の指針」（2023年4月）

「考え議論する道徳」の充実

出題例　今年度から、小学校において「特別の教科　道徳」が全面実施されています。教科化にともない、特別の教科道徳では、教科書を使用し、評価は記述により表現することになりました。また、「考え議論する道徳」の充実や道徳的実践力の育成が求められています。あなたは小学校教員として、「特別の教科　道徳」の授業において、特にどのようなことを重視し、どのような工夫を行いますか。具体的に述べなさい。

愛媛県　小　60分　1,000〜1,200字以内

出題のねらい

　道徳の教科化にともない、従来までのどちらかというと「読み物の登場人物の心情理解のみに偏っていた」指導から、「考える道徳」「議論する道徳」の指導や道徳的実践力が重視されることとなった。そうした変化を踏まえ、道徳科の授業で特に何を重視し、どのように工夫するのか。小学校教員としての「道徳科の授業力」が問われている。

解答へのアプローチ＆キーワード

1 改訂の経緯

　道徳教育においては、人が互いに尊重し協働して社会を形づくっていく上で共通に求められるルールやマナーを学び、規範意識を育むとともに、自らの生き方を育んでいくことが求められる。また、今後グローバル化の進展により、様々な文化や価値観を背景とする人々と相互に尊重し合いながら生きることや、科学技術の発展や社会・経済の変化の中で、人間の幸福と社会の発展の調和的な実現を図ることが重要な課題となる。

　このように、道徳教育は、人が一生を通じて追求すべき人格形成の根幹に関わるものであり、同時に民主的な国家・社会の持続的発展を根底から支えるものでもある。また、道徳教育を通じて育成される道徳性は、「豊かな心」だけではなく、「確かな学力」や「健やかな体」の基盤となり、「生きる力」を育むために重要なものである。

　しかし、これまで他教科に比べて軽んじられ、読み物の登場人物の心情理解に偏った形式的な指導が行われる例があった。そのため、中教審は平成

26年10月、「道徳に係る教育課程の改善等について」を答申、①道徳の時間を「特別の教科　道徳」（道徳科）とすること、②副読本に代わって「検定教科書」を導入すること、③一人一人のよさを伸ばし、成長を促すための評価を充実することなど、学習指導要領改訂の方向性が示された。

　この答申を踏まえ、平成27年3月学校教育法施行規則を改正し、道徳を「特別の教科である道徳」とするとともに、学習指導要領の一部改正が告示された。今回の改正では、いじめ問題への対応の充実や問題解決的な学習など指導法の工夫などが求められるとともに、答えが一つではない道徳的な課題を発達の段階に応じて、一人一人の児童生徒が自分自身の問題として捉え、向き合う「考える道徳」「議論する道徳」への転換を図った。

2　新学習指導要領「総則」と道徳教育

　道徳教育の目標と道徳教育を進めるに当たっての留意事項は、従来通り「総則」第1に盛り込まれているが、**新たに総則第6に道徳教育に関する配慮事項が示され、道徳教育の全体計画の作成や、道徳教育推進教師に全教師が協力して道徳教育を展開すること、学校の道徳教育に関する諸情報の公表や学校と家庭や地域社会との連携等が求められた**（新小中学校学習指導要領）。

第2章 問題演習編

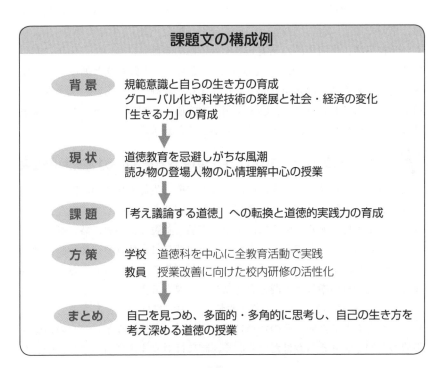

課題文の構成例

背景　規範意識と自らの生き方の育成
グローバル化や科学技術の発展と社会・経済の変化
「生きる力」の育成

現状　道徳教育を忌避しがちな風潮
読み物の登場人物の心情理解中心の授業

課題　「考え議論する道徳」への転換と道徳的実践力の育成

方策　学校　道徳科を中心に全教育活動で実践
　　　　教員　授業改善に向けた校内研修の活性化

まとめ　自己を見つめ、多面的・多角的に思考し、自己の生き方を
考え深める道徳の授業

ポイント❶「特別の教科　道徳」と道徳的実践力の育成

　道徳教育は、「自立した人間として他者とともによりよく生きるための基盤となる道徳性を養うことを目標としている」（新小中学校学習指導要領「総則」）。道徳科はこの道徳性を養うため、「道徳的諸価値についての理解を基に、自己を見つめ、物事を多面的・多角的に考え、自己の生き方についての考えを深める学習を通して、道徳的な判断力、心情、実践意欲と態度を育てる」（新小中学校学習指導要領「特別の教科　道徳」）ことを目指す。

　この意味では、従前の道徳教育の目標と基本的に変わるところはないが、従前の「道徳的実践力を育成する」を、具体的に「道徳的な判断力、心情、実践意欲と態度を育てる」と一層明確化した。今回の道徳教育の改善に関する議論の発端となったのは、いじめ問題への対応であり、児童が現実の困難な問題に主体的に対処することのできる実効性のある力を育成していく上で、道徳教育が大きな役割を果たすことが強く求められた。

　しかし、具体的な「いじめ問題」を取り上げ、ただ単にその解決策を議論させるというよりは、「いじめ問題」の背景にある（あるいはその基盤ともなっている）、例えば、「善悪の判断、自律、自由と責任」「正直、誠実」「親切、思いやり」「友情、信頼」「公正、公平、社会正義」「生命の尊さ」「よりよい学校生活、集団生活の充実」等々の道徳的諸価値について、学年に応じて「気づかせ」「考えさせ」「議論させ」、そして「実践意欲と態度」の形成へと繋げていくことの方が大切である。また、評価にしても、一人一人の児童生徒の「よさ」を見つけ、励ます個人内評価を心がけるべきであり、道徳科は個人の成長を促し、支える教科であることが求められる。

ポイント❷「考え、対話し、自己の生き方を深める」道徳科の授業

　道徳科の指導を構想する際には、学級の実態、生徒の発達の段階、指導の内容や意図、教材の特質、他の教育活動との関連などに応じて柔軟な発想を持つことが大切である。例えば、伝記、実話、論説文、物語、詩、劇など多様な教材を用いることである。また、児童生徒の日常体験や自然体験活動、職場体験活動、ボランティア活動等を教材化することもできる。さらに、各教科等と道徳科の指導との関連を持たせた指導も考えられる。

　さらに、「道徳の授業では、葛藤や悩みの中で自分の生き方を考え、決定していく力を育てたい。そのためには、『感謝』『友情』など、一つの道徳的価値の大切さを考える教材だけでなく、時には対立する価値の中で、子ども

たちが多様な意見を出し合い考え、議論する問題解決的な教材を充実させるべきだ。問題解決型の授業を行うには教科書を超える学びが必要。授業では副教材や補助教材も積極的に活用し、子どもたちが自分や仲間のこと、さらには社会問題について自由に話し合える空気を作りたい」との指摘もある。

　その場合、新聞の記事やニュース等を教材化するのも一つの方法である。例えば、今パソコンやスマホ等を使ってネット上で遊ぶ「オンラインゲーム」が人気を集めている。スポーツの一種に認められつつある一方で、熱中して心や体の健康を損なう問題も生じている。ゲーム依存症とeスポーツの普及を対比的に捉え生活習慣の大切さを考えさせ、議論させることができる。当然、何を考えさせるのか、そのための教材をどうするのか、どう議論させればよいのか、さらに、道徳の指導項目のどこに位置づければよいのか等々、いくつかの課題を検討しなければならない。

　なお、高校における道徳教育については、新学習指導要領総則第7款で、公民科の「公共」及び「倫理」並びに「特別活動」が、人間としての在り方生き方に関する中核的な指導場面である、と明記されることになった。

第2章 問題演習編

 採点者はココを見る！

①設問への対応

➡ 道徳科の特色や「考える道徳」「議論する道徳」が求められる背景等を理解して議論を展開しているか。

 ●道徳科の特色を理解せず、「考える道徳」や「議論する道徳」が求められる背景等について理解していないもの。

②主題の設定

➡ 道徳科の授業において、何を重視し、どのように工夫するのか等について、学年に応じた具体的な方策が述べられているか。

 ●学年を無視して、単に一般的な道徳科の授業が述べられているもの。

 読んでおきたい資料集

●文科省 新「小中学校学習指導要領解説　総則編」新「小中学校学習指導要領解説　特別の教科　道徳編」（2017年7月）

「人間関係形成能力」と「社会形成能力」の視点に立ったキャリア教育の構想

 出題例　中央教育審議会「今後の学校におけるキャリア教育・職業教育の在り方について（答申）」（平成23年1月）では、キャリア教育を「一人一人の社会的・職業的自立に向け、必要な基盤となる能力や態度を育てることを通して、キャリア発達を促す教育」と定義しています。更に、答申ではキャリア教育を通して育みたい基礎的・汎用的能力として、「人間関係形成・社会形成能力」「自己理解・自己管理能力」「課題対応能力」「キャリアプランニング能力」を挙げています。そこで、様々な授業や教育活動から1つ選び、人間関係形成・社会形成能力を育成する視点から、実践してみたいと思うキャリア教育の構想を具体的に述べなさい。

横浜市　中・高　45分　800字以内

 出題のねらい

　生徒たちの今日的な諸状況等を踏まえ、キャリア教育で求められる基礎的・汎用的能力の一つである「人間関係形成・社会形成能力」に視点を置いたキャリア教育をどう進めるのか。授業や学校の教育活動等を通して具体的なキャリア教育の構想を考えることができるかが問われている。

 解答へのアプローチ＆キーワード

1 キャリア教育の定義

　キャリア教育とは、子どもたちがキャリアを形成していくために必要な能力や態度の育成を目標とする教育的働きかけである。そして、キャリア形成にとって重要なのは、自らの力で生き方を選択していくことができるよう必要な能力や態度を身に付けることにある。したがって、キャリア教育は、子どもたち一人一人のキャリア発達を支援し、それぞれにふさわしいキャリアを形成していくために必要な能力や態度を育てることを目指すものである。自分が自分として生きるために「学び続けたい」「働き続けたい」と強く願い、それを実現させていく姿がキャリア教育の目指す子どもの姿である。

　これらのことを踏まえ、平成23年に中教審はキャリア教育を「**一人一人の社会的・職業的自立に向け、必要な基盤となる能力や態度を育てることを通して、キャリア発達を促す教育**」と定義した（文科省「小学校キャリア教

育の手引」改訂版）。

② **基礎的・汎用的能力の各能力**

　中教審答申は、「基礎的・汎用的能力」の具体的内容について、「『仕事に就くこと』に焦点を当て、実際の行動として表れるという観点から、（以下の）4つの能力に整理した」と述べている。

①**人間関係形成・社会形成能力**…多様な他者の考えや立場を理解し、相手の意見を聴いて自分の考えを正確に伝えることができるとともに、自分の置かれている状況を受け止め、役割を果たしつつ他者と協力・協働して社会に参画し、今後の社会を積極的に形成することができる力。

　例　他者の個性を理解する力、他者に働きかける力、コミュニケーション・スキル、チームワーク、リーダーシップ等

②**自己理解・自己管理能力**…自分が「できること」「意義を感じること」「したいこと」について、社会との相互関係を保ちつつ、今後の自分自身の可能性を含めた肯定的な理解に基づき主体的に行動すると同時に、自らの思考や感情を律し、かつ、今後の成長のために進んで学ぼうとする力。

　例　自己の役割の理解、前向きに考える力、自己の動機付け、忍耐力、ストレスマネジメント等

③**課題対応能力**…仕事をする上での様々な課題を発見・分析し、適切な計画を立ててその課題を処理し、解決することができる力。

　例　情報の理解・選択・処理等、本質の理解、原因の追究、課題発見、計画立案、実行力、評価・改善等

④**キャリアプランニング能力**…「働くこと」の意義を理解し、自らが果たすべき様々な立場や役割との関連を踏まえて「働くこと」を位置付け、多様な生き方に関する様々な情報を適切に取捨選択・活用しながら、自ら主体的に判断してキャリアを形成していく力。

　例　学ぶこと・働くことの意義や役割の理解、多様性の理解、将来設計、選択、行動と改善等

　国立教育政策研究所による「キャリア教育・進路指導に関する総合的実態調査」第1次報告書では（平成25年3月）、中高いずれの学級担任及びホームルーム担任の「基礎的・汎用的能力」に関する認識度は3割程度にとどまり、教員研修の必要性が大きな課題となった。また、同年10月の第2次報告書では、職業選択の基準が全学校種を通じて「自分の趣味や好み」を重視していることが明らかとなった（小学校も新たに調査対象となった）。

課題文の構成例

背 景	就職や就業をめぐる環境の激変
	学校から社会への移行をめぐる問題
	子どもたちの生活・意識の変容

↓

課 題	基礎的・汎用的能力の育成

↓

方 策	学校の全体計画・年間指導計画等への位置づけ
	私の取り組み　教科における学習法・指導法の改善
	体験学習の導入・キャリアパスポートの活用

↓

まとめ	意欲と活気のみなぎる教室環境の創出

ポイント❶ ALによる人間関係形成能力の育成

　まずはじめに、教科の学習とキャリア教育は別物ではないことに留意しておきたいものである。すなわち、学習指導要領上キャリア教育と関連する内容を挙げると、例えば中学校の国語の目標「社会生活における人間の関わりの中で伝え合う力を高め、思考力や想像力を養う」、中学校社会科公民的分野の目標「現代の社会生活及び国際関係などについて、個人と社会との関わりを中心に理解を深める」などは、キャリア教育の基盤となる。

　したがって、各教科や総合的な学習の時間、特別活動などの特質に配慮しながらも、「基礎的・汎用的能力」のうち「人間関係形成力や社会形成能力」等の視点で学習内容や学習法などを考えていけばよい。

　例えば、学習法に視点を定めて具体的な構想を立てることもできる。これまでの授業の多くは教師中心型の授業で、生徒たちは受け身の学習とならざるを得なかった。したがって、教室ではどちらかといえば静的で、生徒同士が助け合い、教え合うといった協働的な学習活動はあまり見られなかった。そこで、**今日では生徒の主体的で能動的な生徒参加型の授業の意義が強く意識され、グループディスカッションやディベート、グループワークなどのいわゆるアクティブ・ラーニング（Active Learning）の導入が強く求められた**。

　このように学習方法や指導法等が改善されたことから、各教科の学習や総合的な学習の時間ばかりか、学級活動やホームルーム活動等が活性化し、生徒の人間関係形成能力や社会形成能力、課題対応能力等が一層育まれるとともに、生徒たちの学習意欲の向上につながる。

ポイント❷ 職場体験や部活動等による社会形成能力の育成

　中学校における職場体験活動は、学習指導要領の総合的な学習の時間や道徳科、特別活動等で求められる社会体験活動の一つである。社会との関わりがより近い高校では、総合的な探究の時間や特別活動等で、就業体験活動（インターンシップ）を取り入れることとされる。

　こうした職場体験や就業体験は、生徒が教員や保護者以外の大人と接する重要な機会となり、異世代とのコミュニケーション能力の向上が期待されること、生徒が自己の職業適性や将来設計について考える機会となり主体的な職業選択の能力や高い職業意識の育成が促進されること、学校における学習と職業との関係についての生徒の理解を促進し学習意欲を喚起するなど、キャリア教育の推進に大きな役割を発揮するだけでなく、人間関係形成能力や社会形成能力の育成に役立つものである。

　教科の学習で同年代間のコミュニケーション力を、部活動で異なるクラスや学年間での人間関係形成能力を、さらに職場体験やインターンシップで異世代間の人間関係形成・社会形成能力を養うこととなる。

採点者はココを見る！

①設問への対応

➡通常の教育活動とキャリア教育の関係性をどうとらえているか。

●通常の教育活動とは関わりなく、キャリア教育を独自に行おうと考えているもの。

②主題の設定

➡ キャリア教育の構想が教育活動の実態を基に具体的に述べられているか。

●抽象的、一般的にキャリア教育の構想だけが述べられているもの。

読んでおきたい資料集

●文科省「小学校キャリア教育の手引き」（2022年3月）、「中学校・高等学校キャリア教育の手引き」（2023年3月）

学習意欲と地域の人材活用

 学校と地域が連携し、地域の人材を活用することは、授業の活性化につながります。そこで、子どもの学習意欲を高めるために、授業で、どのように地域の人材を活用したらよいと考えますか。あなたの考えを具体的に述べなさい。

横浜市　小　60分　45分　800字以内

 出題のねらい

　今日、地域と一体となって子どもたちを育む「地域とともにある学校」づくりが求められている。子どもたちの学習意欲を高めるためにも地域の教育力を活用することが必要である。では、授業の中で地域の人材をどのように活用したらよいのか、子どもたちの学習状況等を踏まえ、直ちに学校現場で実践できる資質と能力を判定する。

 解答へのアプローチ＆キーワード

1 社会に開かれた教育課程の実現

　これからの学校は、地域でどのような子どもたちを育てるのか、何を実現するのかという目標やビジョンを保護者や地域住民等と共有し、地域と一体となって子どもたちを育む**「地域とともにある学校」**へと転換していくことである。地域もまた、学校と連携・協働して子どもたちの成長を支える基盤を整備する必要がある。全公立学校にコミュニティ・スクール（学校運営協議会制度）を設置し、また、全学校区で「地域学校協働活動」を実施することも必要である。

　新学習指導要領の理念である、**「社会に開かれた教育課程」**の実現に向けて、コミュニティ・スクールと地域学校協働活動を一体的に推進することにより、学校が保護者や地域住民等と教育課程に関する情報・目標を共有し、地域の人的・物的資源を活用しながら授業等を展開することが可能となる。

2 学力の3要素と新学習指導要領

　学校教育法（第30条第2項）では、学力の3要素を①基礎的な知識・技能②思考力・判断力・表現力等の能力③主体的に学習に取り組む態度としているが、**新学習指導要領では上記の3要素を踏まえて「資質・能力の三つの**

柱」として示している。すなわち①生きて働く知識・技能の習得②思考力・判断力・表現力等③学びに向かう力・人間性等の３要素である。

3 子どもたちの学力と学習意欲の現状

　近年のライフスタイルの多様化などにより、家庭や社会の影響を受けやすい子どもたちの生活習慣の乱れが、学習意欲や体力・気力等の低下の要因の一つとして指摘されている。とりわけ生活圏の拡大や行動の多様化等により生活のリズムが乱れやすい環境にある中高生に対する啓発活動を進めるとともに、社会全体の問題として取り組んでいくことが大切である。

　平成25年度の全国学力・学習状況調査では、学習意欲が高い児童生徒が教科の平均正答率が高い傾向が見られた。普段の授業で、初めに授業の目標が示されている（小学校では、これに加えて「最後に学習内容を振り返る活動を行っている」）、話し合い活動をよく行っている、自分の考えを発表する機会が与えられている、総合的な学習の時間で、自分で課題を立てて情報を集め整理して、調べたことを発表するなどの学習活動に取り組んでいると回答した児童生徒の方が、学習意欲が高い傾向が見られた。

　また、基本的生活習慣、自尊意識・規範意識、家庭でのコミュニケーション、社会に対する興味・関心、コミュニケーション能力、外国に対する興味・関心に関する項目等に肯定的に回答した児童生徒の方が、教科の正答率が高い傾向が見られた。

第2章 問題演習編

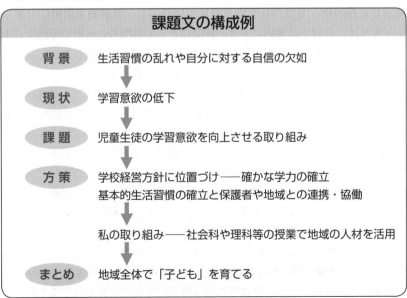

課題文の構成例

背 景	生活習慣の乱れや自分に対する自信の欠如
現 状	学習意欲の低下
課 題	児童生徒の学習意欲を向上させる取り組み
方 策	学校経営方針に位置づけ──確かな学力の確立 基本的生活習慣の確立と保護者や地域との連携・協働
	私の取り組み──社会科や理科等の授業で地域の人材を活用
まとめ	地域全体で「子ども」を育てる

ポイント❶ 学習意欲の向上に向けての方策

　学習意欲とは、学習活動に対するモチベーション（動機づけ）のことである。ではどのようにして児童生徒の学習意欲を高めることができるのか。まずは、**児童生徒の興味・関心、知的好奇心等に訴えること**である。**分かりやすい、おもしろい授業を創出する**ことも大切である（国立教育政策研究所）。「分かった」「できた」という成功体験により、「自分でもできる」「やればできる」という有能感を抱くようになり、学習意欲が一層高まるものである。

　もちろん、**必要に応じて生徒をほめたり、激励したり、時には叱ること**があってもよい。また、時には児童生徒の競争心に訴えることがあってもよい。しかし、ほめることによって伸びる児童生徒と萎縮する児童生徒、叱られて発奮する者と失望する者など、彼らの個人差に十分配慮することが大切である。たとえ競争させるにしても他人との比較よりは、自分自身の力や客観的な基準との競争を考える。さらに、**アクティブ・ラーニングの視点からの学習過程の改善やICTを活用した教育を進めること**である。

 ポイント❷ 地域の教育資源（地域の教育力）の活用

　地域の教育資源は「地域教育力」とも呼ばれることもあるが、それには、①人材、②物資、③場・施設、④活動・営為、⑤情報・知恵等がある。佐藤晴雄日大教授は、地域の教育資源の活用について、**学校教育活動にリアリティを与え、学習を効果的にする、教師にとって専門外の分野で専門家による指導が期待できる、児童生徒と地域住民との交流が深められるなど、学校教育を量的・質的に補完できる**と、その意義を指摘している。

　第15期中教審答申以降学校現場では、「生きる力」の育成と「開かれた学校」づくりが進められてきた。学校開放については、学校の物的資源（施設・設備、教材・教具）、人的資源を住民の学習支援のために開放することであったが、実際には、住民に対する校庭開放や公開講座の形で実施されることが多かった。しかし、その後の「総合的な学習（探究）の時間」やキャリア教育の進展とともに、従来型の住民が学校に来る型から、児童生徒が地域調査をしたり、市役所や研究施設を訪問すること、職場見学や体験等、児童生徒が地域社会へ出かける型が増え、相互の交流が深まっていった。

　こうした状況を背景に、最近では、前述の解答へのアプローチ①に見られるように、**「地域に開かれた学校」**から**「地域とともにある学校づくり」**への**転換**が求められている。中教審答申「新しい時代の教育や地方創生の実現

に向けた学校と地域の連携・協働の在り方と今後の推進方策について」（平成27年12月）と、同答申を受けた「『次世代の学校・地域』創生プラン」（平成28年1月策定）に基づき、幅広い地域住民や企業・団体等の参画により、地域と学校が連携・協働して、学びによるまちづくり、地域人材育成、郷土学習、放課後等における学習・体験活動など、**地域全体で未来を担う子どもたちの成長を支え、地域を創生する「地域学校協働活動」を推進している。**

ポイント❸ 人材活用のための留意点

　授業だけでなく、地域の人材を活用する場合、最も苦労するのは目的や活動に応じて適切な人材をいかに発掘するかということである。より専門的な話を期待するのか、実験や実習をしてもらうのか、主として体験談を語っていただくのか、事前に目的や活動内容を明確にしておくことが必要である。できれば、専門・特技・職歴ごとの支援者名簿をあらかじめ用意しておくことである。自ら関係機関や大学、企業等に出向いて依頼することも必要だが、できれば**「学校運営協議会」**や**「学校評議員」**、**「学校支援地域本部」（地域学校協働本部）**等に依頼して名簿作成に協力いただくことである。

 採点者はココを見る！

①設問への対応

➡ 地域の人材を活用して学習意欲を高めることについての意義と必要性等について自分の考えが述べられているか。

 ●学習意欲を高めることの必要性やそのための地域人材の活用に触れていないもの。

②主題の設定

➡ 授業で地域の人材をどのように活用するのか具体的に述べているか。

 ●一般論に終始し、授業を中心に具体的に述べられていないもの。

 読んでおきたい資料集

●国立教育政策研究所「学習意欲に関する調査結果」（2002年4月）
●文科省「『次世代の学校・地域』創生プラン」（2016年1月）

第**2**章　問題演習編

三つの資質・能力を育成する必要性と具体的な取り組み

平成29年3月に学習指導要領が告示された。今回の改定では、学校教育全体並びに各教科、道徳科、外国語活動、総合的な学習の時間及び特別活動の指導を通してどのような資質・能力の育成を目指すのかを明確にしながら、教育活動の充実を図ること、その際、児童生徒の発達の段階や特性等を踏まえつつ、次に掲げる三つの資質・能力の育成が偏りなく実現できるようにすることが求められている。

〈1〉生きて働く「知識・技能」の習得

〈2〉未知の状況にも対応できる「思考力・判断力・表現力」の育成

〈3〉学びを人生や社会に生かそうとする「学びに向かう力・人間性等」の涵養

このことについて、下の条件に従って述べなさい。

(1) これからの社会を生きる子供たちに、上記の三つの資質・能力を育成する必要性について述べなさい。

(2)(1)を踏まえ志望する校種等において、どのように取り組んでいくか、具体的に述べなさい。

岐阜県　特別選考　全校種　60分　640字以上

これからの社会の創り手となる児童生徒に、生きる力を育むためには三つの資質・能力の育成が必要だとされるが、その理由を明らかにするとともに、児童生徒の発達段階や校種等を踏まえ、教科や総合的な学習の時間等を通して、具体的にどう取り組んでいくのか、学校現場で実践できる力を判定する。

解答へのアプローチ＆キーワード

1　育成を目指す資質・能力について

新学習指導要領では小中高等学校ともに、総則「(小中高等学校)の基本と教育課程の役割」の中で、児童生徒の発達段階や特性等を踏まえ、「知識及び技能が習得されるようにすること」「思考力、判断力、表現力を育成すること」「学びに向かう力、人間性等を涵養すること」など三つの資質能力を偏りなく実現できるようにすることを求めている。

これは、中教審答申（平成28年12月）で明らかにされた「資質・能力の

三つの柱に基づく教育課程の枠組みの整理」の中で示されたものである。これまでの研究等で、資質・能力に共通する要素は、知識に関するもの、スキルに関するもの、情意（人間性など）に関するものの三つに分類されるが、これはまた、学校教育法第30条第2項が定める学校教育において重視すべき三要素（「知識・技能」「思考力・判断力・表現力等」「主体的に学習に取り組む態度」とも共通している。

　なお、上記の中教審答申で示された三つの資質・能力とは、出題例にも見られる。

[2] 育成を目指す資質・能力の明確化

　中教審答申においては、「予測困難な社会の変化に主体的に関わり、感性を豊かに働かせながら、どのような未来を創っていくのか、どのように社会や人生をよりよいものにしていくのかという目的を自ら考え、自らの可能性を発揮し、よりよい社会と幸福な人生の創り手となる力を身に付けられるようにすることが重要であること、こうした力は全く新しい力ということではなく学校教育全体が長年その育成を目指してきた『生きる力』であることを改めて捉え直し、学校教育がしっかりとその強みを発揮できるようにしていくことが必要とされた。また、汎用的な能力の育成を重視する世界的な潮流を踏まえつつ、知識及び技能と思考力、判断力、表現力等をバランスよく育成してきた我が国の学校教育の蓄積を生かしていくことが重要とされた。

　このため『生きる力』をより具体化し、教育課程全体を通して育成を目指す資質・能力を、三つの柱に整理するとともに、各教科等の目標や内容についても、この三つの柱で再整理を図るよう提言がなされた」。

　「今回の改訂では、知・徳・体にわたる『生きる力』を子供たちに育むために『何のために学ぶのか』という各教科等を学ぶ意義を共有しながら、授業の創意工夫や教科書等の教材の改善を引き出していくことができるようにするため、全ての教科等の目標及び内容を『知識及び技能』『思考力、判断力、表現力等』『学びに向かう力、人間性等』の三つの柱で再整理した」（以上中学校学習指導要領解説「総則編」）。

 ポイント❶ 予測困難な社会と三つの資質・能力

　中教審答申の「予測困難な社会の変化に主体的に関わり」「よりよい社会と幸福な人生の創り手」となるために必要な力は、全く新しい力ということではなく学校教育がこれまで育成してきた「生きる力」であることを改めて捉え直し、学校教育がその強みを発揮できるようにしていくことが必要であ

（右側欄外）第**2**章 問題演習編

課題文の構成例

背景	予測困難な時代に突入 持続可能な社会の担い手、新たな価値の創出
課題	「生きる力」の再評価 各教科等の目標・内容を三つの柱で再整理
方策	授業の創意工夫と教材の改善
まとめ	バランスのとれた「生きる力」の育成

ること、このため「生きる力」をより具体化し、教育課程全体を通して育成を目指す資質・能力を三つの柱に整理し、各教科等の目標や内容についても、この三つの柱に基づく再整理を図った、という中教審答申が示したこれからの社会とその中で生きる子ども像等を踏まえて、三つの資質・能力を育成する必要性について述べるとよい。

ポイント❷ 社会科改訂の基本的な考え方と中学校社会科での取り組み

例えば、新「中学校学習指導要領解説　社会科編」では、育成を目指す資質・能力が三つの柱に整理されたことを踏まえ、基本的な考え方を次の３点に集約できるとした。他教科についても同様である。

第一は、基礎的・基本的な「知識及び技能」の確実な習得である。今回の改定では、社会とのつながりを意識した「生きる力」の育成が求められており、それはまた、「社会において自立的に生きる基礎を培う」という教育基本法第５条の義務教育の目標にかなう。したがって、基礎的・基本的な「知識及び技能」については、単に理解しているか、できるかだけでなく、それらを生きて働かせてどう使うか、どのように社会・世界と関わり、よりよい人生を送るかといった、三つの柱で示された資質・能力全体を見通した上で、確実な習得が求められる。

第二は、社会的な見方・考え方を働かせた「思考力、判断力、表現力等」の育成である。社会的な見方・考え方を働かせた「思考力、判断力、表言力等」の育成は、「知識及び技能」の習得、「学びに向かう力、人間性等」の涵養とともに資質・能力の三つの柱の育成に資する。

第三は、主権者として、持続可能な社会づくりに向かう社会参画意識の涵

養やよりよい社会の実現を視野に課題を主体的に解決しようとする態度の育成である。教育基本法第2条や学校教育法第21条に規定されている「公共の精神に基づき、主体的に社会の形成に参画し、その発展に寄与する態度を養う」ことは中学校社会科の究極目標である。

以上、新「中学校学習指導要領解説　社会科編」で示された考え方を踏まえて、中学校社会科3分野の内容項目ごとに、三つの資質・能力を育成するための具体的な取り組みを述べるとよい。その際、同解説の「学習・指導の改善充実や教育環境の充実等」で示された、「主体的・対話的で深い学び」の実現に心掛けるとともに、ICTの活用、新聞や公的機関等が発行する資料等、さらに博物館や図書館等一層の利活用を進めることである。

採点者はココを見る！

①設問への対応

➡ 平成28年の中教審答申や平成29年の新学習指導要領等を踏まえた議論になっているか。

●中教審答申や新学習指導要領等を全く考慮していないもの。

➡ これからの社会を生きる子どもたちを対象にした議論になっているか。

●未来を生きる子どもたちを前提にしていないもの。

②主題の設定

➡ 志望する校種に基づいた具体的な取り組みが論述されているか。

●志望する校種にかかわらず一般的・抽象的な取り組みとなっているもの。

読んでおきたい資料集

●中教審「幼稚園、小学校、中学校、高等学校及び特別支援学校の学習指導要領等の改善及び必要な方策等について」(2016年12月)
●文科省 新「中学校学習指導要領解説　総則編」(2018年3月)
●文科省 新「中学校学習指導要領解説　社会科編」(2018年3月)

保護者の不満への対応

 出題例　あなたが担任をしているクラスで、生徒同士のトラブルがありました。日頃から落ち着きのないAさんが、Bさんに対してちょっかいを出したことがきっかけでした。その様子を見ていたあなたは、Bさんが怒ってつかみあいの喧嘩になったところで仲裁に入りました。先にちょっかいを出したAさんにまず注意をし、その後Bさんにも話をして、その場は収まりました。その日の放課後、Aさんの保護者から電話が入りました。「どうしていつもうちの子ばかり注意をするのか。もう、学校には行きたくないと言っている。」と早口であなたに伝え、電話は切れました。そこであなたは、これからの対応について学年主任と相談し、Aさんの保護者に会って話をすることにしました。保護者に対して話をするつもりで書きなさい。

相模原市　中　45分　字数制限なし（A4用紙1枚片面）

 ☆　**出題のねらい**

　事例問題に関する論述問題である。生徒間トラブルにどう対応し、どう解決を図ったか。その後の保護者からの問い合わせにどう対応し、保護者との面談では学年主任のアドバイスを受けて、保護者にどう対応すればよいのか。学級担任としての見識や手腕等が問われている。

　解答へのアプローチ&キーワード

1　事例問題への対応

　論述試験で事例問題を取り上げる教育委員会はそれほど多くはない。事例問題とはいえ、論作文問題なのでその形式に従って論述することが必要である。当該市の場合、例年45分でA4用紙1枚にまとめることが求められる。特に字数制限はないが、時間配分等から考え合わせるとせいぜい600字程度の字数を考えておくのが妥当か、と思われる。

　受験者のなかには保護者に話す内容を直接解答用紙に書き込むこともあるが、それでは内容が一面的であったり論理的な矛盾が生じたりすることもある。したがって、一般的な論作文試験と同じように序論・本論・結論の3段落構成で記述するのがよい。その場合、本論では当日とった具体的な対応（短期的対応）を述べ、次に、トラブルの背景や原因等を踏まえた今後の指

導を中心に中長期的な対応について述べる、とよい。

② 子どもたちの現状と課題

○学力については、国内の学力調査によれば近年改善傾向にある。子どもたちの9割以上が学校は楽しいと感じ、保護者の8割は学校に満足している。

○学ぶことと自分の人生や社会とのつながりを実感しながら自分の能力を引き出し、学習したことや社会の課題解決に生かしていく面に課題がある。

○情報化の進展に伴い、視覚的な情報と言葉との結びつきが稀薄になり、知覚した情報の意味を吟味したり、文章の構成や内容を的確にとらえて読み解くことが少なくなってきている。

○生命の有限性や自然の大切さ、自分の価値を認識しつつ他者と協働する重要性を実感できる機会、文化芸術を体験し感性を高める機会が限られている。

○多様な人々と協働し、共通に求められるルールやマナーを学び、規範意識を育み、自らの生き方を育んでいくことの重要性が指摘されている。

○運動する子どもとそうでない子の二極化傾向、スポーツを「する」のみならず「見る、支える、知る」など多様な視点から関わりを考える課題がある。

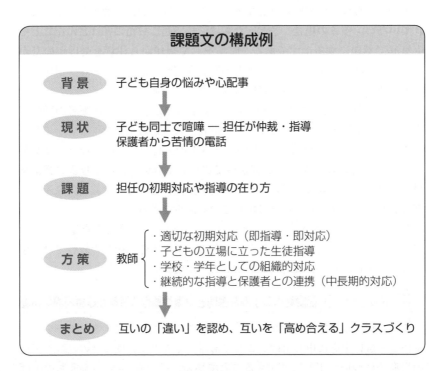

第2章 問題演習編

ポイント❶ 適切な初期対応と保護者への対応

　担任が同席していたクラス内で発生した喧嘩であり、その一部始終を担任が把握しているようだ。この場合にはつかみあいの喧嘩になったところで仲裁に入ったわけであるが、そのタイミングの是非は問われてこよう。暴力行為に及ぶこともあるのでできるだけ早めに介入することが肝心である。

　次は生徒に対するいわゆる事情聴取の問題である。喧嘩のきっかけは、Ａさんが初めにちょっかいをだしたことであり、そのＡさんから順に事情を聴き指導したことに間違いはない。個々に両者から事情を聴いた上で、さらに両者の前で再確認をしてことの経緯を明確にしてもよかった。両者が納得し不満や疑いが残らないようにする機会でもあるからである。

　とりわけ、日頃から落ち着きのないＡさんがなぜそうした行動に走ったのか、その背景や理由等については、生徒の立場に立ってしっかりと聴き取ってあげることを怠ったことも反省しなければならない。保護者とともにＡさんの今後の指導に当たっても大事な視点だからである。

　担任の指導はこれで終わりとなっているが、肝心な保護者への連絡がなされていない。多くの場合、子どもたちは学校で起こったことはどんなことでも家庭で話題にするはずである。喧嘩をして担任から注意を受けたのだから、当然家庭で話題となり、保護者の関心も高かったはずである。担任から事前に連絡があれば保護者の対応も違ったはずである。

　「どうしていつもうちの子ばかり注意をするのか」という保護者の疑問が生じるのは担任としての怠慢であり、批判されるのもやむを得ない。また、「もう学校には行きたくない」というＡさんの気持ちにも応えなければならない。**生徒指導は、「すべての児童生徒のそれぞれの人格のよりよい発達を目指すとともに、学校生活がすべての児童生徒にとって有意義で興味深く、充実したものになる」ことを目指しているからである。**

　この際、電話連絡があったことを前向きに捉え、保護者が指定する場所で、できるだけ早期に面談を行う。もちろん学年主任等複数の教員で対応するなど、学校として組織的に対応することが望ましい。

 ポイント❷ 保護者への丁寧な説明と背景や原因の究明及び継続的な指導

　まず、担任は連絡が遅くなり誤解を生じさせたことに対するお詫びを学年主任とともに率直に申し上げることである。その上で再度ことの経緯や担任の指導等について丁寧に説明することである。その際、「いつもうちの子ば

かり注意をするのか」という保護者の声に十分対応することを忘れてはならない。生徒の声の反映なのかもしれないからである。

　短期的対応としては、担任が同席している時には子どもたちの行動には絶えず目を配り、その変化を察知すれば、即対応・即指導することを心がけることである。生徒指導においては当事者の気持ちに寄り添い、彼らの心の声を聴き取ることである。また、保護者への連絡を怠ることなく協働して生徒指導に当たることを心がけたい。

　最も大切なことは、日頃から「落ち着きのない」「他人にちょっかいを出す」Ａさんの行動の背景や原因等について、保護者と十分話し合うことである。とりわけ「もう学校には行きたくない」というＡさんの気持ちに耳を傾けることが急がれる。場合によっては、各種の相談機関を紹介することも考えられるし、クラス内での新たな取り組みが必要になってくるのかもしれない。いずれにしても背景や原因等が究明された上で、担任や学年等と保護者が協力・連携して長期にわたる組織的な指導が行われることになる（中・長期的対応）。

採点者はココを見る！

①設問への対応

➡ 事例文を読み取り、問題の所在を明らかにしているか。

●問題の所在が不明確で、現状認識に欠けているもの。

②主題の設定

●担任の初期対応の問題点に触れず、担任・学校側の具体的な対応策が述べられていないもの。

読んでおきたい資料集

●茨城県教育委員会「信頼される学校づくりをめざして―保護者との適切な関わりのために―」（2010年2月）

●文科省「生徒指導提要（改訂版）」（2022年12月）

●東京都教育委員会「学校問題解決のための手引」（2022年3月）

第**2**章

問題演習編

生命尊重教育の推進

 出題例　さいたま市では、「自他の生命が、かけがえのない大切なものであることを深く自覚し、生命を大切にできる子ども」の育成を目指して、生命尊重教育を推進しています。
　あなたはこのことをどのようにとらえ、取り組んでいきますか。これまでの学校での勤務経験を踏まえて、具体的に述べなさい。

さいたま市　特別選考（臨任教員）　80分　1,200字

 出題のねらい

　特別選考では、臨任教員（小中養、音楽専科）、青年海外協力隊（小中）、特別支援学校（小中）、社会人（小中）、障害者（小中）等が選考の対象になっているので、それぞれの経験等を踏まえて論述することが必要である。

　まず、なぜ自他の生命の大切さを深く自覚し、生命を大切にできる子どもを育成することが大切なのかについて、ここでは臨任教員としての経験を踏まえて述べなけれればならない。その上で、自他の生命を尊重する教育を具体的にどのように実践していくか、小中の希望校種に即して具体的な手立てを持っているかどうかを判定する。

 解答へのアプローチ＆キーワード

1 生命尊重教育が求められる社会的背景と子どもたちの状況

　今の子どもたちは、物質的な豊かさや便利さの中で生活する一方、学校での生活、塾や習い事などに時間をとられ、ゆとりのない生活を送っている。また、テレビやゲームなどに多くの時間をさき、疑似体験や間接体験が多くなり、生活体験・自然体験が著しく不足している。また、機械化や自動化が進み人との触れ合いが少なくなり、その上情報伝達手段の発達・普及等に伴い人とのつながりの必要性が減少し、**子どもたちの社会性や人間関係形成力が弱まっている**。

　こうした社会状況の中で、少年による凶悪事件、虐待やいじめなどによる自殺など、命の価値が軽じられる風潮が生まれている。また、核家族化やライフスタイルの変化などの社会的変化に伴って、具体的に生命の誕生や人の死を実感する環境がなくなっている。子どもたちの興味や関心が高いゲーム

や劇画などでは、たとえ死んだとしてもリセットすれば再び生き返ることのできる仕組みになっている。子どもたちの日常会話の中でも、軽い気持ちで、「死ね」とか「消えろ」などと、平気で人を貶める言葉を使ってしまうことがある。そのため、学校では、**命の尊さや大切さなどについて教科や道徳科、総合的な学習の時間、特別活動等教育活動全体を通して、子どもたちにしっかりと伝え、考えさせていくことが大きな課題**となっている。

2 **新学習指導要領と「生命の尊重に関する教育」**

　新小・中・高等学校学習指導要領第1章総則第2の2の（2）では、「各学校においては、児童（生徒）や学校、地域の実態及び児童（生徒）の発達の段階を考慮し、豊かな人生の実現や災害等を乗り越えて次代の社会を形成することに向けた現代的な諸課題に対応して求められる資質・能力を、教科横断的な視点で育成していくことができるよう、各学校の特色を生かした教育課程の編成を図るものとする。」として、**現代的な諸課題に対応できる教科横断的な視点に立った資質・能力の育成**を求めている。

　新小学校学習指導要領解説「総則編」では、「豊かな人生の実現や災害等を乗り越えて次代の社会を形成することに向けた現代的な諸課題に対応して求められる資質・能力を、教科横断的な視点で育成していくことができるようにする」こととしている。「**生命の尊重に関する教育**」「**伝統や文化に関する教育**」「**主権者に関する教育**」等は学習指導要領解説「総則編」で示された現代的な諸課題の一つである。

3 **子どもの自殺予防に向けて**

　厚労省「自殺の動向について」（令和5年3月）によれば、令和4年中の子供の自殺者数は514人（小：17人、中：143人、高：354人）。コロナ禍以降顕著な増加がみられ、この3年間で3割増えた。500人を超えたのは初めて。学校における心の健康づくり推進体制の整備、いじめを苦にした子どもの自殺予防、自殺が起こった時の学校での事後対応の促進等が大きな課題となる。

　学校では、自殺について生徒同士で話し合わせたり、遺族の悲しみに触れさせるなど「自分と他人の命の重み」を伝える取り組みが行われている。東京杉並区のA中学校では社会科の選択授業「よのなか」科で「自殺抑止ロールプレイング」を取り入れた授業を進めている。今後も初等中等教育全体で自殺予防のための、教育の推進が一層求められる。

　最近では、自ら命を絶つことを「自殺」ではなく、「自死」と表現する考え方がある。「自死」は遺族の心情に寄り添った当事者用語として使われはじめている。一方で、受け入れやすい言葉に変えれば、死へのハードルを下

げかねない、とりわけ自殺が深刻化している若者への影響を懸念する声もある。「自殺」という言葉の問題や遺族支援など大きな課題がある。

課題文の構成例

現 状　物質的な豊かさ　　　　　　生命軽視の傾向
　　　　利便性・効率性重視の社会　　死生観の未熟さ
　　　　間接体験・疑似体験の増加　　安易で不用意な言葉の濫用

課 題　自他の生命を尊重する教育の推進
　　　　↓
方 策　教師〔教育活動全体を通じての取り組み方策
　　　　　　　教科・道徳科・総合的な学習の時間・特別活動等

　　　　私の取り組み　自尊感情の育成
　　　　↓　　　　　　○教科・道徳科・総合的な学習の時間の活用
　　　　　　　　　　　○特別活動との連携

まとめ　「いのちの重さ」を大切にする学級（クラス）

ポイント❶ 「生命尊重の教育」が求められる学級の状況

　すでに、解答へのアプローチ＆キーワードの項でも述べたように、自他の生命がいかにかけがえのないものであるのかに気づきづらい社会状況がある。学級には、ちょっと気にいらなければ、安易に「死ね」とか「消えろ」などと、黒板や廊下の壁などに書いてしまうことがある。また、教師には分からないところで、人をからかい冷やかし、人を蔑み、あざ笑い、人の人格を否定するような行為を行う者もいる。いじめはその典型なのかもしれない。「生命尊重教育」や「人権尊重教育」等が求められる所以である。

　まずは、学級や学校の中での子どもたちの実態や生活状況等について、しっかりと把握して、なぜ今「生命尊重教育の推進」が必要なのかについて叙述することが大切である。場合によっては、その必要性を一層確認するために、現代社会における子どもたちの様子に触れることがあってもよい。生命尊重の教育は道徳科の指導内容の重点化の一つである（新学習指導要領総則）。

ポイント❷ 自尊感情を育む教育活動の実践

　なぜ命を大切にしなければならないのか。児童生徒がこの答えに到達でき

るのは容易なことではない。多くの児童生徒は大人と喜びや悲しみを共有しながら、次第に生きていることの大切さに気づいていく。しかし、今日では大人と児童生徒が体験を共有する機会が少なくなってきている。

　したがって、家庭はもちろん学校においても児童生徒たちに自分がいかに大切な存在（価値ある人間）であるのかを教えていかなければならない。無条件に自分を肯定できるようにすること、つまり「自尊感情」を育てていけば、児童生徒たちはやがて他人も自分と同じかけがえのない存在であることに気づいていくはずである。そのために、学校ではあらゆる教育活動を通して、彼らが喜びや悲しみを共有できる機会を意図的に増やしていくよう心掛けることである。なお、金森俊朗「4年1組命の授業」、大瀬敏昭「輝けいのちの授業」等の授業実践があり、生命尊重センター「いのちを未来へ！－生命尊重教育のために」、日活「ブタがいた教室」などのDVDがある。

 採点者はココを見る！

①設問への対応

➡ 「生命尊重教育の推進」についてどうとらえているか、自らの経験等を踏まえて述べているか。

 ●生命尊重教育の推進についてのとらえかたについて述べてはいるが、自分自身の経験等について触れてはいないもの。

②主題の設定

➡ 志望する校種に即して、教科や道徳科、総合的な学習の時間や学級活動などの教育活動を通じて、「生命尊重教育推進」のための教育活動が具体的に述べられているか。

 ●一般的な生命尊重教育の推進については述べているが、教科や学級活動など具体的な教育活動場面を想定せず、いわば一般論に終始しているもの。

●志望する校種を前提とせずに、一般的な叙述に終わっているもの。

 読んでおきたい資料集

●文科省「教師が知っておきたい子どもの自殺予防」（2009年3月）
●文科省「子どもの自殺が起きたときの緊急対応の手引き」（2010年3月）
●文科省「子どもに伝えたい自殺予防」（2014年7月）

第**2**章　問題演習編

学び続ける教師

出題例　熊本市では、「学び続ける人」を求めています。これまでの自分の経験を踏まえて、今後教師としてどのように「学び続ける」ことに取り組んでいきますか。あなたの考えを書きなさい。

熊本市　小中高　特小中　60分　800字以内

出題のねらい

「学び続ける教員像」は、2012（平成24）年に中教審が求めた教員像である。今何をすればよいのか、今後これまでの経験を踏まえて教師としてどのように「学び続ける」のかなどについて、具体的な方策に基づいた覚悟と決意を判定する。

解答へのアプローチ＆キーワード

1 中教審等が求めた教師像や教員の資質能力

時代の変化とともに、教師に求められる教師像や教員の資質能力等について、その重点のおきどころが変わってきている。1958年や71年の中教審答申では、教師に「**高い専門性**」が求められ、96年答申や2012年答申では「**総合的な人間力**」が求められた。その後、97年答申では「**変化に対応できる力**」が求められ、直近の2015年答申では「**チーム学校の一員**」であることが求められるようになった。まずは、こうした国レベルでの教師像や教員の資質能力等の変化に注目しておきたいものである。

1953年　「**教員の身分は、都道府県の公務員**とすることが望ましい」

1958年　「社会の進展に即した**専門的知識と児童生徒の教育に即した教職教養**を有しなければならない」

1971年　「教員が**自主的に専門的な職能集団を組織し、相互にその研鑽に努める**ことが必要である」

1986年　「選考方法については、学生時代のクラブ活動、奉仕活動等を重視することなどにより、その多様化を図る」（臨教審）

1987年　教養審が「教員の資質能力の向上方策について」の答申。教員養成・免許制度の改善、初任者研修制度の創設

1996年　「教員一人一人が**子供の心を理解し、その悩みを受け止めよう**と

する態度を身に付けることは極めて重要」

1997年 「変化の時代を生きる社会人に必要な資質能力をも十分に兼ね備えなければならない」

2007年 教育職員免許法の改正、2009年4月から教員免許更新制を導入

2012年 「学び続ける教員像」の確立、総合的な人間像

2015年 「学校作りのチームの一員として組織的・協働的に諸課題の解決のために取り組む専門的な力の醸成」

（朝日新聞2016年7月31日参考）

2021年 「環境の変化を前向きに受け止め、教職生涯を通じて学び続けている」「子供一人一人の学びを最大限に引き出す教師としての役割を果たしている」「子供の主体的な学びを支援する伴走者としての能力も備えている」

② 「学び続ける教員像」の確立

　未来に生きる子どもたちは、知識基盤社会、生涯学習社会の担い手である。教育は、彼らにこの新しい社会を担う力（生きる力）を身に付けさせることが課題である。そのために、学校は、既存の知の伝達にとどまらない「新たな学び」の場として再生される必要がある。そうであれば、教えることと学ぶことの専門職である教員もまた変わらなければならない。中教審答申「教職生活の全体を通じた教員の資質能力の総合的な向上方策について」は、それを「学び続ける教員像」の確立と述べた。教員という職業は、初任期、中堅、ベテラン、あるいは経営に臨む管理職の時期など、それぞれのライフ・ステージに応じて学ぶべき課題がある。換言すれば、すべての教員を目指す学生と既にその職にある現職教員は、養成と研修のいずれかの段階にあっても、課題を発見し最新の専門的知識を吸収して、教育活動に最善を尽くす意志と実践的技量を確立する義務がある。自明のこととはいえ、答申が、教員の生涯を通じての職能成長の意義とそのための新たな社会システムの構築に言及した意義は大きい（独立行政法人教員研修センター　高岡信也「『学び続ける教員像』の理念を実現する新たな養成・研修システムの構築」）。

③ 熊本市と各自治体が求める教員像

　熊本市では、「人間的な魅力にあふれ、夢と情熱をもって『くまもとのひとづくり』をリードする教職員」像をあげ、いつの時代も求められる資質能力と今、時代が特に求める資質や能力の形成を求めている。出題例との関係でいえば、後者に属する「広い視野をもち、社会の変化に対応して課題を解決できる教職員」であることが期待される（他の自治体はP.224～231参照）。

第
2
章

問題演習編

課題文の構成例

現状	急速な社会的変化や子どもたちの変容 新学習指導要領が目指す教育

↓

課題	これからの時代に求められる教員の資質能力 | 2012年中教審答申—学び続ける教員像 当該市の教員像

方策	養成段階の学び 多様な現職教員の 研修

初任者研修・中堅教諭等研修 ※新研修制度
各自治体による独自の研修（指定研修）
校内研修・自主研修

※教委が教員の研修履歴管理、校長等が受講すべき研修を助言

↓

まとめ	学び続ける教員と子どもたちの深い学びの形成

 ポイント❶ 熊本市が求める教職員像と中教審答申

「学び続ける人」を求める出題例は、熊本市が求める教員像の中に含意されていると捉えることができる。具体的には、「今、時代が特に求める資質や能力」の中の、特に「広い視野を持ち、社会の変化に対応して課題を解決できる教職員」や「熊本を愛し、保護者や地域の人々に信頼される教職員像」などであろうか。保護者や地域住民との信頼関係は社会的変化に対応して諸課題に対処できる教員の力量に負うところが大きい。

また、「学び続ける人」は、前述のように2012年中教審答申の「学び続ける教員像」で示された教員像である。さらに、**2021年中教審答申では、学校教育を取り巻く環境の変化を前向きに受け止め、教職生涯を通じて学び続け、子供一人一人の学びを最大限に引き出し、主体的な学びを支援する伴走者の役割を果たすことが期待されている。**

今なぜ、「学び続ける」必要があるのかについては、「学び続ける『主体』を育てる教員であること、そのために学び続ける教員であること、これこそが、新学習指導要領が求める教師像である」「現代の急速な社会の進展の中で、知識・技能の絶えざる刷新が必要となってきたために、教師も探究力を持ち、学び続けることが一層重視されている」「今日、教育課題が山積する

学校現場において、その課題解決を図るためには、教員一人一人の資質能力の向上が不可欠である」等々の考え方がある。

ポイント❷ 学び続ける教員像の確立に向けて

　教育実習や教育ボランティアとして学校現場に関わるところから「学び続ける」ことが始まっている。つまり、採用試験受験段階から採用段階に至る過程でも「学び続ける人」であることが求められる。その時の経験や失敗談等を踏まえて、「論」を立て、当該市が求める「人づくり」をリードする決意を述べるとよい。教員としては、ライフステージに応じた国や自治体の研修だけでなく、学校研修や自主研修等を積極的に進めることも必要である。

 採点者はココを見る！

①設問への対応

➡ **当該市が求める教師像が、当該市だけでなく普遍性を持っていることに気づいているか。**

 ●当該市固有の教師像ととらえているもの。

➡ **「学び続ける」ことの必要性について、背景や現状等に触れているか。**

 ●全くその必要性について触れていないもの。

②主題の設定

➡ **教師として、「学び続ける」ことにどのように取り組むのか。**

 ●学校種や教科等に応じて、具体的な取り組みや決意等が述べられていないもの。

 読んでおきたい資料集

●文科省 新「小学校学習指導要領」新「中学校学習指導要領」（2017年3月）、新「高等学校学習指導要領」（2018年3月）
●中教審答申「『令和の日本型学校教育』の構築を目指して〜全ての子供たちの可能性を引き出す、個別最適な学びと、協働的な学びの実現〜」（2021年1月）

第2章 問題演習編

自己肯定感を育む教育

 出題例 変化の激しい未来を生きる児童生徒にとって、自己肯定感を育成する教育が必要とされています。あなたは、このことをどう受け止めますか。また、それを踏まえて佐賀県の教員として、児童生徒にどのように向き合いながら教育活動を進めていきますか。具体的に述べなさい。

佐賀県　小・中　60分　800字以内

 出題のねらい

　児童生徒に自己肯定感を育成する教育が必要とされているが、このことをどう受け止め、具体的にどのように教育活動を進めていくのか、直ちに学校現場で実践できる力を判定する。

 解答へのアプローチ＆キーワード

1　自己肯定感と諸調査

　「自己肯定感」とは、自らの在り方を積極的に評価できる感情、自らの価値や存在意義を肯定できる感情などを意味する言葉で、「自己存在感」、「自尊感情」などと類似の概念とされる。中教審答申「『令和の日本型学校教育』の構築を目指して」では、次代を切り拓く子供たちに求められる資質・能力の一つとして「自己肯定感・自己有用感等」を挙げている。

　「自尊感情」は、自己に対して肯定的な評価を抱いている状態を指す言葉であるが、他方、人の役に立った、人から感謝された、人から認められたなどの「自己有用感」は自己と他者（集団や社会）との関係を自他ともに肯定的に受け入れることで生まれる、自己に対する肯定的な評価であり、「自尊感情」や「自己肯定感」等とは異なる。

　「自己肯定感」については、児童生徒や青少年対象の諸調査では、「自分には、よいところがある」（令和4年度「全国学力・学習状況調査」）、「今の自分が好きだ」（平成26年度「青少年の体験活動に関する実態調査」）、「自分自身に満足している」（平成25年度「我が国と諸外国の若者の意識に関する調査」）「人並みの能力がある・自分自身に満足（不満）・ダメな人間だと思うことがある」（平成26年度「高校生の生活と意識に関する調査」）などと、具体的に表現されており、大変分かりやすい。

　前述の諸調査では、諸外国の子どもたちと比較して日本の子どもたちは「自己肯定感」が低い状況にあると指摘されるが、他方、国内調査では「自己肯定感」が低い児童生徒は２割程度で、中学生がやや高い傾向にある。

　また、「自己肯定感」を高めるためには、「他者との協働のなかで、子供たちが自分の役割を果たすとともに、子供たちが集団又は個人の目標を達成した際に、周りの大人が認めることにより、成功体験を感じさせる取組を継続的に行い、子供たちの発達段階に応じた対応が重要だ」とされる。

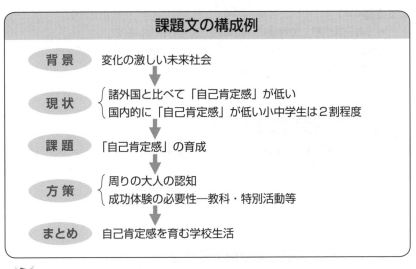

課題文の構成例

背景	変化の激しい未来社会
現状	諸外国と比べて「自己肯定感」が低い 国内的に「自己肯定感」が低い小中学生は２割程度
課題	「自己肯定感」の育成
方策	周りの大人の認知 成功体験の必要性―教科・特別活動等
まとめ	自己肯定感を育む学校生活

第2章 問題演習編

ポイント❶ 成功体験の場は学校生活の中に転がっている

　成功体験をさせるために敢えて特別の場を用意することはない。教科指導や特別活動、部活動等日常的な教育活動の中に成功体験の場はたくさん転がっていると言ってよい。ただし、そうした感性で注意深く子どもたちの動きを観察しなければならないし、個々の子どもたちの様子や変化をしっかりと把握しておかなければならない。

　始業前に乱雑になっていた机椅子を整頓したとか、先週できなかった割り算が今週はできるようになったとか、児童生徒のちょっとした変化を捉えそれを評価し褒めてやることである。その積み重ねが成功体験となり、やがて自己肯定感の向上へとつながっていく。

採点者はココを見る！

①設問への対応

➡ 今、何故自己肯定感の育成が必要とされるのか。明確に答えているか。

● 「自己肯定感」の必要性に十分応えていないもの。

②主題の設定

➡ 「自己肯定感」の育成に、具体的に答えていないもの。

● 一般的・抽象的な叙述に流れ、「自己肯定感」を育成する場と活動が具体的に述べられていないもの。

読んでおきたい資料集

● 国立教育政策研究所　生徒指導リーフ「『自尊感情』？それとも、『自己有用感』？」（2015年3月）
● 文科省「教育再生実行会議第十次提言」（2017年6月）

論作文問題の類型別出題状況

1 文章・統計資料等読解型と教育論

　近年、文章・統計資料等読解型の問題が増加傾向にある。この型式の問題については、何よりも提示された文章・統計資料等を読みこなせるか、文章・資料等の読解力が試される。**岩手県**（小中）では、「全国の児童生徒の自殺者の年次推移グラフ」から読み取れる特徴と要因が問われた。**茨城県**（高）では、南郷市兵『教育課程が人生を決める』、田村学『平成の教育から学ぶこと』を読み、考える実践を述べる。**石川県**では、黒川伊保子『人間のトリセツ』を読み、児童生徒の好奇心をどう育てるか述べる。**愛知県**では、永田和宏『知の体力』を読み、筆者の考え方をどう捉え、どのような教員を目指すか論述する。県によっては、**統計資料読解型**の出題もある。**福島県**（中）では、『児童生徒の問題行動・不登校等生徒指導上の諸課題』から、不登校傾向の生徒に対する取組を論述する。**和歌山県**（小中高）では、資料（不明）をもとに、不登校の現状と課題をまとめ、対応策を述べる。**福岡市**

（特別選考）では、『特別支援学校・学級・通級指導教室に在籍する障がいの
ある児童生徒数』のグラフを読み、課題と取組を論述する。

2 国・県市等の教育振興基本計画、教育施策等と論作文

近年、国や都道府県・政令指定都市教育委員会の教育振興基本計画（教育
ビジョン）や教育目標、教育施策等に関する論述問題が増加傾向にある。青
森県（全校種）では、「教育課題に挑戦し続ける教員」像にどう取り組むか。
福島県（高）では、中教審答申「『令和の日本型学校教育』の構築」を踏ま
え、急速に変化する時代に必要となる資質・能力を育むため、どのような授
業を実践するか。（2次小）では、小学校学習指導要領の育成すべき資質・
能力の一つ言語活動の充実に向けての取組を述べる。（2次高）では、「第七
次福島県総合教育計画」を踏まえ、どのような教育を実践したいか、また、
「ふくしま男女共同参画プラン」をもとに、個性を生かした生き方ができる
ようにするための取組を述べる。栃木県（小中）では、中教審答申「個別最
適な学び」に関連して個に応じた指導の充実を図るための取組を述べる。群
馬県（小中）では、県の教員像「学び続ける教員」であるための具体的な取
組が問われた。埼玉県（小中）では、『第2次埼玉県教育振興基本計画』の
目標の一つ「豊かな心の育成」が問われた。横浜市（全校種）は「横浜教育
ビジョン2030」の中で四つの方向性にそった施策や取組の一つを選び、ど
のように取り組むか論述する。川崎市（特別選考）では、SDGsについて、
学校での教育活動の中での取組、児童生徒への指導について述べる。

福井県（全校種）では、『特別支援教育に携わる教師の養成、採用及び研
修等に係る今後の取組に関する留意事項について』を読み、特別支援教育へ
の理解を深め、専門性を持つことの重要性を論述する。山梨県（小）では、
『やまなし教員等育成指標』の教育課題人権教育への取組について、（中高）
では、中教審「『令和の日本型学校教育』の構築」に関して、「個別最適な学
び」にどう取り組むか述べる。岐阜県（特別選考）では、県が求める教師
像、常に学び続ける教師を日々の教育活動でどう体現するか。（小中）で
は、『いじめ防止等のための基本的な方針』で「いじめに対する措置」のポ
イントが示された。担任として取るべき対応を述べる。静岡県・静岡市（教
職経験者）では、文科省初中局教育課程課『学習指導要領の趣旨の実現に向
けた個別最適な学びと協働的な学びの一体的な充実に関する参考資料』を読
み、児童生徒にどのような資質・能力を育てるか、また、授業でICTをど
う活用するか述べる。三重県（社会人・午前）では、『三重県教育ビジョン』
の「誰一人取り残さない教育の推進」の重要性と、実践したい教育活動を述

べる。（全校種・午前受験）では、中教審答申『新しい時代の教育に向けた持続可能な学校指導・運営体制の構築のための学校における働き方改革に関する総合的な方策について』に関して、働き方改革として取り組みたい業務を二つ選び、その理由と改善に向けた取組を論述する。三重県教育ビジョン基本施策２に関して、「将来の社会的・職業的自立に必要な資質・能力」を一つ挙げ、その資質・能力を身に付けさせるための取組を述べる。（午後受験）中教審答申「『令和の日本型学校教育』の構築」では、新型コロナウイルス感染症拡大防止のためにとられた臨時休業措置により再認識された学校の役割を一つ選びその理由と取組について述べる。「いじめ防止対策推進法」では「学校の教職員の責務」が示された。いじめ防止及び早期発見の取組についての留意点といじめ防止及び早期発見に向けた取組を述べる。三重県教委『人権教育ガイドライン』では、「外国人の人権に係わる問題を解決するための教育」の７つの取組から一つ選び、選んだ理由と具体的な取組を論述する。**滋賀県**（小中高）では、中教審答申「『令和の日本型学校教育』の構築」に関して、令和の日本型学校教育の課題と解決のための取組を論述する。**京都府**（全校種）では、目指す人間像を「めまぐるしく変化していく社会において、変化を前向きにとらえて主体的に行動し、よりよい社会と幸福な人生を創り出せる人」と定めた。その理由と背景を述べ、どう教育活動に取り組むか論じる。**京都府**では、「教育環境日本一プロジェクト」の共通アプローチとして、ICTの積極的な活用を求めた。その理由と具体的な教育活動を述べる。**京都市**（小）では、令和４年度『学校教育の重点』の一つ「誰一人取り残さない教育を進める」の実現に向け、担任としてどう取り組むか。（中）学校園づくり５つの柱の一つ「校種間連携・接続により子供を支える」についてどう取り組むか。**堺市**（小）では、中教審答申「『令和の日本型学校教育』の構築」をもとに、「個別最適な学び」と「協働的な学び」を一体的に充実させる授業をどう行うか。**神戸市**（全校種）では、求める人物像「自律心を備え、多様性を尊重し、協調・協働できる人」の多様性について大切にすべき点を、子どもたちと同僚に対する視点から論じる。**山口県**（全校種）では、「個別最適な学び」と「協働的な学び」の実現にどう取り組むか。**愛媛県**（小）では、『愛媛県教育振興に関する大綱』をもとに、子どもたちに故郷を大切にする心を育むために、どう取り組むか。（高）では、『高等学校学習指導要領解説総則編』をもとに、社会で求められる資質・能力を身に付けさせるためにどう取り組むか。**大分県**（社会人）では、中教審答申「『令和の日本型学校教育』の構築」で、情報活用能力の育成と学校図

書館の活用が求められた。その理由と学校図書館活用とICT活用を学習活動の中にどう取り入れるか述べる。**国の教育振興基本計画や教育施策、諸審議会の答申等、また、各都道府県・政令指定都市教育振興基本計画や教育目標、教育施策、求められる教員像等について、学習しておく必要がある。**

3　テーマ・課題問題と教育論

　指定された今日的なテーマや課題等について自分の考えを叙述する論作文である。**山形県**（全校種）では、「子どもと学ぶ教師」「郷土の魅力を伝える指導で大切なこと」「『いのち』を大切にすることができる生徒の育成」「『人間力』に満ちあふれる児童生徒の姿」「学校行事を通じて指導したいこと」「思いやりの心を育む教育」等について論述する。**富山県**（社会人）では、学びの質と量と題して、これからの学校や教員のあるべき姿を論述する。**長野県**（小中）では、子どもをまるごと受け止める教師について論述する。**静岡県**（高）では、誰一人取り残さない教育について論述する。**名古屋市**では、「つまずく」という言葉から想起されるテーマを設定し、教育観と関わらせて論述する。**徳島県**（全校種）では、「協働力」をどう捉えるか。**愛媛県**（中）では、中学校教員の魅力について述べる。**今日的な課題（テーマ）についての多面的・多角的な学習と理解が必要。その際、自らの体験・経験等を教育観等と関わらせて課題（テーマ）に正対すること。**

4　抽象題と教育論

　長野県（高）では、「創る」について論述する。これまでの題目は、「問」「変」「しなやか」など。**抽象題については言葉の意味や解釈等にこだわりがちであるが、何よりも抽象題を教育の土俵に引き寄せて教育論として述べる。**

5　事例問題・場面指導等と論述問題

　近年、事例問題に関する論述問題と、従来主として面接試験で問われていた場面指導が論述問題にも見られる。**東京都**（全校種）では、平成28年度以降事例問題に関する出題だったが、令和5年度から通常の論述問題となった。**富山県**では、「学校へ行きたくない」（小）、「部活動での先輩からのいじめ（中高）に関する場面指導である。**京都市**（小中）では、「重要書類の管理と生徒の個人情報の扱い」に関する事例問題。（高）では、「地方公務員のアルバイト」に関する事例問題である。**事例問題や場面指導等については、面接試験でも問われることが多いので、教育実習や学校ボランティア活動等での体験を踏まえて、課題ごとに自分の考えや具体的方策等をまとめておくこと。**その他、熊本県では教科に関する論作文、鳥取県の空欄補充問題など、注目すべき新たな動きも出はじめている。

「多様性を認める柔軟さ」「協働・共生する姿勢」の育成

 出題例

「多様性を認める柔軟さ」や「協働・共生する姿勢」を育成するため、あなたは担任として、自発的・自治的な活動をどのように展開したいと考えるか、具体的に述べなさい。

横浜市　中高　45分　800字以内

☆ 出題のねらい

「多様性を認める柔軟さ」「協働・共生する姿勢」という言葉から、出題背景を読み取る必要がある。自分と異なる他者の個性を認め、共生する姿勢を育てるということから、まずは学校教育の場で推進されているインクルーシブ教育を思い浮かべるべきである。また、広く社会へ目を向ければ、高齢者・外国人などの課題も考えられる。中学校では学級活動、高等学校ではホームルーム活動での取り組みを考えるとよい。

 解答へのアプローチ＆キーワード

1 「共生」と「共生社会」

問題文中のキーワードである「多様性」「協働」「共生」の三つのうち、特に注目すべきは「共生」である。「共生」とは、生物の世界で、二種類の生物が、一方あるいは双方が利益を受けつつ、密接な関係をもって生活することである。この言葉は、学校教育では特別支援教育と関連して「共生社会の実現」などと用いられる。「『共生社会』とは、これまで必ずしも十分に社会参加できるような環境になかった障害者等が、積極的に参加・貢献していくことができる社会である。それは、**誰もが相互に人格と個性を尊重し支え合い、人々の多様な在り方を相互に認め合える全員参加型の社会**である。このような社会を目指すことは、我が国において最も積極的に取り組むべき重要な課題である。」（中教審初等中等教育分科会「共生社会の形成に向けたインクルーシブ教育システム構築のための特別支援教育の推進」（平成24年7月））。

2 インクルーシブ教育システム

わが国が平成26年に批准した「障害者の権利に関する条約」は、教育についての障がい者の権利を認め、「この権利を差別なしに、かつ、機会の均等を基礎として実現するため、障害者を包容するあらゆる段階の教育制度及

び生涯学習を確保する」ことを締約国に求めている。そして、文科省は、「インクルーシブ教育システムとは、人間の多様性の尊重等の強化、障害者が精神的及び身体的な能力等を可能な最大限度まで発達させ、自由な社会に効果的に参加することを可能とするとの目的の下、**障害のある者と障害のない者が共に学ぶ仕組み**であり、障害のある者が教育制度一般から排除されないこと、自己の生活する地域において初等中等教育の機会が与えられること、個人に必要な『合理的配慮』が提供される等が必要」だと説明している（文科省「インクルーシブ教育システム構築モデル事業　成果報告書（概要）」）。

③「**自発的・自治的な活動**」

　この言葉は、新学習指導要領の中で特別活動の「第3　指導計画の作成と内容の取扱い」で用いられている。例えば、新中学校学習指導要領では、「〔学級活動〕及び〔生徒会活動〕の指導については、指導内容の特質に応じて、教師の適切な指導の下に、**生徒の自発的・自治的な活動が効果的に展開されるようにすること。**」とされている。また、問題文には「あなたは担任として」とあるので、まずは学級担任として学級活動でどんな取り組みをするかと考えるのがよい。そして、生徒の自発的・自治的な活動となるよう工夫するとよい。

第
2
章

問
題
演
習
編

課題文の構成例

現状　多様な他者との共生……障がい者・高齢者・外国人等との共生

↓

課題　柔軟さや………………①多様性を認める柔軟さを養う
協働・共生する姿勢……②他者と協働・共生する姿勢を育む

↓

方策　①柔軟さを養う交流活動………障がい者との交流・体験活動
②協働・共生する体験活動……高齢者との交流・体験活動

↓

まとめ　交流・体験活動を通じて、多様性（ダイバーシティ）を認める柔軟さや自分と異なる他者と協働・共生する姿勢を育成する

⚡ポイント❶ 出題意図のとらえ方

　この問題文は短いが、出題の意図を示すキーワードがいくつかある。**解答へのアプローチ＆キーワード**で指摘したように、「**共生**」という言葉に注目

して、「共生社会」「インクルーシブ教育」など特別支援教育との関連を念頭において取り組みを考えるとよい。ちなみに、これは横浜市の中高の問題であるが、同年度の小学校の問題は次のとおりである。「誰もが幸せに暮らす共生社会を目指して、障がいの有無に関わらず、インクルーシブ教育が推進されていますが、授業におけるユニバーサルデザインの基本的な考え方を説明するとともに、授業での具体的な工夫について例を挙げて述べなさい。」

 ## ポイント❷ 障がい者や高齢者との交流

　学校は家庭や地域社会と連携して教育活動を行うが、特に、「多様性を認める柔軟さ」「協働・共生する姿勢」については、障がい者や高齢者との交流が有効である。新中学校学習指導要領では、第1章「総則」第5「学校運営上の留意事項」の中で、家庭や地域社会との連携・協働を深めること、**高齢者や異年齢の子供など世代を超えた交流の機会を設けること、障害のある幼児児童生徒との交流や共同学習の機会を設けること**、とされる。

 ## 採点者はココを見る！

①設問への対応
➡「多様性を認める柔軟さ」「協働・共生する姿勢」に対応する取り組みを述べているか。

 ●障がい者や高齢者等との協働・共生を述べていないもの。

➡「担任として」「自発的・自治的な活動」という指示に従っているか。

 ●学級活動の取り組みを主にして述べていないもの。

②主題の設定
➡「多様性を認める柔軟さ」「協働・共生する姿勢」につながる具体的な方策を述べているか。

 ●学級担任として生徒の自発的・自治的な活動や周囲との連携を意識して述べていないもの。

合格答案例

現在、インクルーシブ教育の推進が課題となっている。生きていくために、自らの障害を認め、生徒の障害を他者に認めさせる工夫をして、多様性を養うことが大切である。私は、身近な学級活動を通じて、交流・共同学習を中心とする体験活動を設ける。多様性を理解し、福祉や障害について学び、活動を体験することで、多様性を認める姿勢を養うことができる。

交流・共同学習の実施にあたっては、自治体や特別支援学校と連携し、交流先の生徒が参加・交流できるよう、柔軟な姿勢をもち、互いを尊重する。障害者や高齢者、異年齢の人々と実際に交流することで、相互理解が深まり、協力する姿勢が育つ。

①障害者や高齢者と地域で活動する。特別支援学校と連携し、地域の活動に参加して、異年齢の人々と交流することで、多様性を尊重する態度を育てる。

②高齢者と交流する。私たち生徒は、高齢者体験や車椅子体験などの疑似体験を通じて、高齢者への理解を深める。スクールソーシャルワーカーや介護者から話を聞き、高齢者の生活や介護について学ぶ。

このように、交流・共同学習を中心とした体験活動を通じて、生徒が自ら課題を選び、担任として生徒が自ら選んだ課題に取り組むよう、周囲と連携しながら支援していく。

アドバイス

▶この問題の「45分で800字以内」という条件は、全国的に多い「60分で800字」に比べて時間が短いので、時間配分に注意する必要がある。また、この問題文は、本書P.31の福井県の問題のように「考え」と「取り組み」をはっきり分けて求めていない。「……自発的・自治的な活動をどのように展開したいと考えるか、具体的に述べなさい。」という問いは、受験者の教師としての「取り組み」を求めている。しかし、**受験者が具体的な「取り組み」を考えた理由やその時の問題意識について序論で説明するのは、内容的にもよいことであり、形式的にも整った形になってよい。**

▶これは具体的な「取り組み」重視の問題なので、**合格答案例**はP.20に示した【3段落構成】を参考にして次の**4段落構成**に修正した。

①	序論	（論：出題背景及び問題意識）	→200字
②	本論①	（策①：障がい者との交流活動）	→250字
③	本論②	（策②：高齢者との交流活動）	→250字
④	まとめ	（具体策のまとめと決意）	→100字
			計800字

なお、「取り組み」の数については問題文でも触れられていない。この点は多くの自治体の問題も同様である。P.30に**具体策は複数**でとあるように、ここでも**具体策は二つ**という計画で構想を練るとよい。

▶この問題は、中高志望者対象であり、「あなたは担任として」や「自発的・自治的な活動」という言葉から、「学級担任として学級活動での取り組み」を考えるのがよい。しかし、障がい者や高齢者との交流などは外部機関との連携だけでなく学校内の協力体制も必要であり、一学級担任でできることではない。自分が計画・立案して学年会で検討する、予め管理職に相談するなどの事前準備が必要である。一学級担任の守備範囲を超える取り組みを具体策として述べる場合は、**論文の中で「管理職に相談して」「学年会で検討して」などと組織的な取り組みであることを断るとよい。**

▶「障害者の権利に関する条約」では、「障害のある児童が障害に基づいて無償のかつ義務的な初等教育から又は中等教育から排除されないこと」や「自己の生活する地域社会において、障害者を包容し、質が高く、かつ、無償の初等教育を享受することができること及び中等教育を享受することができること」が求められている。インクルーシブ教育は小学校や中学校が中心に考えられているが、神奈川県では全国でも珍しい**県立高校でのインクルーシブ教育**が進められている。3校のインクルーシブ教育実践推進校（パイロット校）からスタートし、2020年度から14校となった。共

生社会の実現に向けて、障がいのある生徒もない生徒も共に学び、学校行事や部活動に一緒に取り組む学校である。

▶「多様性」「協働」「共生」などの言葉は、一般的に広く用いられるが、特に教育の分野で用いられる時はそれぞれ次のような傾向がある。

- ・「多様性」……「生物の多様性」「文化的多様性」など
- ・「協働」………「協働学習」「協働的な学び」「官民協働」「学校と家庭や地域との協働」など
- ・「共生」………「共生社会」「共生社会の形成に向けたインクルーシブ教育システム」など

問題文の中にこのような傾向のある言葉がある時、三語を関連付けて一つのイメージにまとめる必要がある。その際、**解答へのアプローチ＆キーワード**①に述べたように、「共生」に注目して他の二語を考えるとよい。「多様性」（ダイバーシティ）とは「さまざまな個性を持つ人々」のことであり、具体的には性別・年齢・国籍・人種・宗教・性的指向・障がいの有無等の多様性を指す言葉である。最近では、「教員として持つべきダイバーシティの視点」を論述問題として取り上げる教育委員会もある（本書P.50〜53参照）。「協働」とは「協力して働くこと」「一緒に学び活動すること」であり、障がいのある人とない人、若者と高齢者、日本人と外国人が一緒に行う活動を述べるとよい。

 読んでおきたい資料集

●中教審初等中等教育分科会「共生社会の形成に向けたインクルーシブ教育システム構築のための特別支援教育の推進（報告）」（2012年7月）
●文科省「インクルーシブ教育システム構築モデル事業　成果報告書（概要）」（2016年9月）
●文科省 新「中学校学習指導要領」（2017年3月）
●文科省「第4期教育振興基本計画」（2023年6月）

第 **2** 章　問題演習編

人間性や社会性を育成するための体験活動

 出題例　児童生徒の豊かな人間性や社会性を育成するためには体験的な活動を重視した指導の充実を図ることが重要です。あなたは、学級担任として、このことをどのように考え、どのよう取り組んでいきますか。あなたの考えを具体的に述べなさい。

茨城県　小中　60分　600〜800字以内

 出題のねらい

「豊かな人間性」「社会性」「体験的な活動」がキーワードである。「豊かな人間性」と「社会性」とに応じた2つの取り組みを学級担任として考える。「豊かな人間性」や「社会性」というテーマから、小中ともに教科指導より道徳科、総合的な学習の時間、特別活動等での取り組みを考えるとよい。また、「体験的な活動」を重視した指導としては、知識として身に付けさせるだけでなく実践的な活動まで視野に入れる必要がある。

解答へのアプローチ＆キーワード

1 「豊かな人間性」とは

　教育基本法の第2条「教育の目標」は、その一点目として「①幅広い知識と教養を身に付け、真理を求める態度を養い、②豊かな情操と道徳心を培うとともに、③健やかな身体を養うこと。」を挙げている。これら①②③は昔から言われてきた「知・徳・体」で、現代では「生きる力」として新学習指導要領でも重視されている。また、新小学校学習指導要領総則では、「……創意工夫を生かした特色ある教育活動を展開する中で、次の(1)から(3)までに掲げる事項の実現を図り、児童に生きる力を育むことを目指すものとする。」として、(1)(2)(3)の3つの事項を挙げている。それらは上の①②③をより詳しく述べたもので、いわゆる「確かな学力」「豊かな心」「健やかな体」の3つである。特に、(2)の「豊かな心」は道徳教育等で取り組むべき課題である。なお、文部科学省は平成18年度の施策目標の一つに「豊かな心の育成」を挙げ、その内容を「他人を思いやる心、生命や人権を尊重する心、自然や美しいものに感動する心、正義感や公正さを重んじる心、勤労観・職業観など、**子どもたちに豊かな人間性と社会性を育むための教育を実現する。**」としている。

2 学校教育で育成する「社会性」の内容

国立教育政策研究所生徒指導研究センターの「『社会性の基礎』を育む『交流活動』・『体験活動』－『人とかかわる喜び』をもつ児童生徒に－」（2004年3月）によれば、学校で育成する「社会性」の主な内容は概ね次のようにまとめられる。

① 基本的な生活習慣

衣食の基本や身辺の整理整頓などが自分の手でできること、自ら目標をもち計画的に生活すること、生活の状況に合わせたあいさつや礼儀作法を身に付けるなど。

② 対人関係の在り方

自分の気持ちや考えを適切に伝えたり、相手を思いやりを持って受け止めたりすることなど。

③ 集団活動の体験

集団に参加する喜び、責任をもって役割を果たすこと、集団の中で自己のよさを発揮することなど。

④ 規範意識の獲得

集団や社会の中で多くの人が生活するうえで必要な「社会規範」を積極的に受け入れ、自分を適切にコントロールできることなど。

⑤ 社会生活の体験

地域行事への参加、ボランティア活動、職場体験などの体験を通して、社会の中で生きている実感を味わい、地域の人々や環境とのかかわりを深め、そこでの役割を果たす充実感や社会参加の意識、社会貢献への喜びなどを体験していくことなど。

3 体験活動の意義

学校教育法第31条で、「体験的な学習活動、特にボランティア活動など社会奉仕体験活動、自然体験活動その他の体験活動」の充実に努めることが規定されている。また、新学習指導要領でも「総則」をはじめ「特別の教科道徳」「総合的な学習の時間」「特別活動」のそれぞれで体験活動の充実について触れている。

体験活動とは、自然体験でも社会体験でも、一義的には子どもたちが教室を離れて自然や社会を直接的に体験することであり、教室で机に座って学習することとは対照的で、**頭ではなく体で覚える**ものである。しかし、インターネットの普及による「間接体験」やシミュレーション等で模擬的に学ぶ「擬似体験」が増えている。「間接体験」や「擬似体験」の機会が圧倒的に多

くなった今、子どもたちの成長にとって負の影響を及ぼしていることが懸念されている。**今後の教育において重視されなければならないのは、ヒト・モノや実社会に実際に触れ、かかわり合う「直接体験」である。**

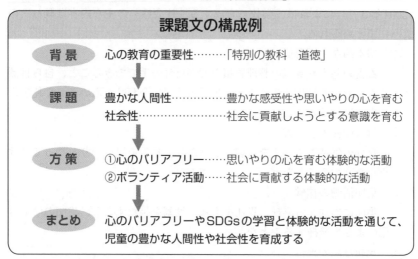

課題文の構成例

背景	心の教育の重要性………「特別の教科　道徳」

課題	豊かな人間性……………豊かな感受性や思いやりの心を育む 社会性…………………社会に貢献しようとする意識を育む

方策	①心のバリアフリー……思いやりの心を育む体験的な活動 ②ボランティア活動……社会に貢献する体験的な活動

まとめ	心のバリアフリーやSDGsの学習と体験的な活動を通じて、児童の豊かな人間性や社会性を育成する

 ポイント❶ 心のバリアフリー

　心のバリアフリーとは、様々な心身の特性や考え方を持つすべての人々が、相互に理解を深めようとコミュニケーションをとり、支え合うことである（2017年2月　ユニバーサルデザイン2020関係閣僚会議決定「ユニバーサルデザイン2020行動計画」）。各人がこの心のバリアフリーを体現するためのポイントは、同計画で以下の3点とされている。

(1) 障害のある人への社会的障壁を取り除くのは社会の責務であるという「障害の社会モデル」を理解すること。

(2) 障害のある人（及びその家族）への差別（不当な差別的取扱い及び合理的配慮の不提供）を行わないよう徹底すること。

(3) 自分とは異なる条件を持つ多様な他者とコミュニケーションを取る力を養い、すべての人が抱える困難や痛みを想像し共感する力を培うこと。

 ポイント❷ 学校における体験活動の例

　文科省「体験活動事例集－豊かな体験活動の推進のために－」（2002年10月）では、各校の体験活動の事例を次のように分類している。

体験活動の種類	活動内容
ボランティア活動など社会奉仕に関わる体験活動	老人ホームなど福祉施設の訪問、介護体験活動、リサイクル活動など
自然に関わる体験活動	自然の中での長期宿泊・体験活動、身近な地域や公園などの自然を生かした探究活動など
勤労生産に関わる体験活動	米や野菜づくり、動物等の飼育など
職場や就業に関わる体験活動	地域の商店や事業所などでの体験活動、将来の進路を考えるインターンシップなど
文化や芸術に関わる体験活動	地域に伝わる文化や芸能、伝統工芸等の伝承活動など
交流に関わる体験活動	地域の人々・高齢者・幼児・障害のある人々・外国の人々とのふれあい、農山漁村と都市部など異なる地域間での交流など
その他の体験活動	公民館等での合宿通学、その他など

採点者はココを見る！

①設問への対応

➡「豊かな人間性」と「社会性」に対応する取り組みを述べているか。

 ●二つを明確に分けて述べていないもの。

➡「体験的な活動を重視した指導」という内容になっているか。

 ●指導の内容・方法が「体験的な活動」と言えないもの。

②主題の設定

➡「豊かな人間性」と「社会性」に対応する学級担任としての取り組みを具体的に述べているか。

 ●学級担任としての取り組みが具体的に述べられていないもの。

第2章 問題演習編

合格答案例

教育の重要さは最近の道徳の教科化にも示されている。豊かな人間性を育成するためには、豊かな感受性、社会性を育成することが大切である。「特別の教科 道徳」や「総合的な学習の時間」を通じて豊かな知識や人間性を育む。社会に貢献しようとする児童、自ら学び、感受性の意味を習得していく。私は小学校教師として、豊かな心や社会性を育むだけでなく、自ら育む人間性について学び、社会に貢献しようとする児童、自ら学びをピンさんや理念を学ぶ。

①道徳の授業で、心を育む。例えば、まず心のバリアフリーを視聴する。次に、パラリンピックや偏見な信号の取り組みをする。教材選手を視聴し、心のバリアフリーを育む。水泳やピアノについて、周囲の困っている人を助けようとする児童を育成する。さらに、点字ブロック対策班で発見する児童の出取り組みを育む。障がい者への必要な音の発見する辻井伸行者への必要な音の発見する児童を育む。ボランティア活動を通して社会性を育む。

②「総合的な学習の時間」に、社会に貢献するボランティア活動を考えさせ、児童の社会性を育む。まずSDGsの17の課題を発見することに注目させる。例えば、ゴミの分別に注目させ、自分たちで地域に連携したボランティアの児童を育む。身近に優しそうする公園の活動を育てる。自分たちの分別が地球に取り組む。全員で地域に連携した通学路や公園活動を育てる思いやり、困っている人を助けるボランティア活動を考えさせ、社会に貢献する。地域の清掃の取り組みを班で考え計画を立てさせ、社会に貢献する。私は、学級担任や社会の一員である体験的な活動に取り組んで、豊かな人間性と社会性を育成していく。

アドバイス

▶この問題は、小学校と中学校の共通問題である。「あなたは、学級担任として……」とあるので、中学校志望者の場合は「教科担任ではなく」というニュアンスになる。つまり、教科指導ではなく「特別の教科　道徳」・「総合的な学習の時間」・特別活動などでの取り組みを述べるのがよい。小学校志望者の場合も「豊かな人間性」や「社会性」というテーマから中学校志望者と同様に教科の授業以外での取り組みを考えるとよい。新学習指導要領総則で豊かな心の育成が道徳教育と関連づけられていることもあり、「特別の教科　道徳」の取り組みは適当である。なお、小学校の場合、低学年・中学年・高学年と成長過程で大きな差があるので、取り組み内容は学年を想定して考えるとよい。

▶この問題は「あなたは、学級担任として、このことをどのように考え、どのように取り組んでいきますか。」と、「あなたの考え」と「あなたの取り組み」を分けて問うている。この点は、P.31の福井県の問題と同じである。P.32で述べたように、「考え」と「取り組み」の長さは、特に指示がない場合「1：2」とするとよい。**合格答案例**はP.104に示した**4段落構成**にならって次のような形になっている。

①	序論	（論：出題背景及び問題意識）	→200字
②	本論①	（策①：心のバリアフリー）	→250字
③	本論②	（策②：ボランティア活動）	→250字
④	まとめ	（まとめ）	→100字
計			800字

読んでおきたい資料集

●国立教育政策研究所生徒指導研究センター「『社会性の基礎』を育む『交流活動』・『体験活動』―『人とかかわる喜び』をもつ児童生徒に―」（2004年3月）
●文科省 新「小学校学習指導要領」（2017年3月）
●国土交通省「障害ってどこにあるの？ こころと社会のバリアフリーハンドブック 教師用解説書」（2018年3月）
●文科省「心のバリアフリーノート　小学校用」（2019年10月）

第2章 問題演習編

組織対応力

> **出題例**　「滋賀県公立学校教員人材育成基本方針」（平成26年3月）で、教員に求められる力として、「授業力」、「生徒指導力」、「学級経営力」、「組織対応力」の4つがあげられています。この中の「組織対応力」について、あなたは、なぜこの力が必要だと思いますか。また、この力を身に付けるために、どのように取り組みますか。具体例を示しながら述べなさい。
>
> 滋賀県　全校種　35分　600字以内

 出題のねらい

　教員に求められる4つの力のうちの「組織対応力」に的を絞った問題である。まず、この力の必要な理由を問うことで、受験者が出題背景を理解しているかをみようとしている。また、その力を身に付けるための取り組みは、具体例を示しながら述べなさいとあるので、「組織対応力」の内容をより具体化して考えることができるかが問われている。

 解答へのアプローチ＆キーワード

1 「組織対応力」とは何か

　問題文冒頭の「滋賀県公立学校教員人材育成基本方針」（平成26年3月）では、「組織対応力」について次のように説明されている。

　「学校教育を組織的に推進するには、全ての教員が、コミュニケーション力や連携力、組織貢献力等を身に付ける必要があります。学校が抱える様々な課題に対しては、教員が個々に取り組むだけでなく、専門的な力を活かし組織的に対応する必要があり、そのためには教員自身が組織の一員であると自覚し、進んで同僚と連携して対応することが必要です。また、学校の課題解決や活性化のためには、地域や関係機関との連携がなくてはならないことから、外部の人とも良好な人間関係を築ける力が求められています。」

2 学校課題の多様化・複雑化

　今、学校には、いじめ・暴力行為・不登校等の生徒指導上の課題や特別支援教育の充実、外国人生徒への対応、ICTの活用など、多様な課題に対応することが求められている。このような諸課題に対応していくためには、**学校として組織的に取り組む**ことが必要である。例えば、いじめ・暴力行為など

の生徒指導上の問題については、教職員がチームとして力を合わせ、組織的・継続的に一貫した指導方針で指導することが大切である。また、家庭、地域、警察等の関連諸機関との連携も必要である。個々の教師の工夫や努力では解決の難しい課題が多くなってきており、**組織の一員としてチームで取り組む**ために組織人としての資質能力を身に付けていくことが必要である。

3 **「チームとしての学校」**

　中央教育審議会は「チームとしての学校の在り方と今後の改善方策について（答申）」（2015年12月）を取りまとめた。その中で**「チームとしての学校」**が求められる背景として次の3点を指摘している。

(1)　新しい時代に求められる資質・能力を育む教育課程を実現するための体制整備

(2)　複雑化・多様化した課題を解決するための体制整備

(3)　子供と向き合う時間の確保等のための体制整備

　例えば、(1) では**アクティブ・ラーニング**の視点を踏まえた指導方法の不断の見直しによる授業改善、(2) ではいじめ・不登校・特別支援教育の充実、貧困問題など学校の役割が拡大することへの組織体制の整備が必要とされている。また、(1) (2) を受けて、日本の教員の勤務時間がOECD34カ国中最長であることから**「教員の働き方改革」**が大きな課題となっている。

第 **2** 章　問題演習編

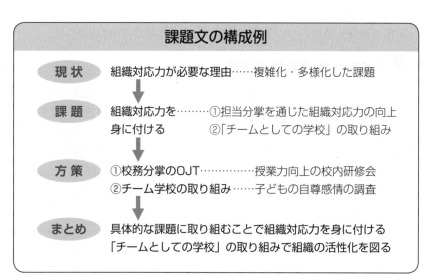

課題文の構成例

現 状　組織対応力が必要な理由……複雑化・多様化した課題

↓

課 題　組織対応力を………①担当分掌を通じた組織対応力の向上
　　　　　身に付ける　　　　②「チームとしての学校」の取り組み

↓

方 策　①校務分掌のOJT……………授業力向上の校内研修会
　　　　　②チーム学校の取り組み……子どもの自尊感情の調査

↓

まとめ　具体的な課題に取り組むことで組織対応力を身に付ける
　　　　　「チームとしての学校」の取り組みで組織の活性化を図る

ポイント❶ 国と地方自治体の教育施策

　ここでは「滋賀県公立学校教員人材育成基本方針」が取り上げられている。滋賀県教育委員会は、この基本方針の中で、「人材育成を進めるにあたり、資質能力向上の明確な目標となるよう、滋賀県の教員採用選考試験の実施要項で示されている先生像をもとに、平成24年8月の中教審答申において新たに示された『これからの教員に求められる資質能力』を踏まえ、『滋賀県がめざす教員像』（編集部注：本書P.226）を示します。」と述べている。

　つまり、国の教育施策を受けて地方自治体の教育施策が立案されるので、双方は関連している。**読んでおきたい資料集**に挙げた二つの中教審答申は、ともに**「これからの教員に求められる資質能力」**に触れている（本書P.242〜245参照）。特に「組織対応力」に関連するのは次の記述である。

○総合的な人間力（豊かな人間性や社会性、コミュニケーション力、同僚とチームで対応する力、地域や社会の多様な組織等と連携・協働できる力）（平成24年中教審答申）。

○「チーム学校」の考えの下、多様な専門性を持つ人材と効果的に連携・分担し、組織的・協働的に諸課題の解決に取り組む力（平成27年中教審答申）。

○多様な人材の確保や教師の資質・能力の向上により質の高い教職員集団が実現し、多様なスタッフ等とチームとなり、校長のリーダーシップの下、家庭や地域と連携しつつ学校が運営される（令和3年中教審答申）。

 ポイント❷ 教師論の出題

　この問題は、教師が自らの力量をいかに高めるかという教師論の出題である。本書の「第2章　テーマ8」でも熊本市の**「学び続ける教師」**に関する問題を取り上げているので参考になる（P.90〜93）。**各教育委員会の求める教員像**（P.224〜231）や読んでおきたい資料集に挙げた**中教審答申「これからの学校教育を担う教員の資質能力の向上について　〜学び合い、高め合う教員育成コミュニティの構築に向けて〜」**（要約版）が複数の県で出題されたことがある。

　また、**各教育委員会の求める教員像**（P.224〜231）には、「組織対応力」に関して、「組織人としての責任感、協調性を有し、互いに高め合う教師」（東京都）、「組織の一員としての自覚や協調性がある人」（愛知県）、「チームの一員として協働して課題解決に当たる力や学び続ける姿勢がある人」（岡山県）、「他の教職員と連携・協働し、組織的に職務を遂行できる」（広島

県）、「人間性豊かで的確なコミュニケーション能力をもつ教師」（鹿児島県）、「豊かなコミュニケーション能力を有し、組織力を活用できる総合的な人間力を持った教員」（沖縄県）などの記述がみられる。

ポイント❸ OJTの重要性

　滋賀県教育委員会は、「滋賀県公立学校教員人材育成基本方針」の中で、OJTの仕組みづくりの必要性について、「若手教員の力を育て、組織力を高めるには、学校内において、経験者から若手教員に対する指導や、同僚同士の学び合いといった**OJT（職場における研修、次頁〈注〉参照）**を実施することが重要です。しかし、同僚性の希薄化が進んでいる現在、これまでのように自然発生的なOJTが行われている学校は多くありません。OJT推進指針（仮称）を作成し、全ての学校で、意図的にOJTの取組が行えるよう、方向性を示します。」と述べている。他の自治体でもOJTを重視しており、例えば、東京都は**「OJTガイドライン（第3版）」**（2015年10月）によって教員の人材育成を図ろうとしている。

 ## 採点者はココを見る！

①設問への対応
➡ 「組織対応力が必要な理由」と「その力を身に付けるための取り組み」を述べているか。

● 「組織対応力が必要な理由」と「その力を身に付けるための取り組み」を明確に分けて述べていないもの。
● 「組織対応力」が求められている背景を十分に理解していないもの。

➡ 出題例の「具体例を示しながら」という指示に従っているか。

●学校教育の具体的な場での取り組みとして述べていないもの。

②主題の設定
➡ 同僚との連携、地域や関係機関との連携、外部の人との人間関係等を視野に入れているか。

●組織の一員として周囲と「連携」「協力」「協働」して取り組む方策を述べていないもの。

合格答案例

　教員の組織対応力が必要とされるのは、アクティブ・ラーニングの視点を踏まえた授業改善やいじめ・不登校・特別支援教育の充実など、学校の抱える課題が複雑化・多様化しているためである。例えば、いじめ問題に、教師が一人で抱え込まず、互いに協力して組織的に取り組むことが必要である。私は、校務分掌の一員OJTを通じて自らの組織対応力を高め、チーム学校の一員として教職員以外のスタッフとの連携にも努めていく。

　私は、教務部でアクティブ・ラーニングの視点からの授業改善に取り組む。具体的には、部会で授業評価アンケートの項目を検討し、主体的・能動的に参加する授業の実態把握に努める。また、教務部でアクティブ・ラーニングのよい実践例を教科別に収集し、校内研修会で自校の課題の明確化を目指す。分掌の仕事にチームで取り組むことを通じて組織対応力を高めていく。

　次に、生徒の自尊感情を調査して課題の共有を目指す。各学年で自尊感情測定尺度を利用して調査し、養護教諭やスクールカウンセラー等を交えて調査の集計・分析を行う。自尊感情の低い生徒を予め把握することで、教職員間の情報共有を図る。専門スタッフと協力して不登校やいじめなどの問題行動を未然に防止する。

　私は、校務分掌の仕事にチームで取り組むOJTや専門スタッフと協力するチーム学校の活動を通じて、組織人としての協調性や組織対応力を高めていく決意である。

〈注〉

　OJTとは、On the Job Trainingの略で、「日常的な職務を通して、必要な知識や技能、意欲、態度などを、意識的、計画的、継続的に高めていく取組」のことを言います。ここでは、学校内における人材育成の取組を指しています。

　Off-JTとは、ここでは、学校外における人材育成の取組を指しています。東京都教職員研修センター等で行う通所研修は、Off-JTの典型と言えます。

　○自己啓発とは、Self-Developmentと言われ、教員が力量を付けるために、課題意識をもって、様々な研修や研さんに自ら励むことを指しています（東京都教育委員会「OJTガイドライン」第3版（2015年10月）より）。

アドバイス

▶この問題の「35分で600字以内」という条件は、時間・字数ともに短い方である。全国的には「60分で800字」が最も多い。「60分で800字」の場合の構成例については、本書P.20に示した。「35分で600字以内」の場合は、それを応用して次のように計画するとよい。字数配分については、これを参考にして600字の段落構成を予め計画しておくと構想を立てやすい。時間配分はあくまで参考であり、実際には35分と短いので、構想を練った後は一気呵成に書いていくことになる。

①	5分	構想（全体の構想と構想メモ作成）	
②	5分	序論（論：組織対応力が必要な理由）	→200字
③	20分	本論（策：それを身に付ける方策二つ）	→300字
④	3分	結論（教職への力強い決意とまとめ）	→100字
⑤	2分	点検（読み直しと誤字・脱字の点検）	
計	35分		600字

▶この問題では、まず、なぜ「組織対応力」が必要かを述べることになる。序論で、教員の「組織対応力」が求められる背景について述べるとよい。その際に、読んでおきたい資料集に掲げた**「チームとしての学校」に関する中教審答申**が参考になる。答申そのものは長いが、その概要も発表されているので目を通しておくとよい。次に、本論として「組織対応力」を身に付けるための自分の取り組みを述べる。問題文には取り組みの数についての言及はないが、**具体策は二つ**という計画で構想を練るとよい。その際、「具体例を示しながら」という条件があるので、実際に自分が教師として学校で取り組む仕事を念頭に置き、仕事を通じて自分の「組織対応力」を高めていくという発想が大切である。

読んでおきたい資料集

●中教審答申「教職生活の全体を通じた教員の資質能力の総合的な向上方策について」（2012年8月）
●滋賀県教育委員会「滋賀県公立学校教員人材育成基本方針」（2014年3月）
●中教審答申「これからの学校教育を担う教員の資質能力の向上について　～学び合い、高め合う教員育成コミュニティの構築に向けて～」（要約版）（2015年12月）
●中教審答申「チームとしての学校の在り方と今後の改善方策について」（2015年12月）

児童・生徒一人一人のよい点や可能性を引き出し伸ばす教育

出題例　　各学校では、児童・生徒一人一人のよい点や可能性を引き出し伸ばす教育が求められています。

このことについて、あなたの考えを述べた上で、その考えに立ち、教師としてどのように取り組んでいくか、志望する校種と教科等に即して、26行（910字）を超え、30行（1,050字）以内で述べなさい。

東京都　全校種共通　70分　910字～1,050字

出題のねらい

　東京都では数年ぶりに問題の形式が変わり、全校種共通の問題となった。冒頭の「児童・生徒一人一人のよい点や可能性を引き出し伸ばす教育」が出題テーマである。このテーマについて、まず「あなたの考え」を述べ、次に「教師としてどのように取り組んでいくか」を述べる。**「あなたの考え」と「教師としての取り組み」を述べるのは従来と同じである。**述べる際の条件は「志望する校種と教科等に即して」と字数制限だけである。

解答へのアプローチ＆キーワード

1 一人一人のよい点や可能性を引き出し伸ばす

　東京都教育委員会が求める教師像にも「子どものよさや可能性を引き出し伸ばすことができる教師」が挙げられている（P.10参照）。また、『生徒指導提要』（改訂版）によれば、生徒指導の目的は「児童生徒一人一人の個性の発見とよさや可能性の伸長と社会的資質・能力の発達を支えると同時に、自己の幸福追求と社会に受け入れられる自己実現を支えること」である。つまり、教職員は、児童生徒の発達を支える**発達支持的生徒指導**によって「個性の発見とよさや可能性の伸長と社会的資質・能力の発達を支える」ように働きかけていくのである。なお、個に応じた指導の充実については、本書P.192～197参照のこと。

2 生徒指導の重層的支援構造

　従来の『生徒指導提要』（2010年）で生徒指導の構造は3層であった。

①成長を促す指導（全児童生徒対象に個性を伸ばし意欲を高める）

②予防的な指導（一部児童生徒を対象に初期段階で課題解決する）

③課題解決的な指導（特別に支援が必要な児童生徒の課題解決をねらいとする）

『生徒指導提要』（改訂／2022年）では、①の成長を促す指導が2層に分かれ、生徒指導の全体が次の図のように4層となった。**発達支持的生徒指導**は全児童生徒を対象に行う生徒指導の基盤となるものである。

生徒指導の重層的支援構造（『生徒指導提要』改訂版より）

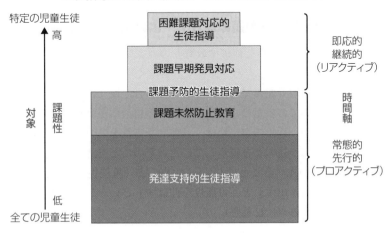

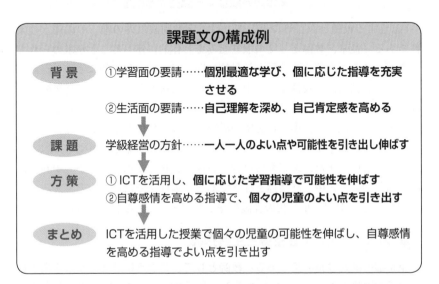

課題文の構成例

背景	①学習面の要請……**個別最適な学び、個に応じた指導を充実させる**
	②生活面の要請……**自己理解を深め、自己肯定感を高める**
課題	学級経営の方針……**一人一人のよい点や可能性を引き出し伸ばす**
方策	① ICTを活用し、**個に応じた学習指導で可能性を伸ばす**
	②自尊感情を高める指導で、**個々の児童のよい点を引き出す**
まとめ	ICTを活用した授業で個々の児童の可能性を伸ばし、自尊感情を高める指導でよい点を引き出す

第2章 問題演習編

ポイント❶ テーマの読み取り①—児童・生徒—

「児童」は小学生を、「生徒」は中学生・高校生をさす。全校種共通の問題なので、「児童・生徒」の部分を小学生志望者は「児童」と読み取り、中・高志望者は「生徒」と読み取ればよい。養護教諭や特別支援学校志望者等は自分の志望する校種に応じて「児童」「生徒」「児童・生徒」の語を論作文中で適宜用いればよい。

 ## ポイント❷ テーマの読み取り②—よい点や可能性—

「よい点や可能性を引き出し伸ばす教育」の「よい点」と「可能性」は同じものではない。「引き出し」と「伸ばす」も全く同じではない。自分が教師としてどのように取り組んでいくかを述べる場合、取り組みをいくつ述べるか、その数についての指示はない。ほとんどの自治体が取り組みの数を指示することはないが、近年の東京都は「具体的な方策を二つ挙げ」と教師としての取り組みを二つ述べよと指示していた。そのことを踏まえ、教師としての取り組みを二つ述べることにし、「よい点」と「可能性」に注目して、例えば「よい点を引き出す」と「可能性を伸ばす」という二つの取り組みとすることが考えられる（P.22参照）。

 ## ポイント❸ テーマの読み取り③—志望する校種と教科等に即して—

「志望する校種と教科等に即して」は、字数制限以外の唯一の論述上の条件である。従来、教師としての取り組みを具体的に述べることが求められていたが、この「志望する校種と教科等に即して」は、具体的に述べる際の条件である。例えば、校種は小・中・高・特別支援などであり、教科等の等は養護教諭などである。自分の志望に合わせて指導する対象を想定しながら述べるとよい。例えば、小学校志望の場合、指導対象は1年生から6年生まで幅広いので、高学年・中学年・低学年のいずれかに対象を絞って取り組みを述べるとよい。また、東京都の場合、校種や教科等で採用枠が小・中共通、中・高共通、小・中・高共通と様々である。論作文では自分の志望する校種に合わせて、「私は、小学校の養護教諭として………」などと述べるとよい。

 ## ポイント❹ 学習指導と生活指導

東京都の問題は指導論である。教師としてどのように子どもたちを指導していくかが問われる。「あなたの考え」と「教師としての取り組み」を述べ

るのだが、従来の出題例から後者に重点があると考えられる。例えば、字数配分の上でも「前者：後者＝1：2」と考え、「教師としての取り組み」を重視して全体の構成を考えるとよい。

　「教師としての取り組み」について教師の職務のどの分野で述べるべきか、特に指示されてはいない。「児童・生徒一人一人のよい点や可能性を引き出し伸ばす」ための指導であり、**学習指導、生活指導**などが考えられる。教師としての取り組みを二つ述べる場合、「**学習指導＋生活指導**」「**学習指導＋学習指導**」「**生活指導＋生活指導**」という三つの形が考えられる。これらは、従来の小学校全科・小学校全科以外のA問題・小学校全科以外のB問題にあたる。その意味で、問題の形式は変わり、全校種共通問題になったが、時間と字数の大枠は変わらず、「教師としての取り組み」の述べ方も従来に準じてよい（P.22〜23参照）。

採点者はココを見る！

①設問への対応

➡ **出題例から課題を正確に読み取っているか。**

● 「よい点や可能性を引き出し伸ばす」ことを分析して内容を明確にしていないもの。

➡ **出題例の指示する条件に従って述べているか。**

● 「あなたの考え」と「教師としての取り組み」の関連づけが十分でないもの。

● 「志望する校種と教科等」に即して述べていないもの。

②主題の設定

➡ **一人一人のよい点や可能性を引き出し伸ばすための具体的な取り組みを述べているか。**

● 「個別最適な学び」や「個に応じた指導」を考慮していないもの。

● 「志望する校種と教科等」を明示して具体的に取り組みを述べることが十分でないもの。

児童一人一人のよい点や可能性を引き出し伸ばすことが教師の役割である。一人一人の能力とその人の可能性を伸ばす大人として、全ての教師が自己の生徒や指導の可能性を伸ばす大切・全の教師が自己的な生徒や指導活用した指導を行う。認識づき、一人一人の個性を基に教師に工夫すめ、個性的いく。具体的には、児童の可能性を引き出せる環境を整えて、可能性を学ぶようにする。私はICTを活用した授業で児童の自尊感情を促す学級経営に取り組んでいます。私は次のように児童の可能性を伸ばす。

①ICTを活用した授業構想に基づく1人1台端末を活用し、児童の関連探究生を育む
GIGAスクール構想と協働的な学びを伸ばせる探究的な学習を取り入れ、個別最適な能力に応じた「B 生命・地球」の5つの時間に、5つのグループに分ける。個々の児童には基づく課題データの整理・分析を行い、可能性が育まれ、自尊感情を高める。例えば、4年の学習と例えば5つの理科、総合の「環境」と継続的に共有させる。物といて蓄積させる。テーマと環境継続的に共有させる。観察・記録の後、グループ発表会に向けて児童一人一人の独自性が期待できる。この過程で児童一人一人が期待できる。

②自尊感情を高める学級経営で児童のよい点を引き出す心掛けの
学級担任として配慮した学級経営を進んで明るい挨拶や声かけや言葉遣いで一人一人のよい点を評価し帰りを考える。特に人権を尊重した学級経営を進んで名前の呼び方を行う。一人一人のよい点を見つめ、他者から週末に自分のよい点を保護者と話す機会を持たせる。出る機会を自己を見つめる時間を持ち帰って保護者と話す学級活動で相互に自信を持たせる。自分のよい点を家庭に再認識させる。また、学級活動で相互に認め合う機会を設け、自分や会を当番活動など、他者からは集団への貢献について評価されることで自信を持たせる。特にリフレーミングの観点から自尊感情を高め、一人一人
特に必要な児童には個別の観点から自尊感情を高め、一人一人

のよい点を引き出す学級経営に取り組んでいく。
私は、教師として、一人一人の児童の可能性を伸ばすためにICTを活用した探究的な学習を取り入れる。また、一人一人の児童が自尊感情を高め自分のよい点を自覚できるよう日々の学級経営に努力していく。

 アドバイス

▶生徒指導の重層的支援構造や**発達支持的生徒指導**については『生徒指導提要』（改訂版）に説明がある。発達支持的生徒指導は全ての児童生徒を対象にするもので、児童生徒が自発的・自主的に発達していく過程を学校や教職員が支えていくという視点に立っている。具体的には、日々の教職員の児童生徒への挨拶、声かけ、励まし、賞賛、対話、及び、授業や行事等を通した個と集団への働きかけが大切になる。

▶合格答案例は、小学校全科志望者の解答例である。近年、東京都の小学校全科の問題では**学習面と生活面について具体的な方策を一つずつ述べること**になっていた。出題形式は変わったが、小学校全科の場合、**学習面と生活面で一つずつ**取り組みを述べるという解答方法は従来通り有効である。合格解答例は次のように出題テーマと取り組みを整理している。
　①学習面＝可能性を伸ばす………ICTを活用した探究的な学習
　②生活面＝よい点を引き出す……自尊感情を高める学級経営

▶合格答案例に出てくるリフレーミングとは心理学の用語で、物事や状況などの枠組み（フレーム）を変えることで別の視点を持てるということである。例えば、人の性格も見方を変えることでネガティブな「消極的で引っ込み思案である」をポジティブな「慎重で思慮深い」と見ることができる。

第**2**章 問題演習編

 読んでおきたい資料集

●文科省「各教科等の指導におけるICTの効果的な活用について」（2020年9月）
●中教審答申「『令和の日本型学校教育』の構築を目指して」（2021年1月）
●文科省「学習指導要領の趣旨の実現に向けた個別最適な学びと協働的な学びの一体的な充実に関する参考資料」（2021年3月）
●文科省「生徒指導提要」（改訂版）（2022年12月）

情報活用能力の育成

 出題例　次のＡ、Ｂのうちから１題を選択して、論述しなさい。また、解答
用紙には、選択した問題の記号を○印で囲むこと。

〈注　Ｂ問題省略〉

Ａ　次の記述を読み、下の問題について、論述しなさい。

> 　年度初めの職員会議で、教務主任から、「昨年度末に実施した生徒アンケー
> トで、問題の発見・解決に向けて、『情報の活用が十分できていない』や『情
> 報の活用方法が分からない』と感じている生徒が多数いることが分かりま
> した。また、昨年度末に行われた教科主任会で、『インターネットから得た
> 情報をそのまま用いるなど、情報を整理したり、分析したりして思考する
> 活動が十分でない生徒が多い。』といった意見が挙がりました。そこで、今
> 年度、各教科等の指導において、『問題を発見・解決したり自分の考えを形
> 成したりしていくために必要な情報を活用する力を育てる。』を重点事項に
> したいと思います。」と報告があった。
>
> 　職員会議終了後、教務主任からあなたに、「先ほどの重点事項に基づいて、
> どのように学習指導に取り組んでいくか、具体的に考える必要があります
> ね。」と話があった。

問題

　教務主任の発言を受けて、あなたならどのように学習指導に取り組んでいく
か、志望する校種と教科等に即して、具体的な方策を二つ挙げ、それぞれ 10
行（350字）程度で述べなさい。また、その方策を考える上での問題意識や
まとめを明確に書き、全体で 30 行（1,050字）以内で述べなさい。ただし、
26 行（910字）を超えること。

東京都　小学校全科以外　70分　910字～ 1,050字

 **出題のねらい**

　学習指導に関する東京都の問題である。情報活用能力の育成は、学習指導
要領でも重視されており、言語能力、問題発見・解決能力等とともに学習の
基盤となる資質・能力であると位置づけられている。「志望する校種と教科
等」に即した「具体的方策を二つ」が中心だが、その方策を考える上での受
験者自身の「問題意識」も求められている。第一段でそれをきちんと述べる
とよい。

解答へのアプローチ＆キーワード

1 情報活用能力による問題の発見・解決

　事例文には、昨年度末の生徒アンケートで、問題の発見・解決に向けて情報の活用が十分できていない生徒が多いことが分かったとある。また、教科主任会で出たインターネットから得た情報の活用が十分でないという意見も、**情報の活用という手段**が、**問題の発見・解決という目的に結びついていないこと**を示している。このことは問題の発見のためにも、問題の解決のためにも情報活用力が必要であり、各教科の授業の中で、多様なデータ・資料から課題を発見する活動を取り入れる必要がある。さらに、解決策を考える際にはインターネットで実際に行われている数々の対策を確認した上で自分の考えをまとめたり他者との対話を通じて考えを深めたりする活動を取り入れるとよい。

2 情報教育の目標の３観点と８要素

　情報教育の目標については、平成９年、「情報化の進展に対応した初等中等教育における情報教育の推進等に関する調査研究協力者会議」の報告において、**情報活用の実践力・情報の科学的な理解・情報社会に参画する態度**の３観点に整理された。その後、３観点に基づく学習活動が８要素に整理され、要素ごとに具体的に指導すべきだとされた。

【情報教育の３観点８要素】

(1) 情報活用の実践力
　①課題や目的に応じた情報手段の適切な活用
　②必要な情報の主体的な収集・判断・表現・処理・創造
　③受け手の状況などを踏まえた発信・伝達

(2) 情報の科学的な理解
　④情報活用の基礎となる情報手段の特性の理解
　⑤情報を適切に扱ったり、自らの情報活用を評価・改善するための基礎的
　　な理論や方法の理解

(3) 情報社会に参画する態度
　⑥社会生活の中で情報や情報技術が果たしている役割や及ぼしている影響
　　の理解
　⑦情報モラルの必要性や情報に対する責任
　⑧望ましい情報社会の創造に参画しようとする態度

文部科学省「教育の情報化に関する手引」（2020年12月）より

第**2**章　問題演習編

③ 新学習指導要領と情報活用能力

新学習指導要領では、初めて情報活用能力が学習の基盤となる資質・能力と位置付けられた。例えば、中学校学習指導要領総則は、教科等横断的な視点に立った資質・能力の育成のために、「各学校においては、生徒の発達の段階を考慮し、**言語能力、情報活用能力**（情報モラルを含む。）、**問題発見・解決能力**等の学習の基盤となる資質・能力を育成していくことができるよう、各教科等の特質を生かし、教科等横断的な視点から教育課程の編成を図るものとする。」としている。また、情報活用能力の育成を図るために、「各学校において、コンピュータや情報通信ネットワークなどの情報手段を活用するために必要な環境を整え、これらを適切に活用した学習活動の充実を図ること。」としている。情報教育に必要なICT環境を整え、それらを適切に活用した学習活動の充実を図ることが期待されている。また、新学習指導要領の下で、教育の情報化の進展を図るために、新しい「教育の情報化に関する手引」（2019年12月）と追補版（2020年6月）が作成され、情報モラル教育やプログラミング教育の推進及び教科等の指導におけるICTの活用などの具体的な方法が例示されている。

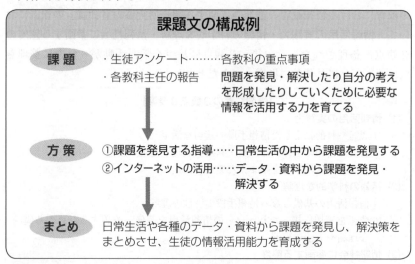

課題文の構成例

課題
・生徒アンケート………各教科の重点事項
・各教科主任の報告　問題を発見・解決したり自分の考えを形成したりしていくために必要な情報を活用する力を育てる

方策
①課題を発見する指導……日常生活の中から課題を発見する
②インターネットの活用……データ・資料から課題を発見・解決する

まとめ
日常生活や各種のデータ・資料から課題を発見し、解決策をまとめさせ、生徒の情報活用能力を育成する

ポイント❶ GIGAスクール構想

文部科学省は、2019年、**GIGAスクール構想**を発表し、学校のICT環境の整備を目指している。この構想では、これまでの我が国の教育実践に、**1人1台端末と高速大容量の通信ネットワーク**を整備することによって、特別な

支援を必要とする子どもを含めた多様な子どもたちの資質・能力を公正に個別に最適化して確実に育成することを目指している。この**GIGAスクール構想**によって学校での学びは次のように変化することが期待されている（リーフレット「GIGAスクール構想の実現へ」より）。

「1人1台端末」ではない環境		「1人1台端末」の環境
一斉学習	・教師が大型提示装置等を用いて説明し、子供たちの興味関心意欲を高めることはできる	・教師は授業中でも一人一人の反応を把握できる →子供たち一人一人の反応を踏まえた、双方向型の一斉授業が可能に
個別学習	・全員が同時に同じ内容を学習する（一人一人の理解度等に応じた学びは困難）	・各人が同時に別々の内容を学習 ・個々人の学習履歴を記録 →一人一人の教育的ニーズや、学習状況に応じた個別学習が可能
協働学習	・意見を発表する子供が限られる	・一人一人の考えをお互いにリアルタイムで共有 ・子供同士で双方向の意見交換が可能に →各自の考えを即時に共有し、多様な意見にも即時に触れられる

 学びの深化

 学びの転換

ポイント❷ オンライン学習

2020年、世界的な新型コロナウイルスの感染拡大により、小・中・高でも長期にわたる臨時休校が実施されるなど、「学びの保障」が大きな課題となった。その中でICTを活用したオンライン学習の確立が急務となり、家庭でICT環境を整備できない子ども向けに端末等を優先配置することが検討された。その後、小・中・高では対面授業に戻ったが、**GIGAスクール構想に基づく1人1台端末の実現（全自治体の99.9％が令和4年度内に整備完了、残り0.1％が令和5年度中に整備完了予定）や学校ネットワーク環境の全校整備が進められている。1人1台端末の環境は、一人一人の教育的ニーズに応じた個別学習に向いており、特別な支援を必要とする児童生徒への効果的な指導が期待される。**他方、教師にはこの環境整備に向けてICTを活用した指導力の一層の向上が求められる。

ポイント❸ デジタル教科書の活用方法

デジタル教科書が2024年度から、小中学生の英語に導入されることになった。対象は小学5年〜中学3年で、紙の教科書も併用する。デジタル教

第**2**章 問題演習編

科書では紙の教科書ではできない学習活動が可能となるが、「紙かデジタル」かの二項対立に陥らないよう留意する必要がある。下記にデジタル教科書の特色を生かした活用法が例示されているので参考にするとよい。

○個別学習の場面（試行錯誤する、写真やイラストを細部まで見る、学習内容の習熟の程度に応じた学習を行う）
○グループ学習の場面（自分の考えを見せ合い共有・協働する）
○一斉学習の場面（前回授業や既習事項の振り返りを行う、必要な情報のみを見せる、自分の考えを発表する）
○特別な配慮を必要とする児童生徒等の学習上の困難の低減（教科書の内容へのアクセスを容易にする）
○その他

文部科学省「学習者用デジタル教科書実践事例集」（2019年3月）より

採点者はココを見る！

①設問への対応

➡ 出題例から課題を正確に読み取っているか。

●重点事項の「情報を活用する力を育てる」を「問題を発見・解決」「自分の考えを形成」に結びつけてとらえていないもの。

➡ 出題例の指示する書き方に従っているか。

●「具体的な方策を二つ」をそれぞれ「350字程度」で述べず、「問題意識やまとめ」を明確に書いていないもの。

②出題の設定

➡ 自分の志望する校種・教科等に即して具体的な方策を述べているか。

●二つの方策を具体的に述べることが十分でないもの。

➡ 「情報を活用する力」につながる取り組みになっているか。

●インターネットの情報の活用方法に触れていないもの。

合格答案例

主任が報告した今年度の教科指導の重点事項が、課題の発見・解決や、各種のデータ・資料から課題の解決に向けて深め広げる学びの活動を教師が工夫することである。また、自分の考えをまとめ、発表などの活動を取り入れた対話的な学びも必要である。私は、中学の理科授業を工夫し、次のような情報活用能力を育成していきたい。

① 日常生活から自然環境の課題を発見する力を育てる

日常生活や社会と関連付けながら、科学技術や自然環境が身近な問題であることを実感させることが大切である。具体的な単元で、3年生の第1分野「科学技術と人間」の「自然環境の保全」を学ぶ際、まず、日常生活や社会で実践されている省エネ対策や環境保全策を列挙させる。次に、レジ袋有料化や海洋汚染、プラスチックごみの問題など、身近な例による地球的な環境問題を、資源やエネルギー、資源リサイクルなどのグループで考えさせる。最後に、現状を授業によってまとめさせ、環境省や海洋庁等のホームページにアクセスし、環境問題への対応策の代表に発表させる。このような課題意識や情報活用能力を育成する。

② データ・資料から課題を発見・解決する力を育てる

多くのデータ・資料に触れて課題を見つけ、その解決策を考えることや、必要な情報を選び取る活動を授業に取り入れる。例えば、3年生の第2分野「自然と人間」の単元で、自然災害等について学習する時には、気象庁のホームページにアクセスして多様な生の資料に触れて考えさせる活動を行う。まず、各自で気象庁のホームページにアクセスし、自由に各種のデータ・資料を検索しながら、地域の自然災害の課題について考えをまとめさせる。次に、気象・地球環境・地震等の課題分野ごとにグループを作り、班としての解決策を討論させる。さらに、クラス発表ではデータ・資料を使って根拠を示すよう指導する。このような授業

を通じて生徒の情報活用能力を育成していく。
　私は、日常生活や各種のデータ・資料から課題を発見
し、考えをまとめ、グループで討論・発表する授業を工　　1000
夫する。また、公的機関のホームページから必要なデー
タ・資料を調べさせ、生徒の情報活用能力を育成する。

アドバイス

▶近年の東京都の問題は事例問題形式であり、年度初めの会議で主任が説明した本年度の重点事項や学年経営の方針が出題テーマである。その重点事項や学年経営の方針が導かれた前提として、前年度の授業評価アンケートや学校評価アンケート等の結果がある。具体的方策二つを考える上での問題意識を述べる際に、アンケートの結果を踏まえ述べると、問題に正対した感じになってよい。事例文や問題文を丁寧に読み取り、テーマを正確に把握するとともに指示された条件を確認することが大切である。序論で具体策を考えた時の問題意識に触れ、最後のまとめは１００字程度の独立した段落にするとよい。

▶東京都の小学校全科以外の場合、Ａ・Ｂの２問が出題され、そのうちの１問を選択して答えることになっていた。**Ａ問題は「知」に関わるものであり、「学習指導」の具体的な方策を二つ述べる。Ｂ問題は「徳」「体」に関わるものであり、「生活指導」の具体的な方策を二つ述べる。また、小学校全科は別問題で、学級担任として「学習指導」と「生活指導」について具体的な方策を一つずつ述べる**（次頁の出題テーマの表参照）。出題例はＡ問題であり、情報活用力の育成がテーマである。Ａ問題の場合は**「志望する校種と教科等に即して」**、Ｂ問題の場合は**「志望する校種に即して」**、具体的な方策を二つ述べることになっている。また、小学校全科の問題の場合は、問題文冒頭で「あなたは、第５学年の学級担任である。」などと学年が指定されるので、その学年に対応した具体策が求められる。

▶以上２点は近年の東京都の問題に関するアドバイスであるが、次頁の出題テーマの表で明らかなように**令和５年７月実施の問題は従来と異なっている。事例問題形式ではなくなり、小学校全科とそれ以外の中・高などとの別がなくなり、全校種の共通問題となった。また、具体的な方策を二つ挙げ、一つを３５０字程度で述べるなどいう細かい記述上の条件もなくなった**（本書P.22～P.23及びP.118～P.123参照）。

東京都の過去の出題テーマ
○小学校全科以外

実施年度	A問題	B問題
H28	分かりやすい授業、学習内容の定着	他者を思いやる心や社会貢献の精神を育む
H29	自分の考えを的確に表現する力を育む	自らの役割を責任をもって果たすことができる力を育む
H30	他者の考えを理解し、自分の考えを広げ深めることができる力を育てる	生徒が、学校生活に適応し、よりよい人間関係を形成するために、生徒理解を深め、生徒指導の充実を図る
R 1	各教科・科目の特質に応じた「見方・考え方」を働かせて、自ら問いを見いだし探究する力を育成する	様々な集団での活動を通して、課題を見いだし、よりよく解決していく力を育てる
R 2	問題を発見・解決したり自分の考えを形成したりしていくために必要な情報を活用する力を育てる	規範意識を高めるとともに、自律性を育む
R 3	言語活動の充実を図り、言語能力の向上を図る	生徒の自己肯定感を高められるよう、生活指導の充実を図る
R 4	個に応じた指導の充実を図る	多様な考えを認め合い、合意を目指して話し合う態度の育成を図る
R 5	児童・生徒一人一人のよい点や可能性を引き出し伸ばす教育（共通問題）	

○小学校全科

H28	子供たち一人一人が成長を実感できるようにする
H29	学校や生活のきまりを守らせる
H30	学習や生活における児童の意欲的な態度を育む
R 1	学校生活において、相手の考え方や立場を理解し、共に支え合うことができる児童を育てる
R 2	学校生活において、失敗を恐れず苦手なことや初めて取り組むことに挑戦する態度を育てる
R 3	教師と児童との信頼関係を築き、児童相互のよりよい人間関係を育てる
R 4	自主的、自発的に学習したり活動したりする力を育む
R 5	児童・生徒一人一人のよい点や可能性を引き出し伸ばす教育（共通問題）

第2章 問題演習編

 読んでおきたい資料集

●文科省「学習者用デジタル教科書実践事例集」（2019年3月）
●東京都教育委員会「情報教育の推進に向けて～小学校プログラミング教育と情報モラル教育～」（2019年3月）
●文科省「各教科等の指導におけるICTの効果的な活用について」（2020年9月）

授業力向上―教員の資質能力

 出題例　千葉県・千葉市では、平成30年3月に「千葉県・千葉市教員等育成指標」を策定しました。その中の「教員等が身に付けるべき資質能力の４つの柱」の一つに、学習指導に関する実践的指導力を掲げています。これを踏まえ、あなたはどのような授業実践を行いますか。また、教員生活を通じてどのように授業力向上に取り組みますか。新学習指導要領で示されている「育成を目指す資質・能力」にもふれながら述べなさい。

千葉県・千葉市　大学推薦特別選考等　45分　800字以内

 **出題のねらい**

　学習指導に関する千葉県・千葉市の問題である。まず自分の行う授業実践を述べ、次に教員生活を通じて授業力向上にどのように取り組むかを述べる。その際、新学習指導要領の総則で示されている「育成を目指す資質・能力」にもふれながら述べるというのが条件である。自分の行う授業実践は校種・教科を踏まえて具体的に述べ、「育成を目指す資質・能力」はそれを明確にしながら教材研究や授業計画を考えるとよい。

 　解答へのアプローチ＆キーワード

1 教員としての資質能力の向上

　各県教育委員会では、教員に求められる資質能力の向上のために育成方針を定め、経験や職層に応じた研修制度を運用している。問題文の「千葉県・千葉市教員等育成指標」では「教員等が身に付けるべき資質能力の４つの柱」を次のように挙げている。②の**学習指導に関する実践的指導力**が今回の出題テーマである。

　①教職に必要な素養

　②**学習指導に関する実践的指導力**

　③生徒指導等に関する実践的指導力

　④チーム学校を支える資質能力

また、３段階のキャリアステージで目指すものは次のとおりである。

　①ステージⅠ【成長期】学級経営、担当教科指導等

　②ステージⅡ【発展期】学年経営、校務分掌主任等のミドルリーダー

③ステージⅢ【充実期】　学校運営等、職員全体へ指導・助言

2　学習指導に関する実践的指導力

「千葉県・千葉市教員等育成指標」は学習指導に関する実践的指導力の構成要素として、①教科等についての専門性、②授業実践・指導技術、③特別な支援を必要とする幼児児童生徒への学習上の支援という三点を挙げ、そのために教員が努力するべきことを次のように挙げている。

①教科等に関する専門性を生かした授業を展開し、**主体的・対話的で深い学び**の視点からの授業改善に努めている。

②地域や幼児児童生徒の実態を把握し、問題解決的な学習過程を展開するとともに、単元など内容や時間のまとまりの中で、習得・活用・探究のバランスを工夫し、**主体的・対話的で深い学び**の視点からの授業改善に努めている。

③特別な支援を必要とする幼児児童生徒についてその状況を把握し、家庭や他の教職員、関係機関等と連携しながら、個別に学習上の支援の工夫を行っている。

3　授業力の内容

授業力の内容については次の図が参考になる。「指導技術（授業展開）」「教材解釈、教材開発」「『指導と評価の計画』の作成・改善」という知識や技術を支えるものとして「使命感、熱意、感性」「統率力」「児童・生徒理解」が土台になっているという考え方である。

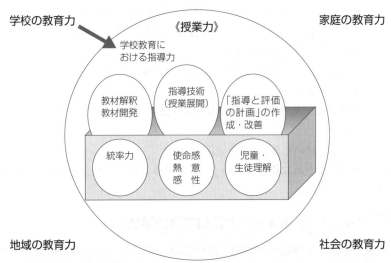

出所：「東京都公立学校の『授業力』向上に関する委員会報告書」2004年9月

第**2**章　問題演習編

課題文の構成例

課 題 ・授業力の向上……育成を目指す資質・能力の明確化
主体的・対話的で深い学びの視点
特別な支援を必要とする生徒への指導

方 策 ①教材研究と評価……教材に応じた目標設定と評価の工夫
②授業展開の工夫……アクティブ・ラーニングの実践
③生徒理解と指導……深い生徒理解に基づく個別の学習支援

まとめ 教材に応じて育成すべき資質・能力を明確化し、アクティブ・ラーニングを取り入れ、特別の支援を必要とする生徒への学習支援を通じて授業力の向上を目指す

ポイント❶ 育成を目指す資質・能力の明確化

　新学習指導要領総則は、「育成を目指す資質・能力」について、学校教育全体や各教科等の指導を通して、**どのような資質・能力の育成を目指すのかを明確にしながら**、教育活動の充実を図るものとするとしている。この背景には、学習指導要領等の改善に関する中教審答申（平成28年12月）があり、次の６点にわたって枠組みの改善を求めている（本書P.48〜49参照）。

①**「何ができるようになるか」**（育成を目指す資質・能力）

②**「何を学ぶか」**（教科等を学ぶ意義と、教科等間・学校段階間のつながりを踏まえた教育課程の編成）

③**「どのように学ぶか」**（各教科等の指導計画の作成と実施、学習・指導の改善・充実）

④**「子供一人一人の発達をどのように支援するか」**（子供の発達を踏まえた指導）

⑤**「何が身に付いたか」**（学習評価の充実）

⑥**「実施するために何が必要か」**（学習指導要領等の理念を実現するために必要な方策）

ポイント❷ 主体的・対話的で深い学び

　問題文中に「主体的・対話的で深い学び」（アクティブ・ラーニング）の語はないが、新学習指導要領の中心的な課題の一つであり、「千葉県・千葉

市教員等育成指標」の「学習に関する実践的指導力」でもこの学びの視点からの授業改善が繰り返し求められている。自分が担当する教科でどのようにこの学びを取り入れるか、具体的に考えておく必要がある。

ポイント❸ 特別な支援を必要とする児童生徒への指導

　新学習指導要領では**児童生徒の発達の支援**が重視され、**特別な支援を必要とする児童生徒への指導**が求められている。特別な支援を必要とする児童生徒として、具体的には次の4つの例が挙げられている。いずれの場合も、児童生徒への理解を深め、一人一人の児童生徒が抱える課題に個別に対応した指導が求められる。

①障害のある児童生徒などへの指導

②海外から帰国した児童生徒などの学校生活への適応や、日本語の習得に
　困難のある児童生徒に対する日本語指導

③不登校児童生徒への配慮

④学齢を経過した者への配慮

 採点者はココを見る！

①設問への対応

➡ **学習指導に関する実践的指導力の内容を分析的に理解しているか。**

 ●学習指導に関する実践的指導力の理解が一般的なもの。

➡ **育成を目指す資質・能力の明確化を重視して述べているか。**

 ●何ができるようになるかを明確に述べていないもの。

②主題の設定

➡ **育成を目指す資質・能力の明確化、主体的・対話的で深い学び、特別な支援を必要とする生徒に配慮した指導のための取り組みなどを具体的に述べているか。**

 ●取り組みの内容を具体的に述べることが十分でないもの。

合格答案例

　学習指導要領に関する実践的指導力等三つの努力に教員として取り組む。指導標準の段階を扱い、指導のねらいや内容、文理を工夫し、書く機会を設ける。授業に資源を大いに活用し、他の視点から発表させる。県としての育成を目指す。

　私は、中学校の授業において、資質・能力を育成する実践的指導力を身に付ける。生徒に語らせる作業は、ワークシートなどを通じ、他の視点から発表・評論や発表する。資質・能力を身に付けさせる授業を目指す。

　一つ目は、読解力の育成である。例えば国語の授業において、生徒がモアイの論理を読み、具体的に確認する。考察を深め、自分の考えをプリントで根拠とともに説明する。「世界がもし…」を読み、一緒に紹介し、根拠を示す。

　二つ目は、授業改善である。枯渇していて、スピーチや反論、各自で意見をまとめる特別な取り組みや、個々の支援である。映画の自分の考えを根拠なく説明する場合にも支援が必要である。ADHDなどの障害の状態や、帰国生徒に対して、個別に能力量を検定試験で身に付けさせる。インクルーシブ教育等に応じた生徒指導などの講座を設ける。

　三つ目は、指導法である。特に視覚障害、個々の障害、帰国生徒など、個別に理解を深め、視覚障害、個々の障害の生徒や、帰国した生徒に日本語教育を教える。また、日本語指導の工夫の理解を深める。さらに日本語など受講し、生徒に日本語教育をする。

　私は、資質・能力を明確にし、主体的・対話的で深い学力を高める。また日々研鑽を積み、主体的・対話的で深い授業力向上に努める。

 アドバイス

▶この問題は教師の授業力向上がテーマである。授業力向上の取り組みは、自分の担当する教科等に即して具体的に述べるのがよいが、教育委員会の教育施策や新学習指導要領を踏まえていることが必要である。問題文では、①「千葉県・千葉市教員等育成指標」→②「教員等が身に付けるべき資質能力の４つの柱」→③「学習指導に関する実践的指導力」と焦点が絞られて授業力向上がテーマとなっている。①②について理解が不十分でも授業力向上について述べることはできよう。しかし、③の内容を理解していないと的外れな解答となることもある。また、新学習指導要領総則に「どのような資質・能力の育成を目指すかを明確にしながら」とあり、小・中・高の新学習指導要領に共通している。自分の担当教科の単元や教材に応じた目標を立て、「育成を目指す資質・能力」を明確にした授業を実践することが大切である。

▶この問題は、大学推薦特別選考、他県等現職特例選考、元教諭特例選考、養護教諭特別選考、特定教科特別選考の一次試験で課された。多様な校種・教科等の受験者が対象である。どのような授業実践を行うかと問われているので、自分の担当する校種や教科に即した授業実践を述べる必要がある。養護教諭の場合も授業実践について述べることになる。

　他県等現職や元教諭など教職経験者の場合は、自己の経験を踏まえた授業実践を述べるとよい。また、教員生活を通じてどのように授業力向上に取り組むかと問われている。学び続ける教員としての自分のキャリアステージを意識し、ステージⅠ【成長期】やステージⅡ【発展期】を想定して述べるとよい。

 読んでおきたい資料集

●文科省 新「中学校学習指導要領」（2017年3月）
●文科省 新「中学校学習指導要領解説　総則編」（2017年7月）
　※小学校・高等学校の新学習指導要領、同解説総則編もこれに準ずる。
●千葉県教育委員会「千葉県・千葉市教員等育成指標」（2023年8月）
●文科省「教科等の本質的な学びを踏まえたアクティブ・ラーニングの視点からの学習・指導方法の改善のための実践研究」研究発表（2018年5月）

第2章 問題演習編

自主的、自発的に学習したり活動したりする力を育む

次の記述を読み、下の問題について論述しなさい。

あなたは、第5学年の学級担任である。

年度初めの学年会における話合いの中で、学年主任から、「授業には真面目に取り組みますが、自ら進んで、学習する意欲に課題が見られます。」と報告があった。また、他の教員からは、「自分から興味・関心をもって学習し、疑問を調べて解決することに消極的ですね。」や「当番や係などの活動でも、もっと自分なりに工夫して積極的に取り組ませたいですね。」という意見もあった。

まとめに、学年主任から今年度の学年経営の方針の一つとして、「自主的、自発的に学習したり活動したりする力を育む」が示された。

学年会終了後、学年主任からあなたに、「先ほどの学年経営の方針に基づいて、学級経営の重点をどこに置き、どのように取り組んでいくか、具体的に考える必要がありますね。」と話があった。

問題

この事例の学校において、あなたは学級担任としてどのように学級経営を行っていくか、課題を明確にした上で、具体的な方策を二つ挙げ、それぞれ10行（350字）程度で述べなさい。また、まとめを含め、全体で30行（1,050字）以内で論述しなさい。ただし、26行（910字）を超えること。

東京都　小学校全科　70分　910字〜1,050字

 出題のねらい

東京都の小学校全科の問題である。学年主任から今年度の学年経営の方針の一つとして示された「自主的、自発的に学習したり活動したりする力を育む」が出題テーマである。一見すると従来と同じ形式の出題であるが細かい点で変更がある。最後の「課題を明確にした上で」は、以前は「その方策を考える上での問題意識を明確にし」であった。また、「具体的な方策を二つ挙げ」は、「学習面と生活面について具体的な方策を一つずつ挙げ」であった。事例文の学年会での教員の発言を見ると、「授業」「学習」とともに「当

番や係などの活動」も問題になっているので、やはり「学習面」と「生活面」の具体策を考えるのがよい。

解答へのアプローチ＆キーワード

1 自主的、自発的、主体的

　これらの語は意味が似ている。出題例には「自主的」「自発的」が用いられているが「主体的」は用いられていない。出題例中の「自ら進んで、学習する」や「自分から興味・関心をもって学習し」は「自主的」に学習することである。また、「もっと自分なりに工夫して積極的に取り組ませたい」のは「当番や係などの活動」であり、これは「自発的」な活動だと言える。「自ら進んで」と「自分から興味・関心をもって」は「自主的」に関連し、「積極的に」は「自発的」につながる。「自主的」は、他者からの指図や干渉によることなく、自分の考えで判断し行動することを意味し、「自発的」は、自分で思い立ってあることを始め、行っていくことであり、「積極的」と意味が類似している。一方、新小学校学習指導要領をみると、「自主的」「自発的」だけでなく、「主体的に学習に取り組む態度」「主体的・対話的で深い学び」など「主体的」もよく用いられている。「主体的」とは、自分の意志や判断に基づいて行動をすることである。「自主的」「自発的」「主体的」は「自」や「主」の字が重なっていて厳密に意味を区別するのは難しいが、出題例では「自主的」が「学習」に用いられ、「自発的」が「当番や係などの活動」に用いられている。

2 自発的、自治的な活動である学級活動 (1)

　特別活動における「自発的、自治的な活動」について新『小学校学習指導要領解説　特別活動編』には次のように示されている。

> 特別活動のいずれの活動も、児童が自主的、実践的に取り組むことを特質としているが、学級活動 (1)、児童会活動、クラブ活動については、さらに「自発的、自治的な活動」であることを特質としている。「自発的、自治的な活動」は、「自主的、実践的」であることに加えて、目的をもって編制された集団において、児童が自ら課題等を見いだし、その解決方法・取扱い方法などについての合意形成を図り、協力して目標を達成していくものである。

新学習指導要領において、学級活動の内容には（1）（2）（3）の三つがある。そのうちの（1）は「学級や学校における生活づくりへの参画」であ

第**2**章 問題演習編

り、その内容は次の三つである。
　　ア　学級や学校における生活上の諸問題への解決
　　イ　学級内の組織づくりや役割の自覚
　　ウ　学校における多様な集団の生活の向上
合格答案例の二つ目の具体的方策は「学級を楽しく盛り上げる係活動」であり、それは学級活動（1）にあたる。

課題文の構成例

| 現状 | ・自ら進んで学習したり活動したりすることに消極的である |

| 課題 | ・学年経営の方針………**自主的、自発的に学習したり活動したりする力を育む** |

| 方策 | ①班で考える授業………自主的に課題解決する力を育む
②工夫する係活動………自発的に活動する力を育む |

| まとめ | 授業を工夫してみんなの力で課題解決を目指す
楽しく盛り上げる係活動で自発的に活動する力を育む |

◆ ポイント❶ 子どもの自主的な課題解決と教師の働きかけ

　子どもが自主的に課題解決する学びのためには、それを促す教師の適切な働きかけが求められる。子どもが課題を発見し、思考し、課題解決する過程の各所で教師の問いや発話が効果的になされる必要がある。例えば、教師がまず一つの問いを発し子どもに考えさせる、それも一人一人で考えるのではなくグループで考えさせる、それによって子どもたちの思考が深まる。合格論文例では「天気の変化」を学習する理科の授業の例が述べられている。教師が資料を提示し、ヒントや着眼点を示してグループで考えさせ、児童の思考を促している。児童の課題発見や課題解決は未知への挑戦と言えるが、未知なるものは既有の知識・情報があってこそ考えることができる。また、授業の中では「なぜ天気は西から東へ変化するのだろうか」「台風や雲はどうして動くのだろうか」と教師が問いかける。このように授業の中で教師が情報を求めるように問うことが子どもの思考を助ける。逆に、「皆さん分かりましたね？」と子どもに理解を急かせるような発言は子どもたちの思考の邪魔をしてしまうことがある。

ポイント❷ 当番と係活動

　出題例中の学年経営の方針は「自主的、自発的に学習したり活動したりする力を育む」である。「活動」については、学年会の他の教員の発言に「当番や係などの活動」とある。「当番」も「係活動」も学級活動（1）の内容であるが（**解答へのアプローチ＆キーワード**の2参照）、両者には微妙な違いがある。「当番」は、掃除当番・給食当番など学級運営に必要な仕事を週単位などの輪番制で行う。いわばルーチン・ワークであり、担当者は確実に仕事を行うことが求められる。「係活動」は、レクリエーション係・生き物係・誕生日係など学校生活を楽しく充実させるために児童が取り組む。「係活動」は学期や年間など、より長い期間であるのがふつうである。児童が自分たちのやりたいことを工夫して積極的に行うためには、「当番」よりも「係活動」を例にする方がよい。

 採点者はココを見る！

①設問への対応
➡ 事例文・問題文から課題を正確に読み取っているか。

- 学年経営の方針にある「自主的、自発的に」や「学習したり活動したり」を踏まえていないもの。

➡ 問題文の指示する書き方に従っているか。

- 「課題を明確にした上で」「具体的な方策を二つ挙げ」それぞれ「350字程度」で述べていないもの。
- 「学級経営の重点」をどこに置くか、また「まとめ」を述べていないもの。

②主題の設定
➡ 学年経営の方針に基づく具体的な方策を学習指導と生活指導に分けて述べているか。

- 「自主的、自発的」な児童の活動を重視していないもの。
- 学習指導と生活指導とに分けて方策を述べていないもの。

合格答案例

学級経営方針の内容として、自主的、自発的な児童の育成と、課題解決に取り組む児童の育成を考慮して、第５学年の学級経営を考える。自々の課題や個々の学年、学級に合わせて指導していく。自主的、自発的な児童解決担任し、学級を楽しく取り組む。学級活動では自発的な力を育む。

私は「みんなの課題解決」に重点を置き、授業で課題解決に取り組む力を育てる。学習面での工夫と生活面での工夫に取り組むことを促す力を育む。

①法則性の理解

個々で理解することは難しいので、グループ学習する。例えば、理科で「天気の変化」を写真をどんどん見させ、共通した変化を考え、数日の天気の変化する事象から法則性を考えさせる。まず、天気がどちらへ変化するか、変化の方向性に注目させる。大まかな方向を「西から東へ」と示し、気象衛星の変化の方向性に注目させ、グループで変え合った台風や偏西風自らを理解させる。次に、なぜ「西から東へ」なのか、日本付近で急に方向を変えた偏西風が自ら動きをヒントや動画を発表させる。雲の動きの違いをインターネットで課題解決する力を育む。台風や偏西風が自らをグループで話し合い、理由や偏西風が自ら、その結果を季節風たちで分かる。

②学級を楽しく盛り上げる係活動

当番では必要なことをみんなで取り組み、係活動では自発的な力を育む。当番活動や係活動での積極性が求められていた児童と考え、当番活動と係活動を分けて、係活動で豊かなものにする。高学年のやりたい自発的な仕事を分担して行う係活動を重視する。例えば、学級が豊かなものになるよう、年度初めに「レク係」「生き物係」「誕生日係」などの例を挙げ、みんなで協力して楽しく取り組みたいことを考えさせる。その際、新たにグループを作り、相談しながらに係を作り、活動計画を考えさせる。学級活動時間、朝や帰りの時間に係活動について話し合う時間を確保し、係活動の経過報告や発表を行って、楽しい学...

10　　　　　　　20

級づくりのために自発的に活動する力を育む。
私は、以上のように目に見える事象から法則性を考え
させる授業を工夫し、みんなの力で課題解決を目指すよ　1000
う指導する。また、学級生活を楽しく盛り上げる係活動
に取り組ませることで児童の自発的に活動する力を育む。

 アドバイス

▶これは東京都の小学校全科の問題である。基本的には前年度の形式を踏襲しているが、今回も微妙なところに変更がある。受験者は前年度までの問題を参考にして対策を立てているため、試験場で問題を見ると一見して同じ形式なので細かな指示を見落として書きはじめてしまうことが多い。事例文や問題文を丁寧に読み取り、出題テーマを把握するとともに指示された条件をきちんと確認することが大切である。細かい変更は今後も毎年度あると考えておくべきである。今回の微妙な変更は、P.138の**出題のねらい**で説明した。

▶東京都の小学校全科の場合、P.131の**東京都の過去の出題テーマ**の表中のH28から事例問題の形式になり、R3までの6年間は、**「学習指導」**と**「生活指導」**で具体的な方策を一つずつ述べることになっていた。今回はそれが**具体的な方策を二つ挙げ**になった。しかし、P.138の**出題のねらい**で説明したように、従来通り**「学習指導」**と**「生活指導」で具体的な方策を一つずつ述べる**とよい。**「学習指導」**では教科の授業をどのように工夫して行うかを述べ、**「生活指導」**については教育課程上のどこで行うのかを示すとよい。例えば、特別活動でも、学級活動・児童会活動・クラブ活動・学校行事といろいろある。**「学習指導」「生活指導」**ともに、**「第5学年の学級担任である」**ことを意識して述べることが大切である。新小学校学習指導要領の該当部分を読み込んでおくとよい。

 読んでおきたい資料集

●文科省　新「小学校学習指導要領」（2017年4月）
●国立教育政策研究所　特別活動指導資料「みんなで、よりよい学級・学校生活をつくる　特別活動　小学校編」（2018年12月）

第**2**章　問題演習編

課題を見いだし、解決していく力を育てる

 出題例　次のＡ、Ｂのうちから１題を選択して、論述しなさい。また、解答用紙には、選択した問題の記号を○印で囲みなさい。

〈注　Ａ問題省略〉

Ｂ　次の記述を読み、下の問題について、論述しなさい。

> あなたは生活指導・保健指導部に所属している。
> 　年度初めの生活指導・保健指導部会で、生活指導主任から、「委員会活動などにおいて、準備や活動を進めていく中で課題が出たときに、生徒に話合いをさせても意見が出ず、解決の方向性を生徒同士で決めることができなかったという報告が挙がっています。そこで、今年度、生活指導・保健指導部として、『様々な集団での活動を通して、課題を見いだし、よりよく解決していく力を育てる。』を重点事項にしたいと思います。」と報告があった。
> 　部会終了後、生活指導主任からあなたに、「先ほどの重点事項に基づいて、生活指導・保健指導部の一員として、どのように指導に取り組んでいくか、具体的に考える必要がありますね。」と話があった。

問題

　生活指導主任の発言を受けて、あなたならどのように児童・生徒の指導に取り組んでいくか、志望する校種に即して、具体的な方策を二つ挙げ、それぞれ１０行（350字）程度で述べなさい。その際、その方策を考える上での問題意識やまとめを明確に書き、全体で30行（1,050字）以内で述べなさい。ただし、26行（910字）を超えること。

　　　　　　　　　　　　　　　東京都　小学校全科以外　70分　910〜1,050字

 **出題のねらい**

　「課題を見いだし、よりよく解決していく力」とは、課題発見力、課題解決力である。なぜ委員会活動の話合いで生徒から意見が出なかったのか、その理由を考えてどうすれば意見が活発に出るかと対策を考えるのがよい。また、「様々な集団での活動を通して」とあるが、「生活指導・保健指導部の一員として」という条件があるので、この部の担当する仕事内容を意識する必要がある。生活指導主任の話が「委員会活動などにおいて……」と始まっている点も参考になる。

解答へのアプローチ＆キーワード

1 校務分掌（生活指導・保健指導部）の一員として

　この問題は「あなたは生活指導・保健指導部に所属している。」という一文で始まる。最近は規模の小さい学校が多く、教員数が限られるところから、生活指導部と保健指導部を合併させた形と考えられる。この部の一員として、様々な集団での活動を通して、生徒の課題解決力を育てる具体策を考える。例えば、教科指導は教科担任、学級活動は学級担任が担当する。生活指導・保健指導部という校務分掌の一員としては、**委員会指導や学校行事など特別活動に関する指導を考えるとよい**。また、養護教諭志望者は、保健委員会や美化委員会の指導で具体策を考えるとよい。

2 特別活動（生徒会・委員会活動）での話合い

　ここでは委員会活動での話合いの例が取り上げられている。委員会活動は、生徒会活動の一部であり、学級・学年の異なる生徒が一緒に活動する。特別活動の目標の一つは「集団や自己の生活、人間関係の課題を見いだし、解決するために話し合い、合意形成を図ったり、意思決定したりすることができるようにする。」ことである（新「中学校学習指導要領」特別活動）。また、特別活動では、学校生活の問題を、話合いを通して解決する活動を重視し、様々な会議の方法を理解・実践する。また、同年齢だけでなく異年齢の人たちとの言葉の交流活動によって、自分や他者の多様な考えをよりよくまとめる活動を充実するとされている（文科省「言語活動の充実に関する指導事例集【中学校版】」）。

課題文の構成例

現状	・委員会での話合い……意見が出ず解決策を決められない
課題	・今年度の重点事項……様々な集団での活動を通して、課題を見いだし、よりよく解決していく力を育てる
方策	①学級と連携した委員会活動……課題解決力を高める ②話合い活動の工夫………………意見交換の活性化を図る
まとめ	委員会の運営方法を工夫し、具体的な課題を取り上げて話合いを活性化し、課題を発見・解決する力を高める

ポイント❶ 異年齢間の話合い

　学級活動は同年齢で話し合って活動するが、生徒会活動や学校行事では異年齢の生徒による話合いや活動となる。これが委員会活動の話合いで意見が出なかった理由の一つと考えられる。各委員に個人ではなく学級代表であるという意識を持たせ、学級で出た意見を述べさせることで話合いの活性化を図る。また、自由に意見を述べ合える集団となるよう、日頃から交流的な活動を通して人間関係を形成していくのがよい。一方、部活動の先輩・後輩という縦の人間関係は、生徒が言葉遣いや礼儀を学ぶ機会にもなる。

 ## ポイント❷ 組織としての取り組み

　生活指導・保健指導部の一員として、組織的な取り組みを考える。例えば、担当者として部会や学年会に提案したり、校内研修会を企画したりすることで、組織としての取り組みであることを示す。東京都教育委員会は、組織人として責任感や協調性があり互いに高め合う教師を求めている（本書P.10）。また、学習指導は教科に即して具体策を述べることが重要であるが、生活指導は教科より校種が重要であり、**どの校種で行うのか**、**教育課程のどの領域で行うのか**を示した上で、それに合った具体策を述べるとよい。

 ## 採点者はココを見る！

①設問への対応

➡ 事例文・問題文から課題を正確に読み取っているか。

●生活指導主任の報告中の重点事項を踏まえていないもの。

➡ 問題文の指示する書き方に従っているか。

●「具体的な方策を二つ」をそれぞれ「350字程度」で、「問題意識やまとめ」を明確に書いていないもの。

②主題の設定

➡ 生活指導・保健指導部の一員として、適切な活動の事例を挙げて重点事項につながる具体的な方策を述べているか。

●生活指導・保健指導部の一員という立場から具体策を述べていないもの。

合格答案例

　生活指導主任の報告から、次の二つが重要だと考える。生徒の主体性を高める話合い活動指導・保健活動を推進し、教員間で組織的に取り組むことである。一つは、課題を発見し解決する力を工夫することである。私は、学級活動の活性化教育、中学校との連携で向上の課題を様々な生徒した校内図見解決する力を高めていく。二つは、主体性を重視した意見の形を工夫し、教員間で組織的な力を高めていく。

①学級と連携した委員会活動で課題解決力を高める
　委員会は学年・学級の異なるメンバーで活動する。そのための連携担当教員を設置し、課題を話し合う委員会について委員会で話し合う課題を各校内委員会で話し合う場合、各学期には、各委員会の重点学級テーマでのアイデアを学級委員会で取り組む。委員会は学級で意見を述べ活動意見を学級委員会で取り上げ、目標や重点学級テーマでの課題解決に取り組む。話合い活動で意見が出にくい場面でも、部活動の学級で協力して意見を求めさせる。校内のどこに各学級の委員会で意見を交換するよう指導し、これによって生徒が主体的に課題解決に取り組む保健の代表な課題を意見交換するよう指導していく。

②話合い活動を工夫し意見交換の活性化を図る
　課題については、課題認識の的を絞り、意見交換が活発になるよう話合いの具体的な方法を工夫する。意見が出ず話合いの方向性が見いだせないと考える。例えば、課題の具体化では「校内美化の推進」ではなく「廊下・階段をきれいに」として、また「ゴミを50％減らす」など目標を数字化して取り組むよう指導する。生徒の意見交換を活性化するためには、様々な話合いの方法について教師が習熟している必要がある。例えば、ブレーンストーミングやバズセッションなどの方法を適宜使い分けて生徒の活発な意見を引き出す。全ての教師が話合いの技術に習熟するために、生活指導・保健指導部会で関係資

料を準備して校内研修を企画・運営する。
　生徒が課題を見いだし、よりよく解決していくために、
委員会の運営方法を工夫し、具体的課題を取り上げ様々
な話合いの方法を取り入れていく。教師が組織的に取り
組むことで、生徒の課題を発見し解決する力を高める。

1000

 アドバイス

▶東京都の問題である。基本的な形式はここ数年続いてきた。「具体的な方策を二つ」挙げ、「それぞれ10行（350字）程度」で述べ、「その方策を考える上での問題意識やまとめ」などを含めて「全体で30行（1,050字）以内」で述べよと、答え方の条件を細かく指示している。これは東京都の解答用紙が「35字×30行＝1,050字」の形式であることと関連している。具体策は一つが「35字×10行＝350字」で、二つで700字となる。残りの350字で「その方策を考える上での問題意識」や「まとめ」を述べることになる。本書P.23の【4段落構成】では、はじめの序論に7行（245字）、最後のまとめに3行（105字）をあてている。

▶合格答案例では、生徒の話合い活動を工夫して意見交換の活性化を図るために、様々な話合いの方法について教師が習熟している必要があるとしている。話合いの方法としてブレーンストーミングとバズセッションが例に挙げられている。様々な話合いの方法にはそれぞれ特徴がある。

①**ディスカッション**……メンバーで討論したり、間違った意見を正したりする話合いの方法のことで、互いに意見を戦わせて結論を出すことを目指す。話合いの中で相手の意見を否定することもある。

②**ブレーンストーミング**……メンバーが自由に意見を出し合って、新たな発想を生み出したり、アイデアの内容をよりよいものにしたりすることを目指す。相手の意見を否定せず、参加者が次々に意見を出すことで新しいアイデアが生まれることもある。

③**バズセッション**……あるテーマについて少人数のグループでグループごとに結論を出していく話合いの方法である。「バズ」はハチの羽音のことで各グループが一斉に話し合う様子を表す。少人数で話し合うので全員が参加しやすく発言の場を持つことができる。

▶校務分掌とは、学校運営に関する業務を全教職員で分担することである。教科担任・学級担任・クラブ顧問などの仕事は生徒・保護者にもわかりやすいが、校務分掌の仕事は見えにくい。教育現場の事情に十分通じていない現役学生の受験者の場合も、校務分掌の内容が分かりにくく、生活指

導・保健指導部の一員としての具体策を考えにくいのでＡ問題（学習指導）を選ぶ傾向があった。**校務分掌の代表的なものは、教務部・生活指導部・進路指導部の三つである**が、学校の実情に合わせて他に総務部・保健部・図書部などを置く場合もある。このような部以外に、教育課程検討・学校図書選定・いじめ防止対策などの委員会もある。全ての教員が部や委員会に所属し、組織の一員として学校運営を担っている。

▶最近数年間の東京都の論作文は事例問題で、問題文全体が少し長かった。その問題文中には解答する上で大切なポイントがいくつか含まれていた。内容的には課題解決につながる二つの具体策を述べることが重要であり、形式的には前述の「具体的な方策を二つ挙げ、それぞれ10行（350字）程度で」といった細かな述べ方の条件を満たすことが重要である。**正確な課題把握で注目すべきは、主任の報告の最後に出てくる今年度の方針や重点事項である。それこそが出題テーマそのものである。**

▶具体的な方策は二つ挙げることになるが、小学校全科の場合は**「学習指導」**と**「生活指導」**、小学校全科以外の場合はＡ問題では**「学習指導」**、Ｂ問題では**「生活指導」**の方策とするのが問題文の指示に合っていてよい。「学習指導」は各教科の授業を工夫するなど指導の領域が明快である。しかし、「生活指導」は教育課程のどの領域で行うのか明快ではなく、具体策の内容に応じてそれを示す必要がある。例えば、特別活動でも学級活動・生徒会活動・学校行事の領域がある。具体策を述べるにあたっては、保健委員会・美化委員会・体育祭・文化祭など、さらに具体的な活動に即して述べていくのがよい。

▶以上は出題例など過去数年間の東京都の事例問題に関するアドバイスである。**東京都の問題は令和5年7月実施の試験から小・中・高など全校種の共通問題となり、形式も事例問題ではなく普通の論述問題になった。**その対策には本書P.22〜23及びP.118〜123を参考にするとよい。

 読んでおきたい資料集

●文科省「言語活動の充実に関する指導事例集【中学校版】」（2012年6月）
●文科省 新「中学校学習指導要領」第5章特別活動（2017年3月）

第**2**章　問題演習編

言語活動を取り入れた書くことの指導

出題例　「B　書くこと」〔第2学年〕の指導事項の一つとして「目的や意図に応じて、社会生活の中から題材を決め、多様な方法で集めた材料を整理し、伝えたいことを明確にすること。」が挙げられている。このことについて、どのような言語活動を通して指導を行うか、具体的な授業を挙げて述べなさい。

熊本県　中　60分　字数制限なし

 出題のねらい

　新中学校学習指導要領の国語の「B　書くこと」〔第2学年〕に関する熊本県の問題である。〔第2学年〕や「B　書くこと」と限定された条件があり、この記述に即して具体的に述べる必要がある。特に、授業でどのような言語活動を取り入れていくかを述べることが求められている。

 解答へのアプローチ＆キーワード

1 「目的や意図に応じ」「題材を決め」「集めた材料を整理」

　新中学校学習指導要領では、これらのキーワードのうち「**目的や意図に応じ**」「**題材を決め**」は各学年に共通している。「**集めた材料を整理**」は第1・第2学年に共通しており、第3学年では「**客観性や信頼性を確認**」と少し異なっている。また、新「中学校学習指導要領解説　国語編」では、〔第1学年〕「B　書くこと」でこれらの言葉を次のように説明している。

①**目的や意図に応じる**とは、何のために、誰に対して、どのような意図をもって書くのかなどを具体的に考え、題材や伝えたいことなどがそれらに合っているかを判断することである。特に、文章を書く目的を明確にすることが、学習を進めていく上で重要である。

②**題材を決める**とは、何について書こうとするのかという、書く事柄や対象を決めることである。題材としては、生徒の興味・関心を喚起する題材、生徒のものの見方や考え方を広げる題材などを選ぶことが考えられる。例えば日常生活で直接体験したこと、他教科等で学習したこと、友人や家族から聞いたことなどである。

③**集めた材料を整理**するとは、集めた材料を、観点に沿って比較、分類、関係付けなどをすることである。具体的には、書く目的や意図に応じて、材料を比較しながら取捨選択したり、ある観点から分類したり、情報と情報との間に事柄の順序、原因と結果、意見と根拠などの関係を見いだして整えたりすることである。集めた材料を整理することで、生徒は、題材について問題点を見いだしたり、自分の考えをもったりして、伝えたいことを明確にすることができる。また、材料を整理することは文章の構成を考える上でも重要である。

2 「社会生活の中から」

　書くことの題材を求める範囲が第2学年と第3学年では「**社会生活の中から**」となっている。第1学年では「**日常生活の中から**」となっている。第1学年では小学校との接続が考慮されているのである。第2学年からは、題材を求める範囲が、地域社会の中で見聞きしたことや、テレビや新聞などの様々な媒体を通じて伝えられることなど社会生活全般へと広がり、材料を「多様な方法」で集めることとされている。第1学年の「本、新聞、雑誌、インターネットなど」に加えて、「学校図書館や地域の図書館、公共施設など」や「インタビューやアンケートで当事者の声を集めたりすることなど」が例として挙げられている。

3 **書くことに関する言語活動の例**

　授業で「どのような言語活動を通して指導を行うか」が問われている。新中学校学習指導要領の「B　書くこと」〔第2学年〕では、5つの指導事項を挙げている。それらは書くことの学習過程を示している。出題例は5つのうちの第一番目である。また、5つの指導事項に続き、どのような言語活動を通して指導するか、次のア・イ・ウの3例を挙げている。アは主として説明的な文章を書く言語活動、イは主として実用的な文章を書く言語活動、ウは主として文学的な文章を書く言語活動の例示である。

　　ア　多様な考えができる事柄について意見を述べるなど、自分の考えを書
　　　く活動。

　　イ　社会生活に必要な手紙や電子メールを書くなど、伝えたいことを相手
　　　や媒体を考慮して書く活動。

　　ウ　短歌や俳句、物語を創作するなど、感じたことや想像したことを書く
　　　活動。

課題文の構成例

課題	・書く力の向上………伝えたいことを明確に伝える 　　　　　　　　　　多様な方法で材料を集め整理する 　　　　　　　　　　グループによる言語活動を活用する
方策	①情報間の整理…文章中の数字や図表の活用法を学習 ②材料集めと整理……ワークシートで材料を整理 ③授業展開の工夫……個人活動とグループ活動の併用
まとめ	個人の書く作業だけでなくグループの言語活動も重視して 深い学びにつなげていく

ポイント❶ 新学習指導要領と同解説の理解

　新学習指導要領の理解が重要であることは言うまでもない。また、中・高の場合は教科ごとの採用選考になるので、自分の教科の新学習指導要領解説も重要である。新学習指導要領は大綱的な基準であり、同解説はその記述の意味や解釈などを詳細に説明している。例えば、出題例で問題になっている言語活動について、新学習指導要領ではア・イ・ウの３つが例示されているが、そのア・イ・ウがそれぞれ説明的な文章・実用的な文章・文学的な文章を書く言語活動の例示であることは同解説に示されている。

　出題例のように新学習指導要領そのものが論作文の問題とされるのは全国で数例である。自治体の教育施策に関わる出題の方が多い。一方、教員採用選考試験で模擬授業が課されている場合は、当然ながら新学習指導要領が重要になる。予め教科・単元・教材などが具体的に受験者に通知されるので新学習指導要領等を参考にして事前準備することになる。

ポイント❷ 「書くこと」と「対話的で深い学び」

　「主体的・対話的で深い学び」は新学習指導要領の中心的な課題の一つである。中学校・国語の内容は〔知識及び技能〕と〔思考力、判断力、表現力等〕であり、後者の内容は「Ａ　話すこと・聞くこと」「Ｂ　書くこと」「Ｃ　読むこと」の３領域である。Ａは話したり聞いたりする活動や話し合う活動を集団で行うので十分に対話的でありうる。それに対してＢ・Ｃは個人的な作業が中心となるので、事前の準備や事後の発表などにグループ学習を取り

入れることで、「**対話的で深い学び**」を実現する工夫が必要である。なお、言語活動の充実と言語能力の向上については、本書P.204〜209参照のこと。

 ## ポイント❸ 優れた文章を学び考えを広げ深める

　誰にとってもいきなりよい文章を書くのは難しい。文章を書く力を高めるためには見本となる優れた文章に触れて、その構成や展開、根拠の適切さ、表現の効果などを学ぶことが大切である。従って、生徒が文章を書くことを目指しつつ、その前段階として優れた文章を読む学習をするのは大切なことである。特に、出題例は説明的な文章を書く活動を想定しているので、様々な観点から論理的に考察し説明している文章がよい。合格答案例では、物事を論理的に考え説明する教材として「一〇〇年後の水を守る」の学習を例に挙げている。地球が直面している「水問題」から、グループ討論によって生徒たちが互いに持続可能な社会の実現に向けて考えを広げ深めることが期待できる。

採点者はココを見る！

①設問への対応

➡ **中学2年生にふさわしい教材や題材に即して述べているか。**

 ●教材に関連する題材を社会生活から選んでいないもの。

➡ **根拠となる材料と主張とを整理して述べているか。**

 ●学習内容ごとに段落分けし整理して述べていないもの。

②主題の設定

➡ **材料集めの多様な方法の例を具体的に挙げて述べているか。**

 ●多様な方法を具体的に示していないもの。

➡ **授業に取り入れる言語活動を具体的に述べているか。**

 ●授業中の言語活動を具体的に述べていないもの。

生徒に文章を書く力を身に付けさせるためには、文章理解させ、主張と根拠の関係を日常的に取り入れる必要がある。その言語活動を自分の根拠となる様々ある言語活動を取り入れる。「述べる（見えない説明を活用して何かをさせる）」活動を主張し、根拠やインターネット・図書館など情報を、第2学年から求めるために社会生活が様々あり、伝えやすく整理して提示することが次の国語教師として求められる。文章を読み取り集め、中学校の授業で実践する。

まず、文章中の意見と根拠を確認し理論的に考え説明する教材の内容を理解する教材として、物事の水を学習する。特に「バーチャルウォーター（〇〇年後の特徴ない水）」という着眼、具体的な数字などが主張の根拠となる。その後、グループ以外にさせる。効果的な活用を確認する。持続可能な社会をいている表で主張を実現するために水資源討論化させる。SDGsの目標を参考にして、文章材・材料・構成・結論をまとめ、文章化させる。

次に、各自で自分の考えを守る活動を主張し行う。ワークシートを使って、目的・題材・材料・構成を整理し、全体の構成を考えさせる。文章の「頭括型」「尾括型」「双括型」「序論・本論・結論」「起承転結」などを例示し、自分の主張を明確にしたら、構成を選ばせる。構想がまとまる材料を集める方法を考えさせる。新聞・雑誌・インターネット・図書館などで調べ、次の授業で文章化の作業に入る。各自で発表し合った後、グループ内で発表し合った。

自分の伝えたいことを文章化するのは個人的な作業だが、学習の各段階にグループ活動を取り入れることで対話的で深い学びにつなげることができる。私は個人だけでなくグループの言語活動も重視して取り入れていく。

※出題例は、「60分　字数制限なし」であるが、全国的に多い「60分　800字」にならって合格答案例は800字とした。

アドバイス

▶出題例は新中学校学習指導要領の国語の「B　書くこと」〔第2学年〕に関する熊本県の問題である。全国の教員採用選考試験の論作文の問題を見渡すと「中学・国語」という点が特異である。全国の論作文の問題を分類すると、**①全校種共通問題と②校種・職種別問題の2種類に大別することができる。**②の場合には小・中は共通問題という自治体も多い。②では小・中・高・特別支援・養護教諭・栄養教諭などで問題が異なることはあるが、中・高で教科によって問題が異なるのは熊本県だけである。多くの自治体とともに熊本県では論作文以外に模擬授業も課される。一般に、模擬授業の課題は受験者に予め通知されており具体的である。例えば、教科の単元や教材が具体的に示され、受験者は予め準備して模擬授業に臨むことができる。一方、**論作文の問題や個人面接の内容が事前に示されることはない。**熊本県の場合、模擬授業と論作文の問題が同じ程度に具体的であるという特徴がある。

▶文章の構成例として合格答案例で「頭括型」「尾括型」「双括型」「序論・本論・結論」「起承転結」などが例示されている。「序論・本論・結論」は三段落構成、「起承転結」は四段落構成であるが、それぞれ最後に「結論」「結」がきているので「尾括型」と言える。「頭括型」とは、初めに結論を述べ、次にそれを裏付ける具体的な事例や説明を述べる。「双括型」は、「頭括型」と「尾括型」を組み合わせた構成で、結論を最初に述べた後、具体的な事例や説明を述べ、最後に再度結論を述べる。つまり、「頭括型」「尾括型」「双括型」は次のように整理できる。

① 頭括型……「結論」⇒「具体例や理由・説明」

② 尾括型……「具体例や理由・説明」⇒「結論」

③ 双括型……「結論」⇒「具体例や理由，説明」⇒「結論」

 読んでおきたい資料集

●文科省 新「中学校学習指導要領」（2017年3月）

●文科省 新「中学校学習指導要領解説　国語編」（2017年7月）

●文科省 新「高等学校学習指導要領解説　国語編　付録6：教科の目標，各学年の目標及び内容の系統表（小・中学校国語科）」（2018年7月）

第2章　問題演習編

「厳しさ」と「優しさ」

出題例　教師に求められる「厳しさ」と「優しさ」とはどのようなことか。あなたの考えを書きなさい。また、これらを踏まえた指導において、どのようなことに留意するか。具体的に書きなさい。

栃木県 全校種 50分 600～1,000字

出題のねらい

　教師に求められる「厳しさ」と「優しさ」について考えを書けという前半の問いは、不易ともいえる教育問題への考えを求めることで教育者としての資質を問うている。その意味で、知識よりは人物を見ようとする問題といえる。また、指導上の留意点を具体的に書けという後半の問いは、教師としての実践力を見ようとしている。特に「これらを踏まえた」とあるので、「厳しさ」と「優しさ」の双方に関わる指導上の留意点が求められている。

解答へのアプローチ＆キーワード

1 問題行動への毅然とした指導

　最近のいじめや校内暴力をはじめとした児童生徒の問題行動の深刻な状況から教育における「厳しさ」の重要性が改めて注目されている。文科省は、「問題行動を起こす児童生徒に対する指導について（通知）」（平成19年2月）で、いじめ、校内暴力をはじめとした児童生徒の問題行動は、依然として極めて深刻な状況にあるとした上で、「**教育委員会及び学校は、問題行動が実際に起こった時には、十分な教育的配慮のもと、現行法制度下において採り得る措置である出席停止や懲戒処分等の措置も含め、毅然とした対応を取り、教育現場を安心できるものとしていただきたい**」として、改めて生徒指導の充実、出席停止制度の活用、懲戒・体罰についての考え方を示した。

　なお、「学校教育法第11条に定める児童生徒の懲戒・体罰に関する考え方」を通知文の別紙として示したが、平成25年5月、文科省は暴力を含め認められない指導と認められる指導の具体例を示した「**運動部活動での指導のガイドライン**」を策定した。

2 ゼロトレランスという考え方

　1990年代にアメリカで本格的に導入された生徒指導の方法で、日本でも

話題になった。**学校が生徒の行動について明確な罰則規定を決め、予め生徒や保護者に周知しておき、ルールに違反した生徒に対しては厳格に罰則規定を適用することで、生徒自身に責任をとらせるという指導方法**である。生徒指導の方法として「厳しさ」の代表的な例といえる。アメリカの学校でゼロトレランスが導入された背景には、学校内での銃の持ち込み・発砲・暴力・薬物・飲酒など生徒の問題行動の深刻な状況があった。ゼロトレランスとは、もともと不良品を作らないことをめざす産業界の考え方で、それを教育界に応用したものである。生徒相手の厳格な罰則規定の適用にはやりすぎともいえる無理な事例もあり、アメリカではこの指導方法に批判的な意見もある。日本でも、文部科学省が学校への導入の是非を検討したことがあり、すでにこの指導方法を取り入れている学校もあるが、全国的に広く普及している指導方法とはいえない。

3 **児童・生徒指導の概念図**

ガイダンスやカウンセリングは生徒の話をよく聴いて生徒理解を深めることを目指すもので、**ゼロトレランスと対照的な方法**であり、「優しさ」の代表的な例である。当該県は教育振興ビジョンの中で心の教育の推進を掲げ、次の児童・生徒指導の概念図を示している。「教育相談」（＝優しさ）と「問題行動対策」（＝厳しさ）の大切なことがよくわかる図である。

児童・生徒指導の充実

〜学校における教育活動全体をとおして
すべての児童生徒に自己指導能力(※1)を身に付けさせる〜
○特別活動の活性化
○学級（HR）経営力の向上
○「発達課題」の達成を目指した指導・援助

教育相談の充実

〜カウンセリングマインドに基づく
学級（HR）担任及びすべての教員
のかかわり〜

○学校教育相談基礎研修
　〜教育相談体制の整備〜
○教育相談係を中心とした組織的な相談活動
○スクールカウンセラー
○電話・メールによる相談事業

問題行動等対策の充実

〜いじめ・暴力行為・不登校・薬物乱用・
性の逸脱行為などの未然防止と解決〜

○「いじめ・不登校対策チーム」による指導・
　助言
○「不登校児童生徒合同宿泊体験学習事業」
○サポートチームによる問題行動等への対応
○適応指導教室の推進（現在は「教育支援セ
　ンター」と呼ばれている）

（※1）児童生徒が、自己及び周囲にとって適切な行動を自ら考え判断し、責任を持って実行できる力
　　　　「とちぎ教育振興ビジョン（二期計画）」より

課題文の構成例

前 提 「厳しさ」と「優しさ」……子どもを育てる親にも教師にも
「厳しさ」と「優しさ」が必要

現 状 毅然とした指導と信頼関係

子どもの現状 ●問題行動の深刻化
・暴力行為の増加
・いじめによる自殺

方 策 私の取り組み→ ←●ぶれない生徒指導
・ルール違反への毅然とした指導
・全教職員の共通理解
●信頼関係の構築
・個別相談の徹底
・生徒の行動過程を評価

まとめ 「厳しさ」と「優しさ」を備えた教師として生徒指導に努める

ポイント❶ 問題行動の深刻さ

　教師に「厳しさ」が求められる典型的な例は生徒指導の場面である。生徒が規則に反する行為を行った時、それに対して教師が毅然とした指導を行うような場合である。そして、最近の調査によれば、暴力行為の増加など児童生徒の問題行動は深刻化している。令和４年度の小中高等学校における暴力行為の発生件数は95,426件で、小学校での増加が気がかりだ。小学校は1千人当たり9.9件となり、前年度に続けて9.2件の中学校を上回った。最も多いのは「生徒間暴力」で、「対教師暴力」も比較的多い（令和４年度児童生徒の問題行動・不登校等生徒指導上の諸課題に関する調査）。

ポイント❷ 「厳しさ」と「優しさ」の関係

　学校生活の秩序を維持して学習環境を守るためには教師にも「厳しさ」が求められる。教師と生徒の関係では家庭の親子関係に比べ「厳しさ」の内容や程度に違いがあるのは当然である。しかし、**「厳しさ」の前提としてまず「優しさ」がなければならない**という点は共通している。教師が子どもに対して「優しさ」をもって接するのは当然のことである。例えば、文部科学省は、教員に求められる資質能力や優れた教員の条件を明らかにしている（本書

P.9参照)。それを受けて各都道府県の教育委員会も求める教師像を発表しているが（P.224〜231参照）、それらに共通する項目として目立つのは「豊かな人間性」や「愛情」である。「愛情」は、「教育的愛情」「教育愛」「思いやり」などとも表現されている。いずれにせよ子どもへの愛情は教師を目指す者に広く求められている。子どもへの愛情が「優しさ」の源である。一方、教育委員会が求める教師像には「厳しさ」に該当する項目はほとんど見られない。教師の「厳しさ」は直接的に表現されていないが、教育の専門家として求められる生徒指導力や集団指導力に含まれていると考えるべきである。

なお、平成25年度に体罰で懲戒処分等を受けた公立小中高の教員は過去最多の3,953人に上った（令和4年度は397人）。23年12月に大阪市桜宮高校であった体罰事件を契機に実態把握が進んだためとみられる。スポーツ庁は平成30年3月「**運動部活動の在り方に関する総合的なガイドライン**」を定めた。

 ## 採点者はココを見る！

①設問への対応

➡ **教師に求められる「厳しさ」と「優しさ」について自分の個性的な考えを述べ、指導上の留意点を具体的に述べているか。**

- ●「厳しさ」と「優しさ」についての考えが一般的で個性的ではないもの。
- ●「厳しさ」と「優しさ」の指導上の留意点を具体的に述べていないもの。

➡ **教師に求められる「厳しさ」と「優しさ」の関係、またそれらがいま問題にされる背景などを理解した上で論じているか。**

- ●「厳しさ」の前提に「優しさ」がなければならないという両者の関係を理解していないもの。
- ●児童生徒の問題行動の深刻化に対して毅然とした生徒指導が必要であることを理解していないもの。

②主題の設定

➡ **「厳しさ」と「優しさ」が求められる教師の指導において何をどのように行うか、取り組みとその留意点が具体的で教師としての実践力を感じさせるか。**

- ●生徒指導の取り組みとその際の留意点が実際的でなく、学校現場で実践できそうもないもの、または実効性に乏しいもの。

合格答案例

可愛い子には旅をさせよという言葉がある。また、漢語には「慈母」「慈父」「厳父」などの言葉がある。子どもを育てる親に「厳しさ」と「優しさ」が必要なことは、昔から変わらない普遍的な真理である。そして、学校で子どもを教育する教師にも「厳しさ」と「優しさ」の両面が求められる。

最近の調査によれば、小・中学校では暴力行為が過去最高の件数に達している。また、いじめによる子どもの自殺も相次いで起きている。このような児童生徒の問題行動の深刻化という教育現場の実情から、数年前、文部科学省は、教師の毅然とした生徒指導が必要であるとし、出席停止などの措置も検討すべきであるとする通知を出した。しかし、毅然とした生徒指導を行うには、日頃から児童生徒を深く理解して信頼関係を築いていくことがその前提になければならない。「優しさ」こそが「厳しさ」の前提である。

社会において許されない行為は学校でも許されないということを徹底することが毅然とした生徒指導である。私は、中学校の教師として、生徒に対する指導でぶれることがないよう留意する。具体的には、生徒に対する指導においても、自分自身の内面でもルールとマナーをはっきり区別し、ルール違反に対しては毅然と指導していく。ルールに違反した生徒への指導では、特に全教職員の共通理解に基づく一致した対応が重要である。私は、日ごろから教職員間のコミュニケーションを大切にし、組織の一員として、学校の指導方針と自分の指導に落差が生じることのないよう留意していく。

教師に求められる「優しさ」とは、子どもが成長途上の未熟な存在であることと関係している。成長していく生徒を温かく見守り支援していくのが教師の仕事である。生徒の成長に期待し、時には生徒に裏切られることをも恐れない人間的幅を持つことこそ教師の「優しさ」の基礎である。私は、その覚悟をもって、徹底した個別相談を通じて一人一人の生徒を深く理解し、信頼関係の構築に努める。また、生徒の行動を結果だけで判断・評価せず、その過程を評価することに留意する。

| 私 | は | 、 | 「 | 厳 | し | さ | 」 | と | 「 | 優 | し | さ | 」 | を | 備 | え | た | 教 | 師 | と | し | て | 、 |
| 社 | 会 | で | 活 | 躍 | で | き | る | 生 | 徒 | を | 育 | て | る | よ | う | 努 | 力 | し | て | い | く | 。 | |

1000

アドバイス

▶教師に求められる「厳しさ」と「優しさ」とはどのようなことを指すか。ここではさまざまな答え方が考えられるので、受験者の個性的な答え方が期待される。合格答案例では、慣用的な語句を取り上げて、昔から子どもを育てる親にも「厳しさ」と「優しさ」が必要と考えられてきたと、「厳しさ」と「優しさ」が求められることに普遍性があるという書き出しになっているが、これも一つの見本ではある。問題は教師に求められる「厳しさ」と「優しさ」の内容であり、今それらが求められる背景にも触れながら述べるとよい。また、「厳しさ」の前提として「優しさ」がなければならないという両者の関係に触れることも大切である。

▶「50分で600～1,000字」ということで1,000字詰の原稿用紙に解答することになっているが、「600～1,000字」という字数は全国的に見ても上限と下限の幅が大きい。その字数内に入っていれば制限字数の上で問題はないが、内容的な密度のこともあり、下限より上限に近い字数で書き上げることを目指すべきである。

第2章 問題演習編

読んでおきたい資料集

●国立教育政策研究所「『生徒指導体制の在り方についての調査研究』報告書－規範意識の醸成を目指して－」（2006年5月）

●文科省「問題行動を起こす児童生徒に対する指導について（通知）」（2007年2月）

●文科省「運動部活動での指導のガイドライン」（2013年5月）

●スポーツ庁「運動部活動の在り方に関する総合的なガイドライン」（2018年3月）

●文科省「生徒指導提要」（改訂版）（2022年12月）

●スポーツ庁・文化庁「学校部活動及び新たな地域クラブ活動の在り方等に関する総合的なガイドライン」（2022年12月）

●文科省「令和4年度児童生徒の問題行動・不登校等生徒指導上の諸課題に関する調査」（2023年10月）

「問」

「問」

長野県　高・養護教諭（高）　60分　800字以内

出題のねらい

　この問題は長野県の高校・養護教諭（高校）の受験者に課された抽象題で、「問」の前年には「いたわりの言葉」が出題された。抽象題は富山県（特別選考）や名古屋市でも出題されているが、全国的には少ない。このような抽象題では、「○○」という言葉から想起されるテーマを設定して教師としての考えや取り組みを述べることが求められる。受験者はどのようなテーマを考えつくかという点で見識を問われる。そのテーマとは教員採用選考試験の問題なので教育課題と言い換えてもよい。「問」という言葉を「子ども」「教師」「学校」などと関連させ、いま教育に何が求められているかと考えるとよい。

 解答へのアプローチ＆キーワード

1 教育と「問」「答」

　「問」の対義語は「答」である。「問」や「答」という行為は教育活動として広く行われてきた。古くは孔子と弟子たちの言行録といわれる『論語』にも次のような記述がある。

　　①「子游、孝を問う。子の日わく、今の孝は是れ能く養うを謂う。犬馬に至るまで皆な能く養うこと有り。敬せずんば何を以て別たん。」
　　②「子の日わく、憤せずんば啓せず、悱せずんば発せず。一隅を挙げてこれに示し、三隅を以て反らざれば、則ち復たせざるなり。」

　①は弟子の子游が「孝」について師に問うのに対して、孔子が答えたことばである。親を物質的に養うことだけではなく、精神的に敬う心を重視している。弟子が問い、師が答えるというやりとりで、『論語』に多く見られる形である。②は弟子が何か疑問を持ち自分で解決できずに悩んでいる時にこそ教え導いてやるという教育の方法を述べたことばである。いずれも師は

教え導くもの、弟子は質問し教わるものという位置づけある。

　一方、現在の学校教育では、教師が教材研究の一環として発問の研究をし、授業で生徒に質問して答えさせることも普通に行われている。定期試験の問題も教師が問うて生徒に解答させる形とみることができる。

2 二種類の「問い」

　「問い」には二種類の「問い」がある。**答えのある問い**と**答えのない問い**である。これまでの問う主体が教師であった「問い」は、答えのある問いが多かった。教師が作る定期試験の問題も答えのある問いであるのが当然視されている。一方、現実の世界には答えがわからないもしくは答えがないという問題が多くある。生徒が抱く疑問も答えがわからないというだけでなく、そもそも答えがないということが考えられる。また、二種類の「問い」としては、**クローズドクエスチョン**と**オープンクエスチョン**というものがある。前者は、回答を限定する質問で、選択肢の中から回答を選ばせたり、「はい」か「いいえ」を選ばせたりする質問である。後者は、回答の範囲を制限しない質問で、回答者が自由に考えて答える質問である。それぞれにプラス面とマイナス面があり、目的や場面に合わせて用いる必要がある。例えば、教師が授業の中で発問する際、クローズドクエスチョンであれば、質問と回答の内容が明確で、回答する生徒の負担も少ない。しかし、クローズドクエスチョンばかりであれば答えのある問いの連続になり生徒の興味を引いていくのは難しい。生徒が疑問を抱き、問いを立て、答えを求めて考える活動を重視していくには、**答えのない問いやオープンクエスチョンを活用していくことが大切である。**

第 **2** 章 問題演習編

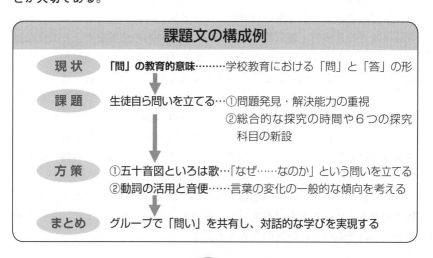

課題文の構成例

現状 **「問」の教育的意味**………学校教育における「問」と「答」の形

↓

課題 生徒自ら問いを立てる…①問題発見・解決能力の重視
　　　　　　　　　　　　　　②総合的な探究の時間や６つの探究
　　　　　　　　　　　　　　　科目の新設

↓

方策 ①五十音図といろは歌…「なぜ……なのか」という問いを立てる
　　　　②動詞の活用と音便……言葉の変化の一般的な傾向を考える

↓

まとめ グループで「問い」を共有し、対話的な学びを実現する

ポイント❶ 問題発見・解決能力と探究科目

　新高等学校学習指導要領総則の「第2款　教育課程の編成」は、教科横断的な視点に立った資質・能力の育成について、「各学校においては、生徒の発達の段階を考慮し、言語能力、情報活用能力（情報モラルを含む。）、**問題発見・解決能力**等の学習の基盤となる資質・能力を育成していくことができるよう、各教科・科目等の特質を生かし、教科等横断的な視点から教育課程の編成を図るものとする。」としている。これは小学校・中学校の新学習指導要領でも共通しており、**問題発見・解決能力**は、言語能力、情報活用能力と並んで学習の基盤となる資質・能力とされている。また、中教審答申「第3期教育振興基本計画について」（2018年3月）では、主として高等教育段階に関わる目標として「**問題発見・解決能力の修得**」が挙げられている。問題を発見することは、問いを立てることである。生徒が問いを立て、その解決を目指して調べ、討論して考えるという生徒主体の学習活動になる。これまでの学校教育において「問う」主体が教師であったのとは異なる。

　一方、新高等学校学習指導要領では、「総合的な探究の時間」や「古典探究」「地理探究」「日本史探究」「世界史探究」「理数探究基礎」「理数探究」という探究科目が新たに作られた。高校・養護教諭（高）の受験者を対象に出題されたテーマなので、探究科目と結び付けた取り組みを考えるのもよい。

 ポイント❷ 「よい問い」を立てるには

　学習の場での「よい問い」とは、学習内容の本質的な理解につながるもの、学習内容のより広く深い理解につながる問いのことである。また、学習方法は既習の具体的・個別的なものから一般性のある法則を考えるような展開がよい。そのような問いを生徒が自主的に考えられるとよいが、個々の生徒がいきなり「よい問い」を考えつくのは難しい。生徒の素朴な問いを大切にしながらも、教師が指導・介入することで適切な問いを立てることができる。子どもたちが適切な問いを立てるには**既有知識を活用する**ことが必要であり、さらに学習者自身に考えさせる活動や問いを立てることについて**クラス全体で共有する**ことが必要である。それによって子どもたちの持つ既有知識が関連づけられ、深い理解につながる。

　ここで、大切なのは既有知識の活用とクラス全体での共有である。また、教師の介入を行った方が学習の進展に伴う問いのレベルは向上し、支援の効果がより高まるので、**教師の介入**も大切である。

ポイント❸ 教師の介入とグループワーク

　合格答案例では、高校の「古典探究」の授業で時間の経過による言葉の変化の単元を学ぶ事例を挙げている。五十音図やいろは歌は、既習の具体的・個別的なものである。文語と口語の動詞の活用の種類や音便も同様である。それらの具体的な事象から一般的・抽象的な時間の経過による言葉の変化について考えることは個々の生徒にとっては難しい。教師の適切な介入やグループワークで考えさせるのがよい。例えば、五十音図といろは歌を示し、特に前者のア行・ヤ行・ワ行に注目させ、「Wi」「We」には「ゐ」「ゑ」という仮名があるのに、「Yi」「Ye」「Wu」にはなぜ独自の仮名がないのかと問題提起して考えさせる。また、文語と口語の動詞の活用の種類は9種類から5種類に減ったが、何がなくなったのか、将来どう変化していくかと着眼点を示して考えさせる。一方、生徒の素朴な問いを重視し、資料だけを示して一人一人に「問い」を作成させ、グループワークで「よい問い」を選ばせる。どのグループが学習内容の本質にせまるような「よい問い」を考えたか、クラス全体で評価を行うコンテスト形式とするのもよい。

第2章　問題演習編

採点者はココを見る！

①設問への対応
➡「問」という言葉を今日的な教育課題ととらえているか。

●「問」を今日的な教育課題としてとらえていないもの。

②主題の設定
➡「問」に関する教育課題を具体的に述べているか。

●問題を発見し解決する能力に触れていないもの。

➡「問題発見・解決能力」を伸ばす取り組みを具体的に述べているか。

●自分の教師としての実践を具体的に述べていないもの。

合格答案例

「問」の対義語は「答」である。「問答」という言葉もある。学校教育の場での「問」と「答」という行為は、二通りの形がある。教師が問い生徒が答える形と、生徒が問い教師が答える形である。教師は教材からの質問を研究の一環として、生徒に問いを促す。

教師が問い生徒が答える形は、授業中に行われてきた形である。教師の発問は従来から行われ、問題を重視されてきた。一方、新学習指導要領では「問題発見・解決能力」が重視である。この解決策を考える場合、問いや生徒が答える時間の伸長を目指す。総合的な探究の時間の新設も「問題発見・解決能力」を育てる科目である。私は、高校の国語教師として、生徒が問いを見いだす主体的な指導力を身につけることを目指す。

生徒が興味をもって、身近な事柄でも問いを立てるには既知の教材を用いる。例えば、古典探究の授業で、まず、五十音図と両者の問いを立てさせ、既習の文法・語法の例から答えを考えさせる。生徒がよく変わる言葉を示し、「なぜ…」と変化に興味をもって学習する。

古典探究の際、ワ行音となのか担当する問いを決め、話し合って答えを考えさせる。また、グループで種類がどう変わるかを考えさせる。動詞の活用の法則性を、活用する変化とグループに関する例を列挙させて発表させる。さらに、その音変化をまとめ、時代とともに音便についてまとめる。音の傾きと声に変化する古代国語の音韻の研究やキリシタン版の言葉を紹介し、「人を」が「fito wo」とあるのを実感させる。

生徒に「問い」を作成させる際、それをグループで一緒に考えさせることで、「問い」の共有化と対話的な学びを実現する。生徒に問いを立てさせることで、既知の学びにも深い意味があることに気づかせる。

アドバイス

▶長野県は東京都や神奈川県等と同じように一次試験で論作文を受験者全員に課す自治体である。論作文を課す自治体の多くは、二次試験で課す、または一次試験の特別選考で課すという形である。論作文の出題は自治体によって全校種共通問題の場合と校種で異なる問題の場合とがある。また、このような抽象題の出題は全国的に見ても少ない（P.99参照）。今回は「問」という言葉を提示するだけで、その他には一切指示がないが、名古屋市の場合は、「『踏み出す』という言葉から想起されるテーマを設定し、あなた自身の具体的な体験とあなたの教育観と関わらせて論述しなさい。」と、書くべき内容や書き方についてある程度の方向性が示されている。名古屋市の問題を参考にして、自分でその言葉に関する教育課題を設定し、自分の体験や教育観と関わらせて考えや取り組みを述べるとよい。

▶今回の「問」という言葉だけの問題の場合、その出題の意図を考える上で対義語や類義語を挙げて言葉の意味を明確にすることも有効である。合格答案例では、「問」の対義語は「答」であること、「問答」という言葉もあることを指摘した上で、今まで実際の教育現場でどのような「問」と「答」が行われてきたかを述べている。また、今日的な教育課題として「問」を新高等学校学習指導要領の問題発見・解決能力や探究科目と結び付けることで、出題の背景について考察している。このように出題の背景を考える際には、最近の調査・報告・答申等でそのことがどのように扱われているかを考慮するとよい。なお、全国的に最も多い800字の場合は、P.20の３段落構成でも、P.104の４段落構成でもどちらでもよい。合格答案例は前者の３段落構成に基づいている。

読んでおきたい資料集

●文科省 新「高等学校学習指導要領」（2018年3月）
●文科省「第4期教育振興基本計画」（2023年6月）

第**2**章　問題演習編

「人づくり」を目指す教育の取り組み

出題例 神奈川県では、かながわ教育ビジョンの中で、夢や希望の実現に向けた自分づくりを支援していく営みを「人づくり」ととらえています。生涯を通じた「人づくり」を目指すために、あなたは、教員としてどのように取り組みますか。中学校における今日的な教育課題を踏まえ、協働と連携の観点から、あなたの考えを具体的に述べなさい。

神奈川県　中　60分　600 ～ 825 字以下

 出題のねらい

　かながわ教育ビジョンでは「人づくり」をどう捉えているのか。また、生涯を通じた「人づくり」をどこでどのように進めていけばよいのか。中学校の今日的教育課題を踏まえ、さらに「協働」と「連帯」の観点から、具体的に「人づくり」に向けた方策をいかに示すことができるのか、学校現場で活用できる資質と能力を判定する。

 解答へのアプローチ＆キーワード

1　神奈川県の教育振興基本計画

　当該県では、国の教育振興基本計画を参酌し、県の教育の総合的な指針となる「かながわ教育ビジョン」（平成19年策定、令和元年10月一部改定）と、県の総合計画の実施計画に位置付けた教育施策とを合わせて、神奈川県の教育振興基本計画としている。

2　かながわ教育ビジョンの概要と「人づくり」

　「かながわ教育ビジョン」では策定に当たり、踏まえるべき社会状況や教育をめぐる現状と課題を明らかにするとともに、人づくりに必要な観点を整理した。少子高齢化の進行、国際化や情報化の進展、産業・就業構造の変化など、社会状況の変化とともに、家庭の教育力が低下し、地域の連帯感が希薄化してきた中で、学校も様々な教育的ニーズへの対応が求められるなど、それぞれに課題を抱えている。

　また、人づくりにおいて踏まえる視点として、個人として、社会の構成員として身に付けていく必要のあるものには、時代を超えて変わらない価値のあるもの（不易）と時代の変化に柔軟に対応して身に付けていく必要のある

もの（流行）があること、また、**人づくりはその人ひとりを育てるにとどまらず、かかわる他の人の自分づくりにも生かされ、世代を超え、循環しながら次の社会の形成に影響を与える**。そして、この人づくりが現代の社会状況の中で、効果をあげるには協働・連携を進めることが重要となる。

　自立した一人の人間を目指す自分づくりと、社会の構成員としてよりよい社会づくりにかかわる総合的な力を人間力ととらえ、かながわの人づくりの基本理念（未来を拓く・創る・生きる　人間力あふれる　かながわの人づくり）と教育目標（身に付けたい人間力―「思いやる力」「たくましく生きる力」「社会とかかわる力」）を掲げた。この3つの教育目標では、人が家庭の中に生まれ、多くの人に見守られながら成長していく過程で、自己肯定感を基盤とし、人を尊重し、多様性を認める思いやる力を身に付けるとともに、社会とのかかわりの中で豊かな経験を積み、学び続けることで人間的な成長を遂げ、自分らしく自立してたくましく生き抜くことのできる力と、学んだことを生かして社会に貢献する力の育成を目指している。

　人づくりの視点として、人の成長・発達に即して、多様な資質・能力や「人間力」を獲得していくためには、様々な教育の主体の役割が重要である。家庭、地域（NPO法人などを含む）、学校・保育所、企業、市町村、そして県の主体ごとに、それぞれの役割と具体的な取組が求められる。とりわけ、自分らしさを探究する段階にある児童・青年期には、それぞれの学校段階において、**確かな学力を身に付けるとともに、様々な体験や経験を通じて生き方や進路を考え、自分らしさを探究し、心身ともに健康で、豊かな人間性や社会性を培うことが必要**である。

　同教育ビジョンでは、さらに5つの基本方針と取組の方向をまとめ、今日の教育課題を解決していくために、集中的・横断的に進めていく必要のある「重点的な取組み」を示した。

[3] **第3期教育振興基本計画の策定**

　令和5年6月16日、令和5年から令和9年度を対象とする「第4期教育振興基本計画」が閣議決定された。基本方針は以下の通りである。

① グローバル化する社会の持続的な発展に向けて学び続ける人材の育成
② 誰一人取り残さず全ての人の可能性を引き出す共生社会の実現に向けた教育の推進
③ 地域や家庭で共に学び支え合う社会の実現に向けた教育の推進
④ 教育デジタルトランスフォーメーション（DX）の推進
⑤ 計画の実効性確保のための基盤整備対話

課題文の構成例

背景　社会状況の変化
　　　　　教育をめぐる現状と課題

↓

前提　協働と連帯の観点と校種ごとの教育課題を踏まえて

↓

課題　生涯を通じた「人づくり」（学校の役割）

↓

方策　教科科目で「人づくり」―確かな学力の確立
　　　　　教科外活動を通しての「人づくり」―
　　　　　　　豊かな心を育む教育の充実
　　　　　　　生き方や社会を学ぶ教育の充実
　　　　　　　グローバル化に対応した教育の推進

↓

まとめ　県民全体の連帯と協働で「人づくり」

ポイント❶ 教育振興基本計画と出題テーマ

　近年、各自治体における教育振興基本計画（教育ビジョン）に関わる出題が増えている。本問もその一例。当該県の教育ビジョン等を十分知らなくとも、出題例から、今回の場合には、「生涯を通じた『人づくり』を目指す」「中学校における今日的な教育課題を踏まえ」「協働と連帯の観点から」などの文言に留意すればある程度の解答を引き出すことは可能であるが、予め教育ビジョン等に精通しておれば一層適切な論述となる。解答へのアプローチ＆キーワードに示されているように、様々な方々との共感・共有に基づく一人ひとりの「生涯にわたる自分づくり」と協働・連帯による「生涯を通じた人づくり」とさらに各段階における「人づくり」の視点等が示されており、それに従って論述すれば必要かつ十分な論述となるからである。

　さらに、同ビジョンには「生涯を通じた人づくりの段階におけるそれぞれの役割」が示されており、「自分らしさを探究する時期」にある青年期には、家庭は「自己形成や進路実現に向けた的確な支援」、学校は「学校間・校種間の連携・協力の促進と、家庭・地域・企業などと一体となった学校づくり」、さらに、地域や企業、自治体等の役割が具体的に示されている。

ポイント❷ 中学校における今日的な教育課題

　今日の中学校では、一般的に学力低下問題や思考力の弱さ、いじめや不登校などの生徒指導上の課題などの諸問題を抱えている。そうした一般論を踏まえてもよいが、できれば教育実習や教育ボランティア等で体験した学校での実際の生徒の様子を踏まえて論述するのがよい。教室内の子どもたちの様子をしっかり踏まえればより具体的な論述となるからである。それは、生徒の学力差や考える力の弱さだったり、SNSに伴う友人関係の崩壊、時には部活動をめぐる問題だったりすることもある。そうした具体的な生徒の実態を念頭において論述することを心がけたいものである。

 ## ポイント❸ 生涯学習社会の基盤づくりとしての確かな学力

　「人づくり」は、学校生活における全ての活動を通じて形成されると考えてよい。教科の時間はもとより、道徳科を中心に行われる道徳教育や生き方や社会を学ぶキャリア教育、国際理解教育を進める学校行事など、中学生の人間形成は学校生活における全ての教育活動を通して行われている。しかし、学校生活の中で最も大きな位置を占める学習活動、とりわけ確かな学力の確立は生涯学習社会の基盤となり、彼らの人間形成に重要な役割を果たすものであることを忘れてはならない。

 ## 採点者はココを見る！

①設問への対応
　➡ かながわ教育ビジョンや指定の条件等を踏まえているか。

●かながわ教育ビジョンに全く触れていないもの。
●中学校の今日的教育課題や協働と連帯の観点に従っておらず一般論に終始しているもの。

②主題の設定
　➡ 中学校の実態に即して、生涯を通じた「人づくり」を目指すための取り組みを具体的に述べているか。

●一般論に終始し、中学校における具体的な「人づくり」が述べられていないもの。

第2章 問題演習編

添削例

10　　　　20

　神奈川県では、❶思いやる力・社会とかかわる力・たくましく生きる力を兼ね備えた人間力を目指している。しかし中学校では、❷学校生活や授業への不適応・コミュニケーション力の低下、職業に対する意識の希薄化等が問題となっている。生涯を通じた人づくりの実現のために、私は中学校の英語科教員として、以下のことを実践する。

　第一に、❸協働して問題解決に取り組む姿勢を育むために、問題解決をテーマとした英語討論を、単元ごとに実施する。例えば単元が社会福祉に関連する場合、中学生ができるボランティアについて、個人で意見をまとめ、グループで共有する。相手の意見を否定せずに最後まで聞きながら、多様な意見をうまく結び付け、グループで一つ納得のいく案を練る。毎回生徒が自己評価を行う一方、教師は一人ひとりの進歩を積極的に評価し、達成感を味あわせ、意欲を高める。机間指導では、輪に入れない生徒や習熟度の高い生徒等、それぞれに合わせた指導を行う。私は、❹生徒が確かな学力やコミュニケーション力を身に付けるために、学び合いの場を設ける。

　第二に、❺地域や企業と連携し、キャリア教育の一環として、充実した職業体験を実施する。まず体験前に、親や親戚等の身近な人に、仕事内容ややりがいについてインタビューをし、職業に❻興味を持つ。また、体験先へのマナーや社会スキルについて指導する。その後、体験先へ事前訪問をし、実際にどんなことを体験するのか、指導を受ける。それを基に、具体的にどのように取り組むのか思考し、主体的に参加する姿勢を育む。体験後は、各自まとめたものを全体で発表し、他の職業への知識も深める。❼社会体験や異世代交流等の新たな環境に触れ、社会性を身に付けながら新たな自分を発見し、生き方について考えるきっかけを作る。

　私は教員生活を通じて、家庭や地域等と協力・連携し、協働的な活動や社会体験の中で、自立して学びに向かう

❶神奈川県の教育目標。

❷今日的な教育課題に触れており適切である。

❸協働の観点、❺連携の観点からの論述となっているが、中心となるのは確かな学力の確立やコミュニケーション能力である。

❹協働学習の意義ともいえる。

❻興味・関心を持たせる方がよいか。

❼社会体験・異世代交流の意義といえる。

10　　　　　　　　20

> 力や、生き方について自己決定する力を育む覚悟である。

 アドバイス

▶字数指定は600字から825字以下ということであるが、添削例は最大限の825字を使用した論述となっている。もちろん、600字でもよいわけではあるが、添削例のようにできるだけ指定範囲内の最大限の字数を使った方がよい。実際には字数を減らすのに苦労するのではなかろうか。

▶序論・本論・結論の3段落構成でよくまとまった論文である。各段落で要する行数も6・24・3行（前文とまとめで3割、方策で7割の割合）で本文では異なる視点で2つの具体策を述べており、適切である。

▶論述に当たっては、まず、「かながわ教育ビジョン」について通暁しているかどうかが問われることになる。もちろん、全く知らなくとも問題文から判断してある程度の解答を引き出すことは可能であるが、必ずしも正鵠を射た論述とはならない。例えば、同ビジョンでは家庭、学校、企業等の主体ごとの役割が協働と連携の観点で明らかになっているからである。他府県への受験に当たっては当該県の教育振興基本計画や教育目標等について事前に調べておくことは受験者の礼儀ともいえよう。

▶「かながわ教育ビジョンの目指す『人づくり』」「今日的な教育課題」「協働と連携」「具体策」等全ての指定条件を踏まえた論述であり、高得点が期待できる。なお、同ビジョンには、家庭・学校・地域等「各主体のそれぞれの役割と具体的な取組の方向性」が示されており、参考になる。

▶生涯学習社会の基盤となる確かな学力とコミュニケーション能力を身に付けさせるために、協働学習（子どもたち同士が教え合い、学び合う協働的な学習）を進めることは文科省が勧めている学習形態の一つでもある。

▶2つの具体策のそれぞれに個々の生徒への教員の指導の手が入っていることが推察され、また、個人内評価の視点が見られるのは十分評価できる。

▶家庭や地域の教育力の低下が叫ばれている今日、「かながわ教育ビジョン」は「人づくり」における学校や家庭、地域等のそれぞれの役割とそれらの協働と連携の必要性を改めて述べたものと理解できる。

 読んでおきたい資料集

●神奈川県「かながわ教育ビジョン」（2019年10月一部改定）
●文科省「第4期教育振興基本計画」（2023年6月）
●文科省「令和4年度　文部科学白書」（2023年7月）

第2章　問題演習編

学習面や行動面で著しい困難を示す子どもの指導

出題例　文部科学省中央教育審議会答申「幼稚園、小学校、中学校、高等学校及び特別支援学校の学習指導要領等の改善及び必要な方策等について」（平成28年12月）では、特別な支援を必要とする子どもの指導について、次のように示しています。

> 特別支援教育の対象となる子供たちは増加傾向にあり、通常の学級において、知的発達に遅れはないものの学習面又は行動面での著しい困難を示す児童生徒が6.5％程度在籍しているという調査結果もある。全ての学校や学級に、発達障害を含めた障害のある子供たちが在籍する可能性があることを前提に、子供たち一人一人の障害の状況や発達の段階に応じて、その力を伸ばしていくことが課題となっている。

　あなたの学級に学習面や行動面で著しい困難を示す子どもがいる場合、それら子どもの表れをどのように捉えるか、あなたの捉え方とその理由を記述しなさい。次に、そのような子どもの力や可能性を伸ばすために、日々の授業や学級づくりにおいてどのような指導・支援を行うか、これまでの教職経験に基づき、具体的な取り組みを記述しなさい。

静岡市　教職経験者（小中）　60分　601～800字以内

　学習面や行動面で著しい困難を示す子どもの表れをどのように捉えるか、その捉え方と理由を明らかにするとともに、その子どもの力や可能性を伸ばすために、授業や学級づくりにおいてどのような指導・援助を行うか。学校現場で直ちに活用できる資質と能力を判定する。

　解答へのアプローチ＆キーワード

1　子どもたちの成長を支え可能性を伸ばす

　課題文の中教審答申の一節は、答申の第2章「2030年の社会と子供たちの未来」のなかの『子供たち一人一人の成長を支え可能性を伸ばす視点の重要性』の一節である。ここでは、障がいのある子供たちの他に、貧困家庭や外国籍の子供たち、不登校児童生徒たち一人一人の成長を支え可能性を伸ば

すことの重要性が指摘されている。

　なお、2022年の文科省調査によると、全国の公立小中学校の通常学級に通う児童生徒の8.8%（男子12.1%、女子5.4%）に発達障害の可能性があることが分かった。前回の2012年調査時の6.5%より増加した。どの学級にも3〜4名の発達障害の児童生徒が在籍しているものと考えることができる。また、公立学校に在籍する外国人児童生徒数は11万8790人（令和4年5月）、不登校児童生徒数は（小中高）35万9623人と急増している（令和4年度）。

2　特別支援教育

　学校教育法の一部改正で従来の「特殊教育」は平成19年4月から「特別支援教育」へと転換した。盲・ろう・養護学校等は「特別支援学校」に一本化され、小中学校の特殊学級は「特別支援学級」となった。学習障害（LD）、注意欠陥／多動性障害（ADHD）などの発達障害の子どもたちも支援される。普段は通常学級で授業を受け、障害に応じた特別の指導や支援を「通級指導教室」で受けられる。30年度からは高校でも通級による指導が始まった。

3　発達障害の定義

　発達障害とは、「自閉症、アスペルガー症候群その他の広汎性発達障害、学習障害、注意欠陥多動性障害その他の脳機能の障害であってその症状が通常低年齢において発現するもの」（改正発達障害者支援法）と定義される。

○学習障害（LD：Learning Disabilities）

　基本的には全般的な知的発達に遅れはないが、聞く、話す、読む、書く、計算する又は推論する能力のうち特定のものの習得と使用に著しい困難を示す様々な状態を指す。中枢神経系に機能障害があると推定される。

○高機能自閉症（High-Functioning Autism）

　3歳までに現れ、①他人との社会関係の形成の困難さ、②言葉の発達の遅れ、③興味や関心が狭く特定のものにこだわることを特徴とする行動の障害である自閉症のうち、知的発達の遅れを伴わないものをいう。中枢神経系に何らかの要因による機能不全があると推定される。

○アスペルガー症候群（AS：Asperger Syndrome）

　高機能自閉症のうちコミュニケーション、言葉の発達に遅れがないもの。

○注意欠陥／多動性障害（ADHD：Attention-Deficit/Hyperactivity Disorder）

　年齢あるいは発達に不釣り合いな注意力、又は衝動性、多動性を特徴とする行動の障害で、社会的な活動や学校生活を営む上で著しい困難を示すもの。7歳以前に現れ、その状態が継続し、中枢神経に何らかの要因による機能不全があると推定される（文科省「今後の特別支援教育の在り方について」）。

第2章　問題演習編

なお、最近の研究では、「障害」の語句を使わない①自閉症スペクトラム（ASD）―コミュニケーションの問題（他者と上手に関われない）、②注意欠如・多動性（ADHD）―行動発達の問題（あまりに落ち着きがない）、③限局性学習症（LD）―認知発達の問題（読み書きや計算ができない）などといった分類法もある。

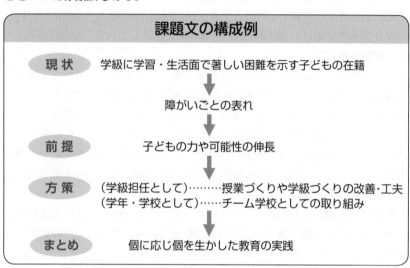

課題文の構成例

現状　学級に学習・生活面で著しい困難を示す子どもの在籍

障がいごとの表れ

前提　子どもの力や可能性の伸長

方策　（学級担任として）………授業づくりや学級づくりの改善・工夫
（学年・学校として）……チーム学校としての取り組み

まとめ　個に応じ個を生かした教育の実践

ポイント❶ 特別支援教育の理念

　平成19年４月１日付文科省初等中等教育局長の通知によれば、「特別支援教育は、障害のある幼児児童生徒の自立や社会参加に向けた主体的な取組を支援するという視点に立ち、**幼児児童生徒一人一人の教育的ニーズを把握し、その持てる力を高め、生活や学習上の困難を改善又は克服するため、適切な支援や必要な指導を行うもの**」である。そして、「**知的な遅れのない発達障害を含めて、特別な支援を必要とする幼児児童生徒が在籍する全ての学校において実施される**」ものであり、「**障害のある幼児児童生徒への教育にとどまらず、障害の有無やその他の個々の違いを認識しつつ様々な人々が生き生きと活躍できる共生社会の基礎となるもの**」としている。小中高等学校で特別支援教育を実施していくに当たり、このことを教職員の共通理解としていくことが最も大切な点である。

ポイント❷ 発達障害児童生徒への支援と指導法

　ここでは第一に、学級担任として発達障害の疑いのある子どもの状態を把握することである。授業における学習状況や学校での行動をできる限り多くの教師で観察し、その特性を把握する。LDなのかADHDなのか、あるいは高機能自閉症なのか、その**障害種別を見定める**ことが大切である。障がいのある子どもは、その障がいの特性により学習上、生活上の困難を有しているからである。

　第二に、その子どもの教育的ニーズを十分把握して、適切な支援と指導の方策を検討し、策定することである。その際、特別支援コーディネーターをはじめ養護教諭やスクールカウンセラーなどと連携して進めることが大切であるが、場合によっては特別支援学校の特別支援コーディネーターの指導・助言を得ることも必要である。そして、その子どもにとって**最もよい個別の指導計画を作成する**ことである。

　第三に、保護者の理解と協力を得ることが、特別支援教育を進めるに際して最も重要なことである。例えば、ADHDの障がいを持っている子どもが小学校に入学する時、保護者から子どもの障がいについて学級担任に伝えられていれば、その子どもに十分配慮した個別の指導を行うことが可能となるからである。また、**子どもに対する支援・指導について家庭と学校とが意思疎通を図る**ことによって、よりよき指導を協働で行うことができる。

 採点者はココを見る！

①設問への対応
➡ **学習面や行動面で著しい困難を示す子どもの「表れ」をどのように捉えるか。また、その「理由」を述べているか。**

 ●著しい困難を示す子どもの「表れ」に触れていないもの。
●著しい困難を示す子どもの「表れ」に触れてはいるが、その「理由」が述べられていないもの。

②主題の設定
➡ **子どもの可能性を伸ばすために、授業や学級づくりにおける具体的な指導・支援策を述べているか。**

 ●授業や学級づくりの一面だけに触れているもの。
●授業や学級づくりに触れてはいるが、いずれも抽象的で実践できる具体性に欠けるもの。

添削例

❶P.175〜176参照。

　　集団生活を基本とする学校生活において、学習面又は生活面で著しい困難を示す児童生徒への適切な指導法の確立は、現在の学校現場において解決すべき最も重要な課題の一つである。そしていわゆる発達障害には、❶様々な種類と特性があり、課題は一人一人異なる。❷「子どもの行動にはすべて理由がある」と言われる。また、❸「『困った子』は、実は『困っている子』」であると言われるように、課題のある児童生徒は、自分自身も周りとのギャップに悩み、何とか成長したいと望んでいるものと考える。私は、そうした児童生徒に対して❹受容と共感の気持ちで接し、困り感を受け止めて、成長課題を見出して指導、支援に当たる。その方策は、次の２点である。

　　まず第一に、❺「チーム学校」での対応を心がけることである。児童生徒理解に基づき、適切で効果的な指導を行うために、前段階での指導を引き継ぐとともに、その子の可能性をより広げていくための支援を探る。その際、他の教職員や特別支援コーディネーターと連携し、組織として効果的な指導方針を確立し、❻「個別指導計画」にまとめ、指導に当たる。

　　第二に、衝動的な行動の原因の多くは「怒り」と「不安」であると捉え、安心・安全で、その子を含め❼学級全体が生活しやすい教室づくりに尽力する。その際、当該の児童生徒の困り感によりそうことを常に心がける。そして、❽スモールステップで成功体験を積み重ねて自己肯定感を高めていく。

　　「学び続ける教師が学び続ける子どもを育てる」。これが私の座右の銘である。発達障害を含めた「子どもの発達」についての知識と実践力を研修や専門書等で深め、個々の児童生徒に最も有効な指導法を選択し、日々の教育実践に全力を傾注する。

❷❸子どもの「表れ」を具体的に捉えたい。

❹生徒理解の要諦といえる。

❺❻大事な視点である。個別の指導計画を立て、校内の協力体制の下で指導する。

❼具体的に教室づくりを述べるとよい。

❽自信や意欲を失い自己評価が低くならないように自尊感情や自己肯定感を高める具体的な手立てを考えるとよい。

アドバイス

▶指定の字数は601～800字以内であるが、本論作文は775字で書かれており適切である。601字よりも上限の800字により近い論作文であることが望ましいからである。その意味では十分満足できる論作文ではあるが、三段構成の字数配分の割合をみてみると、序論に325字分、それに結論に125字分使っている。したがって、本論は325字分、つまり全体の4割程度にしかならない。本論にはできるだけ多くの字数を充てたいところである。既に第1章で示しておいたように、800字の論作文では序論300字、本論400字程度（1つの策に200字）、結論に100字程度の字数を充てたい。

▶本論作文を起承転結の四段構成の論文と考えることもできるが、800字程度の論作文では第一段落を削除してその分本論の具体策をしっかりと述べた方がよい（結局三段構成となる）また、第2段落の「～と言われる」「～と言われるように」の部分を**教職経験に基づく論述**にするとよい。

▶課題文で最も重要な授業や学級づくりにおける指導・支援については、「学級全体が生活しやすい教室づくりに尽力する」とだけ書かれてはいるが、ここは教職経験を踏まえてより具体的に論述する必要がある。さらに、授業づくりに全く触れていないことは残念である。発達障害の子どもたちはもちろんのこと全ての子どもたちの個々の事情に応じた授業づくりの工夫は今日的な大きな教育課題の一つである。

▶「チーム学校」での対応や「個別指導計画」の作成等については極めて大事な視点ではあるが、本論より序論か結論部分で取り上げてもよかったのではなかろうか。

▶一般に障害の特性によるつまずきや困難さによって、自信や意欲を失い自己評価が低くなりやすい。したがって、学校における様々な活動を通して、「できた」「わかった」などという達成感や成就感を感じさせる経験を積み重ね、自尊感情や自己肯定感を高めていく取り組みが求められる。その際、「チーム学校」としての取り組みや保護者等との協働が欠かせない。

第
2
章

問題演習編

 読んでおきたい資料集

●文科省 新「小学校学習指導要領」新「中学校学習指導要領」（2017年3月）
●文科省「発達障害を含む障害のある幼児児童生徒に対する教育支援体制整備ガイドライン」（2017年3月）
●文科省「障害のある子供の教育支援の手引」（2021年6月）

保護者の要望への対応

「通知表の評定について」、「部活動の練習方法について」、「生徒指導のやり方について」等、様々な要望が担任のところに寄せられています。このような多様化する保護者の要望にどのような対応をしていきますか。あなたの考えを書きなさい。

熊本市　小・中・高　60分　800字以内

出題のねらい

　今日、保護者の学校教育に対する関心や期待等が高まっている。また、学校が所有する様々な情報の公開を求める声もある。一方、保護者の学校や教師への要望や苦情は、学習指導ばかりか生徒指導や進路指導、さらに部活動や学校の施設設備に関するものなど、極めて多様である。こうした保護者の要望や苦情を学校や教師はいかに受け止め対応すべきなのか。直ちに学校現場で実践できる資質と能力を判定する。

解答へのアプローチ＆キーワード

1 様々な要望や苦情と教員の受け止め方

　社会の急激な変化や価値観の多様化等によって、学校に対する保護者や地域住民からの意見や要望が多様化している。学校には、電話や連絡帳、来校等により多種多様な情報が寄せられる。素朴な質問や相談から学校に対する不安や不満、要望や苦情など様々なものがある。その中には、学校にとって有意義な指摘もあるが、学校が十分に説明したり意見や要望に対しての改善を図ったりしても受け入れることのできない理不尽な要望もある。

　一方、こうした学校外からの要望や苦情等に対する教員の受け止め方や対応には他の職域とは異なる特色がある、といわれる。「近年、自分の職場では苦情が増えていると思うか」に「思う」は教育・病院・行政の順に多く、「何が原因か」に「こちらの配慮不足」が職域中最も低いのが教育で、かわりに「相手の勘違い」「いちゃもん」の割合が高い。「対応で一番困ること」では「心理が読めない」が職域中最も高く、「説明を聞かない」「怒鳴る、暴力的」などは少ない。「苦情への対応が得意か」については、「得意」が比較的高くなっている（東京都教育委員会「学校問題解決のための手引」所収の

関根眞一『苦情白書』中のアンケートより）。

　外部からの要望や苦情に対してどう対応していくべきかを考える場合、こうした教員の対応の特色を踏まえて進めていくことが必要である。

2 適切な「初期対応」と大切な「組織的対応」

　よりよい対応を行うためには、先入観で相手を見たり、勝手に決めつけたりせずに、その時の保護者や地域住民の声に耳を傾け、その背景にある事情や心理を把握することが大切である。対応が不適切だと学校に対する不満や不信感が生じ、無理難題や過剰な要求に発展することがある。一方、よく聴いて丁寧に対応していくうちにお互いの誤解が解け、相互理解が深まり、学校の味方になってくれることもある。

　相手の話の聞き方としては、「受容・傾聴・共感」が全ての基本である。記録を取る場合には、客観的に事実関係を記録する。謝罪が必要なときは、心理的事実（その人が心で感じた事実）には謝罪をし、客観的事実（実際にあった事実）はきちんと調査する。対応直後には、管理職に一報を入れ指示を仰ぐ。同時に関係教員や事務室に情報を入れる（事務室は外部からの電話対応や施設の問題等で強いかかわりがある）。

　学校に寄せられた要望や苦情については、必ず組織的に対応することが大切である。組織としての対応を円滑にするには「報告・連絡・相談」が肝要である。組織として検討し、経過報告や対応策に向き合い組織として回答することである。まず、情報収集のための役割分担を行う。誰が中心になって何を対応するかという役割分担を決める。関係者、特に子どもからの丁寧な事実の聴き取りをチームで行う。子どもの感じていること、子どものとらえた状況を中心に対応する。次に聴き取りで得られた情報を整理し、どこに解決のヒントがあるかを把握し、仮説を立てる。仮説を基に今後の対応方針と内容を検討する。対応の結果や今後の見通しについては、一方的に伝えるだけでなく、時と場を共有しながら、具体的に改善案を提示し、確認し、理解を得るよう努める。対応が長期化したり再発することもあるので、個別のファイルを作成するなど、時系列で、いつ、だれが、どのような対応をしたのか記録しておく。異動の多い公立学校では必須のことである。

　対応が困難な場合には早い段階で当該の教育委員会に連絡し、情報の共有を図るとともに指示を受ける。また、外部の関係機関の担当者を含めた検討会や心理や法律の専門家等から助言を受けることも必要である。児童相談所や少年センター、保健所などがあり、東京都では平成21年に教育相談センター内に「学校問題サポートセンター」が開設されている。

第2章 問題演習編

課題文の構成例

背 景　社会の急激な変化や価値観の多様化等

　↓

現 状　保護者や地域住民等―多様な質問や相談、不安や不満、苦情や要望
　　　　　教職員―苦情激増との認識・無理難題と決めつけ

前 提　子どもたちの健やかな成長のために

　↓

方 策　教職員―組織としての対応力の強化
　　　　　○大切な初期対応「受容・傾聴・共感」
　　　　　○その後の組織的対応「報告・連絡・相談」(ホウレンソウ)
　　　　　○対応が困難な場合―「外部との連携」(専門機関やサポートセンター)

　↓

まとめ　協働で子どもたちの健全育成

ポイント❶ 問題に正対し、論述しやすい方法を選ぶ

　この問題についての論述の仕方には二通りの書き方が考えられる。一つ目は、例示されている要望のどれか一つを取りあげて、要望への対応策を論述する方法である。次は、例示されている諸要望を踏まえて一般的な保護者の要望に対する対応策を論述する場合である。前者は比較的具体的な対応策を述べることができるが、後者はどうしても一般論になりやすい。保護者の要望に対する「あなたの考えを書きなさい」ということなので、もちろんこれでもよいのだが、どうしても具体論に乏しく論述するのが難しい。採用前なので、教務や生徒指導に関わる問題への対応を考えることは大変難しいが、教育実習や教育ボランティア等の経験を踏まえて、3つの事例のどれか一つを取り上げて具体的に対応を考えれば、比較的容易に論述することができる。

ポイント❷ 「評定」「部活」「生徒指導」等は要望が多い事項

　どの事例も保護者からの質問や苦情、要望等が多い事項である。時には、生徒から疑問や質問が寄せられることがある。「評定の仕方」については教務部の分掌内容に関わる問題で、どこの学校でも規定や内規を整備している。しかし、評価や評定との関係や進級・卒業等に関する規定は分かりずらく、入学当初から生徒や保護者にしっかり説明しておかなければならない。
　「部活の練習方法」や「生徒指導のやり方」等については、生徒指導部の

所管事項である。「部活の練習方法」については、顧問の指導力と生徒の自主性の問題、とりわけ練習時間についての疑問や要望等が多い。文科省は平成28年6月13日に、**部活休養日**を設けることを柱にした部活改善策を発表したが、現実的には休養日のない学校が多い。部活内のミーティーングや部活の保護者会等を通じて保護者や生徒の声に十分耳を傾け、見直しや必要な改善を行わなければならない。「生徒指導のやり方」については、生徒手帳に記載されている校則規定に関する疑問、要望や苦情が多い。「**生徒指導提要**」が改訂されており、この機会に見直しを図るのもよい。高校では、訓告・停学（自宅謹慎）・退学等懲戒に関する苦情や要望もある。いずれも学則・校則等に関する問題で、教務規定と同様年度初めやPTAの集会、保護者会、学年会等の機会を活用して学校の考え方をよく説明しておくことである。

　苦情や要望等については、何よりも初期対応が大切であり、その際、保護者や生徒の質問や疑問、苦情や要望等に「**受容・傾聴・共感**」の姿勢をもって対応することが肝心である。また、校内的には保護者や生徒の声などの情報を共有して学校全体で組織的に対応することである。そうすれば、問題が大きくならずに保護者も学校の考えを理解し、一方よい要望に対してはその後の学校運営等に生かしていくことも十分に考えられる。また、文科省が設置を求めている「**地域学校協働本部**」（あるいは「**学校運営協議会**」）での協議に委ねることも可能である。今日、保護者・学校・地域が「共同」で子どもを育てていく姿勢を持つことが強く求められている。

 採点者はココを見る！

①設問への対応
➡ 今日、学校に寄せられる保護者等からの様々な要望があることに気付いているか。また、それについてどう考えているか。

　●学校を取り巻く現状について理解が浅く、外部の要望等を単なる苦情と捉え学校運営上の障害と考えているもの。

②主題の設定
➡ 保護者の要望に対する基本的な姿勢や具体的な対応策を持っているか。

　●保護者や地域住民等外部対応に関する重要性を認識していないもの。
●外部対応の重要性を認識しているが、抽象論・一般論に終始し、具体的な対応策を持っていないもの。

第**2**章　問題演習編

添削例

　私は、多様化する保護者からの要望に対して、保護者からの要望への①成果は学校全体の評価へと直結するものと考え、ひとつひとつの要望に対し、慎重に②対応していきたいと考えている。

　多様化する要望に対して、③一担任として対応するのではなく、その要望に関係する教科、分掌の教員や職員と連携を取り、③保護者からの満足と学校組織の達成目標の達成の両立を図り②対応していきたい。なぜなら、私個人の主観のみの対応では、④該当生徒の状況を完全に把握しているわけではなく、最善の対応をできる保証がないからである。③個人の主観だけでなく、第三者意見を取り入れることにより、より多くの情報を活用して対応することができる。また、近年は⑤モンスターペアレントによる学校内外へのクレームとも受け取れる評価などの問題もあり、より慎重な生徒対応が②求められていると考えている。もし、的確な対応ができなければ学校全体の評価が落ち、学校運営の支障となる可能性もある。そこで、どのような問題であっても、⑥各教科、分掌担当と連携し、情報共有や検討を重ねて、生徒、保護者にも理解して頂きながら、学校の達成目標や評価にもつながる結果を保護者の方へ②提供していきたいと考えている。また、自治体や組織によっては⑦「保護者対応マニュアル」を作成、運用している場合もあるので、その内容もしっかりと取り入れて②慎重に対応していきたい。

　その生徒や、保護者からの要望に関係する教職員と連携をすることにより、慎重に対応し、⑧的確な生徒指導と保護者応対を行えば、生徒、保護者からの理解と信頼を得ることができ、学校への評価も向上し、学校運営もより円滑に行うことができるようになる。もし、教員として採用していただいた際には、上記のような保護者対応と学校運営を行っていけるよう、教職員として②努力していきたい。

❶対応の仕方、結果の意か。

❷断定的に述べた方がよい。

❸学校経営的にもよい視点である。

❹当該生徒とする。

❺過剰に反応する必要はない。

❻校内での連携や情報共有は必須事項。

❼アドバイス参照。

❽適切な指摘で、評価できる。

184

アドバイス

▶ 字数も適切であり、問題に正対したよい論文であるが、序文で学校への保護者の多様な要望に対する社会的背景や今日の学校の状況等に触れることがあってもよい。その方が説得力をより一層持つことができる。また、さらっと結論を述べているが、これだけの方策を持った論述なのでもう少し堂々と力強く一教師としての決意を述べた方がよい。

▶ 本論では、「第三者意見を取り入れる」、「情報の共有と分掌間の連携を視野」に、「保護者の満足と学校目標の達成目標等を目指して」、保護者対応に当たるなど適切な論述となっている。今一度丁寧に見直しを図ればより説得力が増すことが期待できる。今教育界では、保護者や地域社会等と学校や教師が「共に」子どもを育てていくという姿勢を持つことが求められている。

▶ 『すでに決まった学芸会の配役を変えて、うちの子を主役にしてほしい』『子どもが家でヒヨコを育てたが、ニワトリになったので学校で引き取ってほしい』『うちの子が石を投げて窓ガラスを割って注意されたが、石が当たったぐらいで割れるようなガラスを使っている学校の方が悪い』など、理不尽な要求や無理難題を要求するいわゆる「モンスターペアレント」という言葉が一時話題になったが、あまり過度に反応することはない。保護者と教師が共に子どもを育てるという姿勢を持ち、保護者の話に耳を傾け、保護者の話の根拠や要望の背景等をつかむよう心掛けていけば、やがて保護者も落ち着きを取り戻し、教職員の説明に耳を傾けてくれるようになる。

▶ 近年自治体や諸組織等によって、各種の保護者対応マニュアル（下線部⑦）が作成されている。都教委の「学校問題解決のための手引」、大阪府教委「保護者対応の手引」、京都府教委「信頼ある学校を作る」、茨城県教委「信頼される学校づくりをめざして」などもそのうちの一つである。受験県等での資料に目を通しておきたいものである。

読んでおきたい資料集

● 東京都教育委員会「学校問題解決のための手引」（2022年3月）
● 中教審答申「チームとしての学校の在り方と今後の改善方策について」（2015年12月）
● 文科省「生徒指導提要」（改訂版）（2022年12月）

第2章　問題演習編

いじめや不登校を未然に防ぐ学級経営

 出題例 いじめや不登校などを未然に防ぐためには、子どもたち全員が仲良くし、協力し合う学級をつくっていくことが大切です。あなたは、そのような学級をつくるために、学級担任としてどのように取り組んでいきますか。800字以内であなたの考えを具体的に述べなさい。

茨城県　小・中　60分　800字以内

 **出題のねらい**

　どこの学校でもいじめや不登校等の問題を抱えている。したがって、これらの諸問題を解決することが学校、とりわけ学級担任の重要な課題となっている。いじめや不登校をなくし、学級の子どもたちが仲良く、協力し合う学級をつくるため、学級担任としてどう取り組んでいくのか。学級担任としての具体的な取り組みが問われている。

 解答へのアプローチ＆キーワード

1 いじめの定義

　いじめの定義については、いじめ問題の深刻さや学校や教育委員会等の対応の仕方、さらには社会状況等の変化とともに変わってきている。

　しかし、平成25年6月21日参議院で「いじめ防止対策推進法」が可決、成立して以来、文科省による平成25年度「児童生徒の問題行動等生徒指導上の諸問題に関する調査」（28年度調査からP.188のように調査の表題が変わった）においても同法のいじめ定義に従った調査が行われている。

　同法第2条では、「『**いじめ**』とは、児童等に対して、当該児童等が在籍する学校に在籍している等当該児童等と一定の人的関係にある他の児童等が行う心理的又は物理的な影響を与える行為（インターネットを通じて行われるものを含む。）であって、当該行為の対象となった児童等が心身の苦痛を感じているものをいう」と定義している。同上の調査では、児童等が具体的に児童生徒と表記されているが、いじめの定義については本質的に同法と変わりがない。なお、同上調査では、起こった場所は学校の内外を問わないとされ、さらに、「いじめ」の中には、犯罪行為として取り扱われるべきと認められ、早期に警察に相談することが重要なものや、児童生徒の生命、身体又

は財産に重大な被害が生じるような、直ちに警察に通報することが必要なものも含まれる。これらについては、教育的な配慮や被害者の意向への配慮の上で、早期に警察に相談・通報の上、警察と連携した対応を取ることが必要である、と付言されている。

2　不登校の定義

不登校については、昭和30年代半ばころ「学校恐怖症」などと呼ばれたこともあるが、その後「登校拒否」と呼ばれるようになり、平成に入ってからは一層人数が増加するとともに、いじめや発達障害、保護者による虐待などが背景にあるなど質的に多様化が進み、今日では「不登校」と呼ばれる。

前掲の文科省「調査」においては、「**年度間に連続又は断続して30日以上欠席した児童生徒のうち不登校を理由とする者について調査**」するとして、「**不登校とは、何らかの心理的、情緒的、身体的、あるいは社会的要因・背景により、児童生徒が登校しないあるいはしたくともできない状況にある者、ただし、病気や経済的理由による者を除くとされる**」。なお、令和4年度調査で不登校児童生徒のうち、欠席日数90日以上で出席日数が11日以上の者は44.7%、欠席日数が90日以上で出席日数が1～10日の者は7.5%、欠席日数が90日以上で出席日数が0日の者は3.2%である。

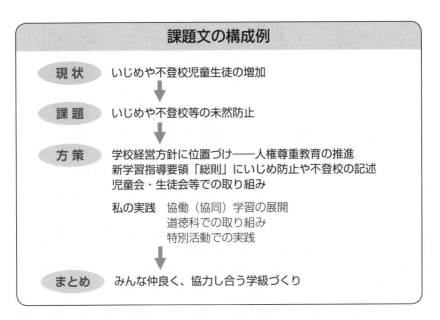

課題文の構成例

現状	いじめや不登校児童生徒の増加

↓

課題	いじめや不登校等の未然防止

↓

方策	学校経営方針に位置づけ──人権尊重教育の推進 新学習指導要領「総則」にいじめ防止や不登校の記述 児童会・生徒会等での取り組み

私の実践　協働（協同）学習の展開
　　　　　道徳科での取り組み
　　　　　特別活動での実践

↓

まとめ	みんな仲良く、協力し合う学級づくり

第**2**章　問題演習編

ポイント❶ いじめと不登校の推移と現状

　下記の表はいじめの認知（発生）件数の推移である。なお、平成５年までは公立小中高を調査。６年度からは特殊教育諸学校（特別支援学校）、18年度からは国私立学校を含めた。平成６年度及び平成18年度に調査方法等を改めた。平成17年度までは発生件数、18年度からは認知件数。小学校には義務教育学校前期課程、中学校には義務教育学校後期課程及び中等教育学校前期課程、高等学校には中等教育学校後期課程を含んでいる。

　第一のピーク期は昭和59年から62年頃で、61年には東京中野区富士見中の鹿川裕史君の自死事件があった。第２のピーク期は平成６年から８年頃で、平成６年に愛知県の大河内清輝君のいじめによる自死事件があった。第３のピーク期は平成18年頃で、小学生や中学生の自死事件があった。第４のピーク期は平成23年以降の時期で、23年には大津いじめ事件があった。

　平成24～26年の認知件数は10万台であったが、27年度に20万台を超え、28年度は約32万件で、令年４年度は68万1948件と前年度を更新。**被害が深刻な「重大事態」は923件。いずれも過去最多だった。**

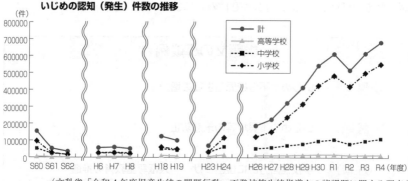

いじめの認知（発生）件数の推移

（文科省「令和４年度児童生徒の問題行動・不登校等生徒指導上の諸課題に関する調査」

　一方、不登校については、小学校で平成３年度から８年度までは２万人以内であったが、平成９年度からは２万人台となり、10年度から14年度にかけては２万５千人前後で推移した。その後２万２～３千人程度となり、25年度からは増え始め令和元年度には約５万３千人となった。中学校では、平成９年度から21年度にかけて概ね10万４～５千人程度であったが、22年度から９万人台となった。令和４年度の小中学校の不登校児童生徒数は過去最多の29万9048人と大幅増。**文科省は、不登校やいじめについて、コロナ禍の影響が未だ続いているのではないか、と分析している。**

ポイント❷ 人権尊重教育を学校（学級）の経営方針に

いじめや不登校を未然に防ぐための学級づくりが主要なテーマとなる。そのためには、子どもたち全員が仲良くし、協力し合う学級を作っていかなければならない。学級の仲間が仲良くし、協力し合うためには、学級の子どもたちのそれぞれが「自分の大切さとともに他人の大切さを認めること」が大切である。こうした学級こそ子どもたち相互の人権が尊重されている学級なのである。

したがって、学級からいじめや不登校を出さないためには、子どもたち相互の人権が尊重される学級を予め作っておかなければならない。そのためには学校や学級の経営方針として人権尊重の精神の育成を掲げることである。そして、子どもたち同士の人間関係を注意深く観察するとともに、彼らの言葉づかいや表情等にも配慮することが大切である。また、掲示物や黒板の落書き等にも注目しなけれればならない。さらに、いじめや不登校等の芽を早期に発見するための学校や学年全体の連携及び指導体制を予め確立しておくことである。早期発見・早期対応こそが何よりも必要だからである。

 ## 採点者はココを見る！

①設問への対応

➡ **いじめや不登校などを未然に防ぐための学級づくりを踏まえた議論になっているか。**

 ●いじめや不登校などを防ぐための学級づくりの必要性などについての議論について、全く触れていないもの。

➡ **子どもたち全員が仲良くし、協力し合う学級とはどのような学級なのか**

●子どもたち全員が仲良くし、協力し合う学級の特色や様子等について全く触れていないもの。

②主題の設定

➡ **子どもたち全員が仲良くし、協力し合う学級を作るための学級担任としての具体的な取り組みについて述べているか。**

 ●単に一般的ないじめや不登校対策についてだけ述べているもの。
●具体的な対策について述べられているが、学級担任としての視点に欠けているもの。

添削例

　近年、学校においてはいじめや不登校によって、本来学校で❶学びたい生徒の学習機会が奪われている問題がある。　❷その原因はクラスや部活動の人間関係や生活リズムの乱れからそのような問題が起きている。私は学級担任として、次の二つに取り組む。

　ひとつは学級活動や道徳科などにおいて、積極的にコミュニケーションを図らせる。生徒が自尊感情をもち、他者を思いやる心情を持つには、❸自分が他者から認められること、そして、自分が他者のよいところを認めるようにしなくてはならない。そこで、学級びらきのときには教師の自己紹介とともに、❹生徒同士が仲を深められるような活動を行う。また、❺道徳科や教科指導においても、課題を考えさせるときには❺小集団活動を通じて、互いの意見を尊重しあい、よりよい意見が導けるよう支援していくようにする。

　二つ目は生活リズムの乱れを正すことである。「早寝、早起き、朝ご飯」の習慣が成り立たなければ、学校に来ても授業で寝てしまったり、学校内でトラブルがおきたりする原因になってしまう。また、生活リズムの乱れから不登校が発生している。そこで、❺毎朝の学活において、❺健康観察を行ったり、❺生徒の様子を常に把握したりすることを行っていくようにする。そのためには学年や教科担任、部活顧問と協力して、どの生徒がどのようなことをしているかを密に連携をとり、さらに家庭の様子が把握できるように、❻保護者との連携も行っていく。生活リズムを常に保つようにすることで、いじめや不登校といったことを未然に防ぐことができる。

　私は教師として、学級担任としての職務を全うするために、生徒が活動したいと思うような授業展開を行い、生徒の様子を把握し、少しの変化も見逃さない教員でありたいと❼思っている。そのためには周りの意見を聞きながら、自己研鑽を❼つんでいきたい。

❶学級づくりが問われているのではないか。

❷削除した方がよい。

❸人権尊重教育の理念でもある。

❹具体的な活動を叙述する。

❺具体的に活動場面や内容が示されていて評価できる。

❻大事な視点である。

❼断定的に言い切った方が強い意思表示となる。

アドバイス

▶序論・本論・結論の3段落構成でよくまとまった論文である。また、全体の3分の1を序論や結論に充て、約3分の2を本論（「策」）に充てているのは適切である。

▶序論で、「いじめや不登校によって、本来学校で学びたい生徒の学習機会が奪われている問題がある」といわれているが、そうした懸念があることは確かに事実問題ではあろう。しかし、ここでは、いじめや不登校などを未然に防ぐためには、「子どもたち全員が仲良くし、協力し合う学級をつくっていくことが大切である」とされているので、このことに関する「論」をしっかり立てることが求められる。

▶本論では、異なる視点での2つの「策」を提示している。1点目は教科や道徳科、さらに学級活動などの特別活動等を通して、「自分が他者から認められること、そして、自分が他者のよいところを認めるようにしなくてはならない」ための具体的な活動が示されている。また、もう1点は、「学活における健康観察」や「生徒の様子を常に把握」したり、保護者との連携など生徒指導上の留意点や保護者との連携など、いじめや不登校等の諸問題を早期発見・指導するのに必要な手立てが具体的に述べられており適切である。

　不登校の要因については、多い順に「無気力・不安」「生活リズムの乱れ・遊び・非行」「学業不振」など個人に係わる要因が多いが、「友人関係」や「学業不振」など学校に係わるものや、「親子関係」など家族関係も見逃せない（令和4年度の文科省調査）。これらを踏まえて、出題例の「子どもたち全員が仲良く」「協力し合う学級づくり」について叙述することが求められる。

▶結論については、簡潔に学級担任としての決意が述べられているが、「思っている」「つんでいきたい」などの表現を、断定的な表現に変えることによって、力強い決意表明となる。

第2章 問題演習編

読んでおきたい資料集

● 国立教育政策研究所「学級経営等の在り方についての調査研究」（2005年3月）

● 文科大臣決定「いじめの防止等のための基本的な方針」（2017年3月）

● 文科省「いじめ対策に関する事例集」（2018年9月）

● 文科省「生徒指導提要」（改訂版）（2022年12月）

個に応じた指導の充実

出題例 次のA,Bのうちから1題を選択して、論述しなさい。また、解答用紙には、選択した問題の記号のA又はB欄に〇印を記入すること。
〈注　B問題省略〉

A　次の記述を読み、下の問題について、論述しなさい。なお、志望する校種等に即して記述中の「生徒」は、「児童」と置き換えること。

> 　年度初めの職員会議で、教務主任から、「昨年度に実施した生徒アンケートで、進度が自分に合っていないと回答した生徒が少なくありませんでした。」と報告があった。また、複数の教科主任からは、「自分に合った勉強方法を見付けられていない生徒が多いですね。」や「生徒の特性を十分理解した指導を行う必要がありますね。」という意見もあった。
> 　最後に、教務主任から、今年度の各教科等の指導における重点事項の一つとして、「個に応じた指導の充実を図る」が示された。
> 　職員会議終了後、教務主任からあなたに、「先ほどの重点事項に基づいて、どのように学習指導に取り組んでいくか、具体的に考える必要がありますね。」と話があった。

問題
　この事例の学校において、あなたはどのように学習指導に取り組んでいくか、志望する校種と教科等に即して、課題を明確にした上で、具体的な方策を二つ挙げ、それぞれ10行（350字）程度で述べなさい。また、まとめを含め、全体で30行（1,050字）以内で論述しなさい。ただし、26行（910字）を超えること。

東京都 小学校全科以外　70分　910～1,050字

 出題のねらい

　当該校における生徒の状況を踏まえ、どのように「個に応じた指導」を進めるのか、校種や教科等に即して具体的な方策を提示する。今、学校現場で求められている最も今日的な課題である。

解答へのアプローチ＆キーワード

1　新学習指導要領と「個に応じた指導の充実」

　これまでの学習指導要領では、子どもの興味・関心を生かした自主的、主体的な学習が促されるよう「個に応じた指導」が重視されてきたが、新高等学校学習指導要領「総則」第5款生徒の発達の支援1（5）では、「生徒が、基礎的・基本的な知識及び技能の習得を含め、学習内容を確実に身に付けることができるよう、生徒や学校の実態に応じ、個別学習やグループ学習、繰り返し学習、学習内容の習熟の程度に応じた学習、生徒の興味・関心等に応じた課題学習、補充的な学習や発展的な学習などの学習活動を取り入れることや、教師間の協力による指導体制を確保することなど、指導方法や指導体制の工夫改善により、**個に応じた指導の充実を図ること**。その際、第3款の1の（3）に示す**情報手段や教材・教具の活用をはかること**。」を一層求めている。

　この規定は小中学校の新学習指導要領においても同様の内容となっている。また、個に応じた指導の充実を図るためには、小中学校では第3の（3）、高等学校では第3款（3）の情報手段の活用や各種の統計資料や新聞、視聴覚教材や教育機器などの教材・教具の適切な活用を図ることが必要とされる。

2　「令和の日本型学校教育」における「子供の学び」の姿

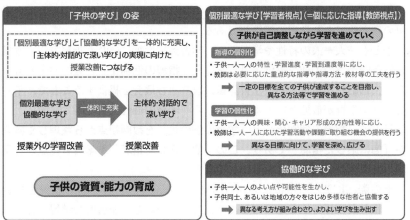

（中教審答申「『令和の日本型学校教育』の構築を目指して」総論解説）

課題文の構成例

| 背 景 | 急速に変化する時代…Society5.0の時代・予測困難な時代 デジタル化・オンライン化・DX加速の必要性 |

↓

| 現 状 | 生徒側…「進度が自分に合っていない」「自分に合った勉強方法が見付けられない」 教師側…「生徒の特性を理解した指導を行う必要がある」 |

↓

| 課 題 | 個に応じた指導の充実 |

↓

| 方 策 | 指導の個別化…生徒の特性や学習進度、学習到達度等に応じた指導方法・教材・学習時間等の提供 学習の個性化…生徒一人一人に応じた学習活動・学習課題の提供 |

↓

| まとめ | 全ての子どもたちの可能性を引き出し伸ばし輝く教育 |

ポイント❶「令和の日本型学校教育」と「個に応じた指導」の在り方

　論述に当たっては、中教審「令和の日本型学校教育」における「子供の学び」の姿を参考にするとよい。答申では、「子供の学び」の姿を前掲図のように、「個別最適な学び」と「協働的な学び」を一体的に充実し、「主体的・対話的で深い学び」の実現に向けた授業改善を求めるとともに、新学習指導要領の「個に応じた指導」の在り方をより具体的に示している。それは、指導の個別化であり学習の個性化である。

　子ども一人一人の特性や学習進度、学習到達度等に応じ、指導方法・教材や学習時間等の柔軟な提供・設定を行う**「指導の個別化」**と教師が子ども一人一人に応じた学習活動や学習課題に取り組む機会を提供することで、子ども自身が学習が最適となるよう調整する**「学習の個性化」**である。

　以上の**「指導の個別化」**と**「学習の個性化」**を教師視点から**整理した概念**が**「個に応じた指導」**であり、この**「個に応じた指導」を学習者視点から整理した概念**が**「個別最適な学び」**である。

　その際、ICTの活用により、自ら見通しを立てたり、学習の状況を把握し、新たな学習方法を見いだしたり、自ら学び直しや発展的な学習を行いやすくなる効果が期待できる。

　さらに、「個別最適な学び」が孤立した学びに陥らないよう、探究的な学

習や体験活動等を通じ、子ども同士、地域の人々など多様な他者と協働しながらあらゆる他者を価値ある存在として尊重し、様々な社会的な変化を乗り越え、持続可能な社会の創り手なることができるよう、「**協働的な学び**」を充実することが必要である。

 ## ポイント❷ 指導の個別化と指導の個性化をどう進めるか。

　これまで各学校では、数学の問題をグループで取り組ませたり、社会科で生徒の通学範囲内で居住する「地域調査」を行うなど、試行錯誤しながら生徒の「個に応じた指導」を追求してきた実績がある。そうした経験を踏まえて、各教科内で、あるいは学年間で、つまり学校全体で「指導の個別化」と「指導の個性化」を進めることが大切であり、その際、より詳細な年間指導計画を立てること、しかもカリキュラム・マネジメントの視点を持つことが必要である。

　教育実習や教育ボランティア等で学校に入る場合には、指導技術だけではなく、年間指導計画や指導法、さらに指導体制等にも注目して学校現場に入ることが大切である。とりわけ、Society5.0の時代を迎えるに当たりICTの活用は必須であることを十分認識しなければならない。さらに、子どもたちの多様化が一層進んでおり、生徒理解に留意し、配慮することが必要となってきている。小中学校に比べて高等学校では比較的均質な生徒が揃ってはいるが、生徒の興味・関心や学習意欲等は様々でありそれぞれの生徒の状況に適した「指導の個別化」、「指導の個性化」を図るべきである。

 ## 採点者はココを見る！

①設問への対応
➡校種や教科等を踏まえて、学習指導上の課題を明確にして論述しているか。

 ●校種や教科等を踏まえずに、課題を明確にして論述していないもの。

②主題の設定
➡ 校種や教科及び課題等を踏まえ、個に応じた指導について、具体的な方策を2つ述べているか。

 ●一般論に終始し、課題を踏まえた具体的で有効な方策を述べていないもの。

添削例

　　❶多様化する昨今の社会において、　❷個に応じた指導をすることは、学力の向上と教員が生徒をきちんと見ているという教員と生徒との信頼関係を築くことにも通じる。私が勤める非常勤先でも、　❸個に応じた指導をするようにと言われてはいるものの、実際の授業内で十分にできているとは言えない。そこで私は高等学校国語科の教員として以下二つの方策を示す。

1　自分の物語をつくることで自分を表現する授業

　　この授業は「文学国語」で❹2時間扱いとし、小説教材を読解した後、❺自分の物語をつくるという創作活動の形をとる。はじめに写真や絵の印刷された10枚のカードから4枚を選び取る。次に選んだカードに合わせて物語のストーリーを構成させる。クラスで発表するために、❻発表形式を生徒自身に工夫させる。この時、工夫の仕方に迷っている生徒に対しては、❻音楽をつけることや、紙芝居のように発表する工夫などを提示し、活動を支援する。また、順調な生徒に対しては工夫の意図を聞いてみたり、さらに工夫できそうなところをアドバイスしたりするなど、個に応じて指導していく。クラス全員が発表したのち、工夫した点とその理由を❼ICTを活用した振り返るシートに書かせ提出させる。教員は振り返るシートにコメントを付し、生徒にフィードバックする。これらの活動を通じて個に応じた指導を行い、生徒の個性を尊重し育んでいく。

2　他者と協働して、探究活動を行う授業

　　この授業は「古典探究」で❽7時間1単元とし、「小野篁広才事」を題材とする。4時間で文法解説と本文読解を行い、残りの3時間で❾探究活動を行う。4人班を編成しグループ活動を行う。はじめに作品を読んでの疑問点を解決するために❼タブレットや図書館を利用して調べ学習を行う。その際、班ごとにどのような❾探究活動を進めていくかの計画書を提出させ、教員がチェック

❶社会的背景に触れている。

❷よい視点である。

❸課題といえる。

❹100分で可能か。

❺❻ユニークな取組で指導の個別化と言える。

❼時間的な制約を考慮しながら、一層ICTを活用したい。

❽年間指導計画に位置づける。

❾グループによる探究活動は指導の個性化といえる。

❾探究活動を進める際には必要な処置である。

10　　　　　　20

する。探究活動計画書には解決すべき課題とどのような
手段・方法で調べるのかを明記させ、適切に計画できて
いる場合はその旨を伝え、不備がある点については再度
900　考え直すように指示を出す。調べ学習終了後、⑩内容を
班ごとに発表し、発表を聞いた生徒から発表した班へ評
価とフィードバックを行う。これらの活動を通じて個に
応じた指導を行っていく。
1000　　以上の方法により、個に応じた指導を行い、生徒の力
を伸ばす。

⑩指導と評
価は一体的
に行われる
べきである。

アドバイス

▶課題を踏まえて2つの方策を提示したよい論作文である。
▶論述する際の形式上の問題として、課題を明確にした上で、具体的な方策
をそれぞれ10行（350字）程度、序論と結論で10行程度、全体で30
行程度で論述するよう求められている。
　しかし、実際には、序論で5行、二つの方策で見出しを含めて24行、
結論で1行となっている。一つ目の方策を各2行程度削って、まとめに3
〜5行程度当てたいところである。必ずしも、「個に応じた指導」を実践
する意欲が十分表明されているとは言えないからである。その際、「新学
習指導要領」生徒の発達の支援や「令和の日本型学校教育」等に触れて
「個に応じた指導」についての方策を述べてきたと再確認の文章を入れる
など、問題に正対していることの姿勢を示すとよい。
▶探究活動のところでは、協働的な学びのよさについても触れる。
▶指導の個別化（指導者の視点）は、生徒一人一人の学びの状況を見極めて、
その生徒に合った指導を行うことで、指導の個性化（学習者の視点）は、課
題に正対して、生徒が自ら学び方を選び、学びをデザインすることとされる。

読んでおきたい資料集

●中教審「幼稚園、小学校、中学校、高等学校及び特別支援学校の学習指導要領の
改善及び必要な方策等について」（2016年12月）
●文科省「GIGAスクール構想」（2019年12月）
●中教審答申「『令和の日本型学校教育』の構築を目指して〜全ての子供たちの可能
性を引き出す、個別最適な学びと、協働的な学びの実現〜」（2021年3月）

第2章　問題演習編

探究的な学びの授業

> 出題例
>
> あなたは、自身の担当教科において「探究的な学び」を授業にどのように取り入れ、どのような力を身に付けさせたいと考えますか。「探究的な学び」について定義を示した上で述べなさい。
>
> 秋田県　高校　50分　600字以内

出題のねらい

「探究的な学び」をどう定義するか。その定義を踏まえて、自ら担当する教科・科目の授業の中にどのように取り入れ、生徒にどのような力を身に付けさせるか、新学習指導要領の実践の中で求められている今日的課題である。

解答へのアプローチ&キーワード

1 探究の見方・考え方を働かせる

探究の見方・考え方を働かせるということを目標の冒頭に置いたのは、探究の重要性に鑑み、探究の過程を総合的な探究の時間の本質と捉え、中心に据えることを意味している。**総合的な探究の時間における学習では、問題解決的な学習が発展的に繰り返されていく。これを探究と呼ぶ。**なお、小中学

探究における生徒の学習の姿

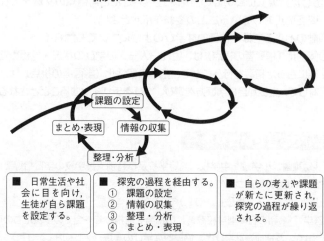

文部科学省「高等学校学習指導要領解説　総合的な探究の時間編」より

校における総合的な学習の時間では、「探究的な見方・考え方を働かせる」
としているのに対して、高等学校の総合的な探究の時間では、「探究の見
方・考え方を働かせる」としている。

　生徒は、①日常生活や社会に目を向けた時に沸き上がってくる疑問や関心
に基づいて、自ら課題を見付け、②そこにある具体的な問題について情報を
収集し、③その情報を整理・分析したり、知識や技能に結び付けたり、考え
を出し合ったりしながら問題の解決に取り組み、④明らかになった考えや意
見などをまとめ・表現し、そこからまた新たな課題を見付け、更なる問題の
解決を始めるといった学習活動を発展的に繰り返していく。要するに**探究と
は、物事の本質を自己との関わりで探り見極めようとする一連の知的営みの
こと**である。

2 **学習指導要領改訂の趣旨を実現するための学習指導のポイント**

　一つは、「**学習過程を探究の過程にすること**」とし、探究の過程のイメー
ジを明らかにしていく。もう一つは、「**他者と協働して取り組む学習活動に
すること**」とし、探究の過程の更なる充実に向けた方向性を明らかにしてい
く。

　学習過程を探究の過程とするためには、以下のようになることが重要。

①**課題の設定**（体験活動などを通して、課題を設定し問題意識をもつ）

②**情報の収集**（必要な情報を取り出したり収集したりする）

③**整理・分析**（必要な情報を、整理したり分析したりして思考する）

④**まとめ・表現**（気付きや発見、自分の考えなどをまとめ、判断し、表現
　する）

　もちろん、こうした探究の過程は、いつも①～④が順序よく繰り返される
わけではなく、順番が前後することもあるし、一つの活動の中に複数のプロ
セスが一体化して同時に行われる場合もある。

　総合的な探究の時間においては、目標にも明示されているように、特に、
異なる多様な他者と協働して主体的に課題を解決しようとする学習活動を重
視する必要がある。それは、多様な考え方をもつ他者と適切に関わり合った
り、社会に積極的に参画したり貢献したりする資質・能力の育成につながる
からである。また、協働的に学ぶことにより、探究活動として、生徒の学習
の質を高めることにつながるからである（以上12は、高等学校学習指導要
領解説「総合的な探究の時間編」要約）。

課題文の構成例

背景　予測困難な時代に求められる資質・能力の育成

↓

学習指導要領の改訂（2017年・2018年）

↓

現状　一斉学習による知識・理解偏重の学習

課題　「主体的・対話的で深い学び」の実現に向けた授業改善

方策　探究学習（及び協働学習）の推進

まとめ　よりよく課題を発見し解決していく資質・能力の育成

ポイント❶ 学習指導要領改訂で進む問題解決学習と探究学習

　1996年の中教審答申では、「自ら学び、自ら考える」ための「問題解決的な学習」の充実が求められ、1998年の小中学校学習指導要領では、「問題解決的な学習」が重視された。

　さらに、2016年の中教審答申では探究を通じた学習活動の重要性が示され、それを受けて2017年に小中学校の学習指導要領が告示された。そこでは、小学校で「問題解決学習」が、中学校では「探究的な活動」が児童生徒の資質・能力の向上には重要であることが示された。さらに、2018年に告示された高等学校学習指導要領では、「古典探究」「日本史探究」「世界史探究」「理数探究基礎」「理数探究」など新たな科目が創設され、「総合的な学習の時間」が「総合的な探究の時間」に変わるなど、探究的な学習（小学校では問題解決的な学習）が、児童生徒の資質・能力の育成には不可欠なものとされた。

ポイント❷ 問題解決学習と探究学習について

　高等学校学習指導要領解説「総合的な探究の時間編」では、問題解決学習と探究学習について、「総合的な探究の時間における学習では、問題解決的な学習が発展的に繰り返されていく。これを探究と呼ぶ」「要するに探究とは、物事の本質を自己との関わりで探り見極めようとする一連の知的営みのことである」と説明されている（P198「探究における生徒の学習の姿」参照）。

　また、渡辺貴裕東京学芸大学准教授は、問題解決学習と探究学習について、「伝統的な学習方法では、子どもは教師から題材を与えられ、それを理解することが求められる。問題解決学習では、子ども自身がまず問題を把握し、主体的な究明活動を行う」。他方、「探究的な学習では、子ども自身に探究と試行錯誤のプロセスを経験させることで学習を組織する」などと、それらの違いを説明するとともに、探究的な学習の代表的な形態の一つとして、「発見学習」を挙げている。発見学習とは、知識を出来上がったものとして学習するのではなく、知識が生成されるプロセスを自らたどることによって学習を進める方法のことである。

　なお、問題解決学習は実生活で直面するような問題で教師側から提案されることが多く、教室内で学期をまたがない時間的長さで行われるが、探究学習は解決しようとする問題の設定が生徒自身で行われ、学習の場所や時間が教室内にとどまらず、図書館や研究所などの公共機関や地域社会等広範囲な場面で学習が展開され、しかも学期をまたいだ長時間の学習となることがある。

第2章　問題演習編

 採点者はココを見る！

①設問への対応

➡「探究的な学び」についての定義を明確に述べているか。

 ●明確な定義を示さずに曖昧な論述に終始しているもの。

②主題の設定

➡ 校種や教科等を踏まえて、「探究的な学び」を取り入れた授業展開について論述するとともに、生徒にどのような力を身に付けさせたいかを明らかにしているか。

●担当教科・科目を踏まえていないもの。
●一般論に終始し、「探究的な学び」を取り入れた授業展開を具体的に示していないもの。
●「探究的な学び」の授業を通じて生徒にどのような力を身に付けさせたいかを明確に示していないもの。

添削例

10　　　　　　20

①探究的な学習とは、問題解決的な学習のことである。②課題を設定し、情報を収集し、課題を整理・分析し、まとめ・表現するといった一連の活動を通じ、③既習の知識を日常生活や自らの興味・関心と関連付けて考える習慣をつけさせることが重要なプロセスとなる。そこで、私は、高等学校保健体育科教師として以下のように取り組む。

　単元のまとめで、4人1組で調べ学習を行わせ、1グループ3分で発表させる。まず、④教師はテーマを複数提示し、各グループで相談しテーマを決定させる。感染症の単元であれば、感染症の予防方法、地域による感染症の種類の違いなど、単元と関連のあるものを提示する。各グループでテーマを決めた後、ICTを活用して調べ学習を行い、内容をまとめ、発表させる。また、⑤教師は事前に発表の評価シートを作成・配布して、評価項目について丁寧に説明しておき、発表時に生徒同士に相互評価させる。④この探究活動に生徒が慣れてきたら、今度は生徒にテーマを考えさせ、自分たちの興味・関心に基づく調べ学習に深化させる。

　以上のように、③友達との教え合いやグループ活動を活用すれば、生徒はより主体的に学習に取り組むようになると考える。私は豊かな人間性や思いやりを持った教師を目指し、一人一人の可能性を伸ばす学びを提供できるように尽力する。

100
200
300
400
500
600

①②アドバイス参照。
③生徒に身に付けさせたい力か。

④字数制限があるので、テーマ設定の部分を簡単にして学習過程を一層具体的に論述する。

⑤発表後に論文集等にまとめることがあってもよい。

アドバイス

▶「探究的な学び」を定義し、それを授業にどう取り入れていけばよいのか、さらにそこで生徒に何を身に付けさせるのかなど、600字という字数制限のなかで論述しなければならない難しい課題ではあるが、序論・本論・結論の3段落構成でよくまとまった論作文である。

▶「探究的な学び」の定義については、解答へのアプローチ＆キーワード ①②の学習指導要領解説に示された、「問題解決学習が発展的に繰り返されていく、探究の過程である」、あるいはポイント②に示されている「探究と試行錯誤のプロセス」などと定義してよいのではないか。

　なお、問題解決学習の領域に属する学習方法には多様なものがあり、体験学習や探究学習、発見学習などがその例として挙げられる。また、この際、ポイント②に示されているように学習場面が学校を超えて地域社会全体の中で展開されるようになることも必要なことである。

▶生徒に身に付けさせたい力を「既習の知識を日常生活や自らの興味・関心と関連付けて考える習慣」「主体的に学習に取り組む」などを、生徒に身に付けさせたい力と捉えたが、読み手に理解されるように明快に論述する必要がある。

▶「課題を設定し、情報を収集し、課題を整理・分析し、まとめ・表現するといった一連の活動を通じ」という論述は、解答へのアプローチ＆キーワード ②に示した「学習過程を探究の過程とする」ことに該当する。但し、探究の過程はいつも前述のような過程が繰り返させるわけではなく、複数のプロセスが一体化して同時に行われることもあることに留意する必要がある。

　なお、論述文の下線部の課題は情報の誤りであろう。単純ミスであると言ってもよいが、論述後には点検・見直しの時間を是非持ちたいものである。本書の第1章「基礎編」論述の実際その2(5) 手書きの勧めにあるように、論作文の作成に当たってはパソコンを使うより、手書きの方がこうした間違いが少なくなるはずである。

▶各グループによる発表の時間は、探究の深化を図る場面であり、大いに活用したいところである。また、各グループの発表後のレジメを論文に昇華させることも探究学習のポイントとなり、論文集は次年度の生徒にとっては貴重な参考資料ともなる。図書室等に「探究学習のコーナー」等を設けてみるのも一案である。

 読んでおきたい資料集

● 中教審「幼稚園、小学校、中学校、高等学校及び特別支援学校の学習指導要領の改善及び必要な方策等について」(2016年12月)

● 文科省 新「小学校学習指導要領解説　総則編」(2017年7月)

● 文科省 新「中学校学習指導要領解説　総則編」(2017年7月)

● 文科省 新「高等学校学習指導要領解説　総則編」(2018年7月)

● 文科省 新「高等学校学習指導要領解説　総合的な探究の時間編」(2018年7月)

第 **2** 章　問題演習編

言語活動の充実と言語能力の向上

 出題例　次のA、Bのうちから1題を選択して、論述しなさい。また、解答用紙には、選択した問題の記号を○印で囲むこと。

〈注　B問題省略〉

A　次の記述を読み、下の問題について、論述しなさい。

> 年度初めの職員会議で、教務主任から、昨年度末に実施した生徒アンケートでは、「自分の考えや質問を述べて、積極的に授業に参加している」や「根拠や理由を明確にして自分の考えを述べることができる」に肯定的な回答をした生徒が少なかったこと、また、教科主任会では、複数の教科主任から、「授業で学んだ内容を自分なりに解釈したり、これまで学習した知識と結び付けて自分の考えを形成したりすることができていない」ことが課題として挙げられたとの報告があった。
>
> その上で、教務主任から、「今年度、各教科等の指導において、『言語活動の充実を図り、言語能力の向上を目指す』を重点事項にしたいと思います。」と示された。
>
> 職員会議終了後、教務主任からあなたに、「先ほどの重点事項に基づいて、どのように学習指導に取り組んでいくか、具体的に考える必要がありますね。」と話があった。

問題

　教務主任の発言を受けて、あなたならどのように学習指導に取り組んでいくか、志望する校種と教科等に即して、具体的な方策を二つ挙げ、それぞれ10行（350字）程度で述べなさい。また、その方策を考える上での問題意識を明確にし、全体で30行（1,050字）以内で論述しなさい。ただし、26行（910字）を超えること。

東京都　小学校全科以外　70分　910〜1,050字

 **出題のねらい**

　「言語能力の確実な育成」は、新学習指導要領における教育内容の改善事項の一つである。生徒の実態等を踏まえ、どのような学習指導を進めていけばよいのか、学校現場で活用できる具体的な方策とその方策を考える上での問題意識等が問われている。

解答へのアプローチ＆キーワード

1 言語活動の充実から言語能力の確実な育成へ

　PISA2018では、前回の調査（PISA2015）に引き続き、読解力の低下が明らかになった。平成18年2月の「言語力育成協力者会議」では、PISA型読解力を踏まえながら言語力の育成について、国語科を中心に全ての教科等での言語の運用を通じて、論理的思考力をはじめとして種々の能力を育成するための道筋を明確にする必要性が示され、平成21・22年小中高等学校等の学習指導要領の改訂において、特に、思考力・判断力・表現力等を育み、各教科等の目標を実現するための手立てとして、言語活動の充実が求められた。

　平成28年の中教審答申では、子どもたちの現状と課題の一つとして、「ICTを利用する時間が増加し多様な情報に触れることが容易になる一方で、視覚的な情報と言葉との結びつきが希薄になり、知覚した情報の意味を吟味したり、文章の内容を的確に捉えたりしながら読み解くことが少なくなっている」「様々な情報を理解して考えを形成し、文章等により表現していくために必要な読解力は、学習の基盤として時代を超えて常に重要であり、全ての学習の基盤となる言語能力の育成を重視することが求められる」と答申した。

　これらを踏まえて、新学習指導要領（小中学校平成29年・高等学校平成30年）では「読解力」の向上に不可欠な言語能力の確実な育成に向けて、学習内容の改善・充実が図られた。

2 新学習指導要領における言語能力の育成と言語活動の充実

　新学習指導要領では、総則及び全ての教科・科目等で言語能力の育成を図るため言語活動の充実が明記されている。新高等学校学習指導要領「総則」第2款2（1）では、「**各学校においては、生徒の発達の段階を考慮し、言語能力、情報活用能力（情報モラルを含む）、問題発見・解決能力等の学習の基盤となる資質・能力を育成していくことができるよう、各教科・科目等の特質を生かし、教科横断的な視点から教育課程の編制を図るものとする**」とし、第3款（2）では、「**言語能力の育成を図るため、各学校において必要な言語環境を整えるとともに、国語科を要としつつ各教科・科目等の特質に応じて、生徒の言語活動を充実すること。あわせて（6）に示す通り読書活動を充実すること**」としている（小中学校についても同様である）。なお、国語教育と外国語教育は、学習の対象となる言語は異なるが、ともに言語能力の向上を目指すものであるため、共通する指導内容や指導方法を扱う場面がある。

第2章 問題演習編

課題文の構成例

背 景
情報化の進展に伴う言語環境の変化
PISA調査等に見られる言語力の低下

↓

現 状
自分の考えや質問を述べて積極的に授業参加できない生徒
根拠や理由を明確にして自分の考えを述べられない生徒
学習した知識と結び付けて自分の考えを形成できない生徒

↓

課 題
言語活動の充実により、言語能力の向上を目指す

↓

方 策
言語環境の整備と各教科・科目の特質に応じた言語活動

↓

まとめ
言語環境を整え、言語活動を充実させて、
学習の基盤である言語能力を育成する

ポイント❶ 外国語教育と国語教育は言語能力の向上を目指す教科

　新高等学校学習指導要領「総則編」では、「国語科を要としつつ各教科・科目等の特質に応じて、生徒の言語活動を充実すること」とされているが、平成28年の中教審答申では、「国語教育と外国語教育は、学習の対象となる言語は異なるが、ともに言語能力の向上を目指すもの」とされる。高等学校学習指導要領の「外国語」の目標は、「言語活動を通して、情報や考えなどを的確に理解したり適切に表現したり伝え合ったりするコミュニケーションを図る資質・能力を育成する」こと、「国語」は「言語活動を通して、国語で的確に理解し効果的に表現する資質・能力を育成する」とされる。こうした学習指導要領の位置づけを踏まえて論述する必要がある。

　他教科に関しては、「各教科・科目の特質」に応じて叙述しなければならないが、「総則」では、「思考力、判断力、表現力等を育成するため、数学的な表現を用いて簡潔・明瞭・的確に表現したり、数学的な表現を解釈したり、互いに自分の考えを表現し伝え合ったりするなどの機会を設けること」（数学）、「問題を見いだし観察、実験などを計画する学習活動、観察、実験などの結果を分析し解釈する学習活動、科学的な概念を使用して考えたり説明したりする学習活動など」（理科）教科ごとの言語活動例が示されている。

ポイント❷ 指導事例から言語活動の在り方を考える

　文科省「言語活動の充実に関する指導事例集（高等学校版）」には、各教科・科目、総合的な学習の時間、特別活動等に関する指導事例が掲載されている。ちなみに、外国語（前回の学習指導要領の「コミュニケーション英語Ⅰ」）に関する指導事例を下記に列挙する。

　①事物に関する紹介を聞いて概要を捉えるとともに、聞いた内容を応用して話すことに結び付ける事例。②説明文を読んで概要や要点を的確に理解するとともに、音読したり感想や自分の考えを書いて発表したりする事例。③教科書で読んだ内容やリサーチをして得た情報を活用して、グループでプレゼンテーションを行う事例。④学習した語句や表現を利用して、題材内容を発展させた話題についてグループ内で役割を分担して話し合う事例。⑤教科書で読んだ内容やリサーチをして得た情報に基づいて、問題解決のためのグループ・ディスカッションを行う事例。⑥物語を読んで登場人物の気持ちや実際の発話を考え、スキットに書き表してグループで発表する事例。⑦教科書で学習した内容に自分で調べて得た情報を加え、事物の特徴や利点を話したり書いたりして説明する事例。⑧読んだ内容に基づいて、自分の考えを英文の段落構造を意識しながら論理的に書いて表現する事例等。

採点者はココを見る！

①設問への対応
➡ **生徒の実態や時代の状況など、言語能力が求められる背景等に触れているか。**

●生徒の実態や時代の状況等に全く触れていないか、不十分なもの。

➡ **校種や教科等を特定して述べているか。**

●校種や教科を特定せずに単に抽象的な叙述に終始しているもの。

②主題の設定
➡ **言語能力育成のための言語活動の具体的な学習活動が叙述されているか。**

●具体的な学習活動が二つ述べられていないもの、また、それらの学習活動を考える上での問題意識が明確に述べられていないもの。

添削例

❶これからのグローバル化、情報化、人工知能が進展する変化の激しい時代を生き抜く生徒たちは、未知の課題に多く直面すると予想される。そのような中で、既存の知識の活用では解決しない場合でも、❷自ら考え相手に伝えたり、仲間と協力しながら解決策を見出す必要がある。しかし、現状は自分の考えを伝えられなかったり、相手と話し合って合意形成を図ることが苦手な生徒が多い。この解消には、言語能力の向上を図り、思考力、判断力、表現力を育む教育を充実させることが重要であると考える。そこで私は、高校の英語科の教員として、次の二つの方策に取り組む。

　第一に、❸英語スピーチ活動を授業に積極的に取り入れる。授業の最初の５分間に３名ほどの生徒がスピーチをする場面を設け、日常的に英語を用いて大勢の前で自分の意見を伝えられるようにする。話し手となった生徒は宿題として、提示された話題の中から一つ選び、それに関して述べたいことを考えて原稿を作成し、スピーチ活動を行う。聞き手の生徒と教員はフィードバックをワークシートに書き込み、本人に渡すようにする。❹話し手は、仲間からのフィードバックをワークシートに書き込み、本人に渡すようにする。話し手は、仲間からのフィードバックを次のスピーチ活動に活かし、自分が伝えたいことを発表する活動を繰り返す中で、自らの考えを的確に表現する力を育むことができる。また、聞き手は、話し手の意図を聞き取る力や、意見を書く力を身に付けることができる。

　第二に英語で書かれたニュースを読み合う活動を、❺ジグソー法を❻用いて行う。単元の終わりの時間に、様々なジャンルのニュースを❻用いて行うことで、生徒の関心が高められるように工夫する。まず、班ごとにニュース記事を選択し、班員と協力しながら訳し、英語で大意をまとめる活動を行う。活動終了後、班員はその

❶現代社会の課題が捉えられている。

❷生徒の実態と課題が捉えられている。

❸よい活動だが、１単位時間内では収まりきらないのでは。

❹本人に渡す必要があるか、あるいは別の方法をとるのか、一考を要する。

❺本書アドバイス参照。

❻どちらかを別の表現にしてはどうか。

10　　　　　20

ニュースのプロフェッショナルとして各班から集まり、新しい班を構成する。そこで、ニュースの要約を共有した上で、最も関心のあるニュースと意見や感想を班内で発表し合い、自らの話す力を向上させるとともに、仲間の考えを聞く力を養う。さらに、発表したニュースについてノートにまとめて提出させ、書く力を養う。ジグソー法を用いることで、自らの役割を自覚して取り組むことができ、生徒一人ひとりの言語能力を育成することができる。

　私は、これからの時代を生きる生徒一人ひとりの可能性を広げることを第一とし、❼日々教員として授業内外で生徒に向き合い、寄り添って、深い生徒理解に基づき、生徒の言語能力を高める指導ができるよう全力を尽くす所存である。

900

1,000

❼まとめとして力強い表現である。

第**2**章　問題演習編

アドバイス

▶序論で変化の激しい時代に求められる課題や生徒の実態等に触れるとともに、2つの策を考える上での問題意識も述べられており適切である。

▶序論を踏まえて、再び「言語能力向上」に触れるとともに、教員としての力強い決意が表明されており大変好感が持てる。さらに、「言語能力の向上を目指す教科としての責任」などの文章を付け加えると一層力強い。

▶具体的な方策の一については、わずか5分間で生徒3人のスピーチは日本語でも無理があるように思われる。聞き手のワークシートの記入時間等を含めて学習指導案を十分検討して進める必要がある。

▶言語能力の育成に関して2つの方策を示したことはよいが、文章表現はできるだけ分かりやすく、短文表現の繰り返しの方が理解されやすい。

▶ジグソー法は、学習者同士が協力し合いながら学習を進めていく学習法で、アクティブラーニングの一つ（P215アドバイス参照）。

読んでおきたい資料集

●文科省「言語活動の充実に関する事例集」小学校版（2023年10月）、中学校版（2012年6月）、高等学校版（2012年6月）

豊かな心の育成

> **出題例** 埼玉県では、「第3期埼玉県教育振興基本計画」において、目標の
> ひとつに「豊かな心の育成」を掲げています。なぜ今「豊かな心の
> 育成」が必要であると考えますか。理由を述べなさい。また、あな
> たは教師として、子どもたちの「豊かな心」を育むために、日々どのような研
> 鑽を積み、どのような教育実践を重ねていきますか。具体的に述べなさい。
>
> **埼玉県　小中学校・養護教諭・栄養教諭　60分800字程度**

出題のねらい

　グローバル化やICT化等が進展する現代社会において、なぜ「豊かな心」
の育成が求められるのか。その理由を明らかにするとともに、教師として
「豊かな心」を育むためにどのような研鑽を積み、どのような教育を行うの
か、実務家としての教育実践が問われている。

解答へのアプローチ＆キーワード

1　豊かな心が求められる社会的背景

　わが国の児童生徒については、生命尊重や自尊感情の乏しさ、基本的な生
活習慣の未確立、規範意識の低下、人間関係を形成する力の低下など、心の
活力が弱まっていると指摘されている。このため、しだいに豊かな心の育成
が求められ、その根底となる道徳教育の充実が叫ばれている。

　今日のような変動の激しい社会では、児童生徒が豊かな心を疎外するよう
な現象もみられる。第一に、児童生徒が感化され影響を強く受ける社会全体
のモラルが低下していることである。個人の利害損得の優先、責任感の欠
如、モノやカネ等の物質的な価値や快楽の優先、社会全体の規範意識の低下
など、児童生徒の豊かな心の成長に暗い影を落としている。第二に、家庭や
地域社会が果たしてきた教育機能を著しく弱めている。親による過保護の傾
向、わが子への過度の期待などが子どもの基本的生活習慣の確立、自制心や
規範意識の醸成、社会的自立に向けての成長などを阻んでいる。第三に、児
童生徒の社会体験や自然体験、親や地域の大人や異年齢の子どもたちとの交
流が著しく不足している。豊かな心を育成するためには、直接人と人が触れ
合うことや自然や生き物との関わりを深めたり、職場体験やボランティア活

動などの社会体験を充実させることが不可欠である。

他方、学校もまた、いじめや暴力行為など、早急に解決を迫られている多くの課題を抱えている。

2 第３期埼玉県教育振興基本計画と「豊かな心」の育成

第３期埼玉県教育振興基本計画（令和元年度～５年度）の基本理念「豊かな学びで 未来を拓く埼玉教育」を踏まえ、10の目標のもとに、30の施策と155の主な取組を設定している。「豊かな心の育成」は、そのうちの一つで、「豊かな心を育む教育の推進」「いじめ防止対策の推進と生徒指導の充実」「人権を尊重した教育の推進」など３つの施策が示されている。

「豊かな心を育む教育の推進」では、「家庭や地域の教育力の低下を背景に、子供たちの生活習慣の乱れや規範意識の低下、人間関係の希薄化が指摘されています」「このような中で、子供たちに基本的な生活習慣を身に付けさせ、規範意識を高めるとともに、自らを律しつつ、他者を思いやる心などの豊かな人間性を育む必要がある」「答えが一つでない道徳的な課題に子供たちが向き合い、考え、議論する態度を育むことも重要」「子供たちの思いやりの心や規範意識、学習意欲、目的意識、望ましい勤労観・職業観などの豊かな人間性や社会性を育むためには、他者との関わりや社会、自然環境の中での様々な体験活動を充実させていくことが重要」「様々な体験活動を通して、一人一人が自らの課題を乗り越えつつ、他者と協働して何かを成し遂げる力を育て、自己肯定感・自己有用感を高めることが重要」「読書は、知識

課題文の構成例

背景	グローバル化やICT化等の進展 家庭や地域の教育力の低下
↓	
現状	子どもたちの生活習慣の乱れ 規範意識の低下 人間関係の希薄化
↓	
課題	基本的生活習慣や規範意識の確立 豊かな人間性や社会性の育成
↓	
方策	教科や「道徳」等を中心とした道徳教育の充実 教科や特別活動等を通した体験活動の推進
↓	
まとめ	豊かな心を育む教育活動の展開

第**2**章 問題演習編

を広め心を豊かにするなど、人生をより良く生きるために欠かせない」など、「豊かな心を育む教育の推進」のための現状と課題が明らかにされている。

ポイント❶ 豊かな心とは

　論述に当たっては、まず、「豊かな心」とは果たしてどのような心の状態のことをいうのか、について考えなければならない。その場合、解答へのアプローチ＆キーワードの②の「第3期埼玉県教育振興基本計画」が手掛かりの一つとなる。その意味では、受験する自治体の教育振興基本計画（教育ビジョン）や教育施策等に目を通しておくことが必要であり、また、それは当該自治体への受験者としてのマナーでもあるとも言える。

　また、学習指導要領やその解説にも是非目を通しておきたいところである。「中学校学習指導要領」第1章総則第1　中学校教育の基本と教育課程の役割2　(2) に「道徳教育や体験活動、多様な表現や鑑賞の活動等を通して、豊かな心や創造性の涵養を目指した教育の充実に努めること。」とされ、また、道徳教育を進めるに当たっては、「人間尊重の精神と生命に対する畏敬の念を家庭、学校、その他社会における具体的な生活の中に生かし、豊かな心を持ち、伝統と文化を尊重し、それらを育んできた我が国と郷土を愛し、個性豊かな文化の創造を図るとともに、平和で民主的な国家及び社会の形成者として、公共の精神を尊び、社会及び国家の発展に努め、他国を尊重し、国際社会の平和と発展や環境の保全に貢献し未来を拓く主体性のある日本人の育成に資することとなるよう特に留意すること」と道徳教育を進めるに当たっての留意事項が示されている。

　さらに、「中学校学習指導要領解説　総則編」では、「豊かな心」とは何かについて、「例えば、困っている人には優しく声を掛ける、ボランティア活動など人の役に立つことを進んで行う、喜びや感動を伴って植物や動物を育てる、自分の成長を感じていることを素直に喜ぶ、美しいものを美しいと感じることができる、他者との共生や異なるものへの寛容さを持つなどの感性及びそれらを大切にする心である。」とした上で、「道徳教育は、生徒一人一人が日常生活においてこのような心を育み、生きていく上で必要な道徳的価値を理解し、自己を見つめることを通じて、固有の人格を形成できるようにしなければならない」、という。これらを参考にして論述を進めたいところである。

　課題文の構成例等に見られるような、「豊かな心の育成」が求められる社会的背景や子どもたちの現状等については、教育実習や学校ボランティア等で学校現場に入ったときに、じっくりと子どもたちの様子や教師の指導の実

態等を中心に、あらかじめ整理しておくことである。論述に血がかよい生き生きとした論作文となるはずである。

ポイント❷ 「豊かな心」を育むための方策

重要なことは、学校として「豊かな心」を育む「心の教育」（情操教育や感性教育の重視）や「道徳教育」（道徳的価値の育成に重点）等の推進を学校経営方針や重点目標、学級経営方針等に位置づけ、そのための校内体制を整備し、家庭や地域社会の諸機関等との連携を進めていくことである。

その上で、「豊かな心」を特別の教科「道徳」の内容項目（小中ともに22の項目）と関連付けるとともに、自らが担当する教科・科目では、どの単元でどのような取組ができるかを精査することである。全ての教科・科目で「豊かな心」を育む感性・情操教育ができるからである。

また、特別活動の学級活動、学校行事等においては、道徳や教科・科目で得られた知的理解を具体的な体験活動を通じてより深化させるよう工夫することも大切な視点である。

 ## 採点者はココを見る！

①設問への対応

➡ 論述の前提として、まず「豊かな心」とはどのような「心の状態のこと」を言うのであろうか、自らの考えを述べているか。

　●「豊かな心」の状態について全く触れていないもの。

➡ なぜ「豊かな心」の育成が求められているのか、その社会的背景や生徒の状況等に触れているか。

　●「豊かな心」の育成が求められている社会的状況や生徒の状況等について全く述べられていないもの。

②主題の設定

➡ 「豊かな心」を育むための具体的な方策が述べられているか。

　●校種を踏まえず単に一般的な方策にとどまっているもの。
　●教科だけにとどまり、「道徳」や「総合的な学習の時間」、「特別活動」等での実践や、保護者や地域社会等との連携等の視点に欠けているもの。

第2章　問題演習編

添削例

近年❶インターネット社会の到来等により直接人と関わる機会が減ったことで、①人間関係の構築を苦手とする生徒が増えている。また、❶グローバル化が進む社会では、多様な価値観や背景をもった人々と共に生きる力が必要とされる。このため、豊かな心の育成が学校教育に求められている。そこで、私は中学校の数学科教師として、以下に取り組む。

一つ目の❷取り組みは、❸「ミニティーチャー制度」の導入である。問題演習の時間に、早く問題を解き終えた生徒が他の生徒に教えに行く❸制度である。この❸制度を取り入れることによって、助け合うことの大切さを体感させることができる。また、数学が苦手な生徒は他者に教えてもらうことで数学の理解が進み、数学が得意な生徒は他者に教えることによって理解が深まる。他者に心置きなく頼ることができるような雰囲気づくりを大切にする。このような❹他者と協働する❷取組を通して、生徒相互の人間関係を育み、豊かな心の育成につなげる。

二つ目の❷取組は、❺「ジグソー法」の導入である。単元の基本となる例題を一斉授業で扱った後、4人班を組ませて、班ごとに別々の応用問題の解き方を考えさせる。各自解いたものを班内で情報共有し、解けない生徒には班内で教え合いを行い、班員全員が理解できるようにする。次にグループを組み替え、一人一人が他の班の生徒に説明する役割を担う。その後、元の班に戻り、人に教える段階で指摘を受けた点や気が付いた点などを出し合い、解答方法や説明の仕方を再検討する。❹多様な他者の協働学習の中で一人一人が役割を果たすことで自己有用感が高まり、豊かな心の育成につながると考える。

以上のように、生徒たちに「豊かな心」を育むために、❻私は教師として日々研鑽を積み、教育実践を重ねていく。私は生徒一人一人の生きる力を伸長できるよう、成長を支え、認めながらともに成長していく覚悟である。

❶二つの社会的背景から生じた課題で、求められる豊かな心の一つと考えられる。

❷表記を統一する。

❸制度と言ってよいのか。

❹一つは視点を変えた方がよい。

❺アドバイス参照。

❻アドバイスでも触れたが、研鑽の内容を具体的に論述する。

アドバイス

▶3段落構成でよくまとまった論述である。60分で800字程度の指定であるが、実際には805字で論述されている。800字程度という指定ではあるが、超過時数は800字の1割80字程度に抑えたい。逆に800字に満たない論述は避けた方がよい。

▶出題例の中には、「豊かな心」についての具体的な説明はないが、論述上「豊かな心」とはどのような心の状態のことをいうのか、ある程度明らかにした方が、論述が一層生き生きとしたものとなる（ポイント①参照）。

　論述では、序論の「豊かな心の育成」が必要となる2つの社会的背景が述べられており、その中で、「人間関係力」「共に生きる力」などが「豊かな心」の一つとして捉えられているものと考えられ、それに沿って教育実践が論述されている。

　また、教師としての研鑽についてもこの教育実践と関連づけて具体的に論述することができるのではないか。

▶教育実践については、2つ示されているのは適切であるが、「ミニティーチャー制度」と「ジグソー法」は授業の中での実践なので、できれば学校生活における他の場面で実践できる方策を考えるとよい。たとえば、中学校の担任としては授業のほかに、特別の教科「道徳」を担当することになり、また、「学級活動」や「学校行事」などの「特別活動」は、教科の学習で培った知的理解を具体的な体験活動を通してより深化させることができる教育実践ではなかろうか。また、本論の二つの取組については、ミニティーチャー制度の導入とジグソー法の導入などと見出しを立てる方法もある。

　なお、ジグソー法は生徒同士が協力し合い、教え合いながら学習を進めていく学習法で、アクティブラーニングの一つである。他に、ラウンド・ロビン、マイクロ・ディベート等の方法がある。一般的に、ジグソー学習は、考える時間をとるため時間的制約があること、自分で学ぶ教材以外の教材を十分学習できないことがあるので、年間指導計画に明確に位置付けて学習を進めること、また、学習方法には多様な形態があるため学級や生徒の実態等に応じて他の方法をとるなどの工夫することも必要である。

読んでおきたい資料集

●文科省 新「小中学校学習指導要領解説　総則編」（2017年9月）
●文科省 新「高等学校学習指導要領解説　総則編」（2018年7月）
●文科省「第4期教育振興基本計画」（2023年6月）

教員に求められる資質・能力

出題例　埼玉県では、「第3期埼玉県教育振興基本計画」において、目標の
ひとつに「質の高い学校教育のための環境の充実」を掲げ、教員の
資質・能力の向上を図る取組を推進しています。あなたは、これか
らの時代を生き抜く子供たちを育成するために教員に求められる資質・能力と
はどのようなものだと考えますか。理由もあわせて述べなさい。また、あなた
は教員として自らの資質・能力を高めるために、どのような実践をしていきま
すか。具体的に述べなさい。

埼玉県　小中　60分　800字程度

出題のねらい

　これからの時代を生き抜く子どもたちを育成するために教員に求められる
資質・能力とは何か。また、自らの資質・能力を高めるためにどのような実
践をするかが問われている。

解答へのアプローチ＆キーワード

①　第3期埼玉県教育振興基本計画と教員の資質・能力の向上

　「第3期埼玉県教育振興基本計画—豊かな学びで未来を拓く埼玉教育」（2019
～2023年度）は、10の目標と30の施策を掲げている。「確かな学力の育成」「豊
かな心の育成」「健やかな体の育成」「自立する力の育成」「多様なニーズに対
応した教育の推進」「質の高い学校教育のための環境の充実」「家庭・地域の
教育力の向上」「生涯にわたる学びの推進」「文化芸術の振興」「スポーツの推
進」という10の各目標に数点の施策が立てられている。

　課題文は、目標6の「質の高い学校教育のための環境の充実」を図るため
の施策「教職員の資質・能力の向上」にかかわるものである。そこでは、「次
代を担う児童生徒一人一人を認め、鍛え、育むためには、個々の教職員が自
らの職責と学び続ける教職員としての在り方を自覚しながら、個性を生か
し、能力を発揮することが大切です」「学校教育の質の維持向上を図るため
には、きめ細かな人物重視の選考を進め、優秀な人材の採用に努めるととも
に、採用後も指導力や使命感のある教職員の育成を継続的に図っていくこと
が一層重要になってきます」等の現状分析と課題等を踏まえ、施策の方向性

として「教育への情熱を持った教職員を確保します」「教職員のライフステージに応じた研修や教育方法等の改善に向けた調査研究の充実を図ります」などと述べられており、こうした教員の資質・能力にかかわる現状分析や施策の方向性等を踏まえて、教員に求められる資質・能力やそのための実践等について論述することが必要である。また、巻末資料（P.225）の「教育委員会の求める教員像」（埼玉県）を参考にすることがあってもよい。

2 これからの教員に求められる資質・能力

　中教審答申「教職生活の全体を通じた教員の資質・能力の総合的な向上方策について」（平成24年8月）の中で、これからの学校は、基礎的・基本的な知識・技能の習得に加え、思考力・判断力・表現力等の育成や学習意欲の向上、多様な人間関係を結んでいく力の育成等を重視する必要がある。また、いじめ・暴力行為・不登校等への対応、特別支援教育の充実、ICTの活用など、諸課題への対応も必要になっているとして、これからの教員に求められる資質・能力を次のように示している。

　　○社会からの尊敬・信頼を受ける教員、思考力・表現力等を育成する実践的指導力を有する教員、困難な課題に同僚と協働し、地域と連携して対応する教員
　　○教員が探究力を持ち、学び続ける存在であることが不可欠

などとした上で、これからの教員に求められる資質・能力を以下のように具体的に示し、それぞれが独立した存在ではなく、相互に関連し合いながら形成されるものであるとした。

①教職に対する責任感、探究力、教職生活全体を通じて自主的に学び続ける力（使命感や責任感、教育的愛情）

②専門職としての高度な知識・技能
　・教科や教職に関する高度な専門的知識（グローバル化、情報化、特別支援教育その他の新たな課題に対応できる知識・技能を含む）
　・新たな学びを展開できる実践的指導力（基礎的・基本的な知識・技能の習得に加えて思考力・判断力・表現力等を育成するため、知識・技能を活用する学習活動や課題探究型の学習、協働的な学びなどをデザインできる指導力）
　・教科指導、生徒指導、学級経営等を的確に実践できる力

③総合的な人間力（豊かな人間性や社会性、コミュニケーション力、同僚とチームで対応する力、地域や社会の多様な組織等と連携・協働できる力）

（P.242〜245巻末資料参照）

第2章 問題演習編

課題文の構成例

背景
教員採用選考試験志願者数の減少
教職員の不祥事の増加

↓

課題
教員の資質・能力の向上
児童生徒及び保護者や地域住民等への信頼回復

↓

前提
中教審答申
・社会から尊敬・信頼され、実践的指導力を有する教員
埼玉県教育振興基本計画
・自らの職責と学び続ける教員としての自覚

↓

方策
ライフステージに応じた総合的・体系的な研修の充実
継続的な授業力や生徒指導力の点検と向上

↓

まとめ
児童生徒や保護者等の信頼と期待に応えられる教員

ポイント❶ 中教審答申や教育振興基本計画等と教員の資質・能力

　2012年の中教審答申では、変化が激しく先行き不透明な社会への移行に対応して、「学び続ける教員像」や「総合的な人間像」が求められた。2015年中教審答申では、社会的変化が急速化する中で継続的な研修を充実させていくことが必要であるとして、**各教科等の指導に関する教えの専門家としての側面（カリキュラム・マネジメントのために必要な力、アクティブ・ラーニングの視点からの学習・指導法の改善、学習評価の改善に必要な力など）を備えること**。また、**教員が多様な専門性を持つ人材と連携・分担してチームとして業務を担うことにより、学校教育や組織力を向上させる**ことが必要とされた。2021年中教審答申では、「**教職生涯を通じて学び続ける**」「**子供一人一人の学びを最大限引き出す教師としての役割**」「**子供の主体的な学びを支援する伴走者**」としての教師像が示された。

　「第3期埼玉県教育基本計画」は、以上の諸答申を踏まえ埼玉県の教育状況や課題等を勘案して策定されたものと考えられる。したがって、こうした立場から論述を進めることが大切である。また、2016年中教審答申の「**何ができるようになるか**」「**どのように学ぶか**」等を踏まえて論述することも可能である。

ポイント❷ 教職員等の指導体制の整備

「令和2年度 文部科学白書」では、「きめ細かで質の高い教育に対応するための教職員等の指導体制の整備」として、「教師の養成・採用・研修の一体的な取組」「人事評価と優秀教職員表彰、指導が不適切な教員への対応」「非違行為を行う教職員に対する厳正な対処」などを取り上げている。

指導が不適切な教員とは、「知識、技術、指導方法その他教員として求められる資質・能力に課題があるため、日常的に児童等への指導を行わせることが適当ではない教諭のうち、研修によって指導の改善が見込まれる者」（平成19年文科省通知）で、わいせつ行為等や体罰などの**非違行為**に対しては懲戒処分等の厳正な対処がなされ、体罰104件、わいせつ行為178件、交通違反・交通事故157件の懲戒処分を明らかにした（令和2年度）。

「第3期埼玉県教育振興基本計画」に基づく施策「教職員の資質・能力の向上」には、「体罰等の禁止を徹底するとともに、服務上の問題に対して厳正に対処します」「『不祥事根絶アクションプログラム』に掲げた取組の推進など、教職員による不祥事の根絶を図ります」などの施策の方向性と具体的な活動の取組が明らかにされている。教員の資質・能力の向上にはこうした教員の不祥事等が背景の一つになっていることも理解しておくことである。

第**2**章 問題演習編

 採点者はココを見る！

①設問への対応

➡ **教員の資質・能力の向上が求められる社会的変化や背景等について触れているか。**

●教員の資質・能力の向上が求められる社会的変化や背景等について全く触れていないもの。

②主題の設定

➡**これからの子どもたちを育成するために必要な教員の資質・能力とは何か。**

●次代を生きる子どもたちを育成するために必要な教員の資質・能力が具体的に述べられていないもの。

➡**教員として自らの資質・能力を高めるためにどのように実践するか。**

●単に一般論を述べただけで具体的な実践について述べていないもの。

添削例

❶今後の世の中は、グローバル化や情報化の更なる進展等により、変化の激しい時代になると予想されている。こうした社会で生きる子どもたちを育てる立場にある教師に求められる資質・能力は、（1）学び続ける姿勢を持つこと、（2）豊かな人間性を育んでいくことである。その理由は、今後の社会において、何事にも柔軟に対応する力や想像力を働かせることが求められ、そのための❷基礎的な学力を子どもたちに身に付けさせなければならないこと、また、多様な人々との関わりが増えることが予想され、子どもたちに良好な人間関係を形成する力を育ませる上で、❸教師自身にも豊かな人間性が求められるからである。私は、教師として自らの資質・能力を高めるために、以下の実践を行う。

（1）学び続ける姿勢をもつための実践

　教師は社会の変化に対応して、子どもたちにとってよりよい授業を研究・実践し、学力の定着を図らなければならない。また、子どもたちにも生涯学び続ける姿勢を育てる必要がある。そこで私は、子どもをよく❹見取りつつ単元や各教科の繋がりを意識し、徹底した教材研究を行い、学習内容を工夫する。そして、日頃から自分の授業を振り返り、授業改善に努める。また、学校内外で行われる研修や研究会に積極的に参加し、他の先生方の実践や考えを吸収して自分の授業実践に生かしていく。

（2）豊かな人間性を育むための実践

　人間性を豊かにすることは、他者とよりよく関わる上で肝心なことである。教師は自身の心身の健康が保持されていることで、心に余裕が生まれ、子どもや保護者、教員間のコミュニケーションの時間や教材研究等の時間が確保できる。そのために私は❺ワークライフバランスを大切にする。ICTの活用や教員同士の連携を強めて仕事の効率化を図り、自由時間を確保し、教材研究のほか読書や音楽鑑賞等の趣味や教養を深める時間に充て、心

❶社会的変化に対応した教員の資質・能力が取り上げられており、適切である。

❷❸アドバイス参照。

❹教師が子どもに寄りそい、言葉や行動に表われた事実を解釈し、子どもの内面を推測することで、子どもをありのままにまるごととらえようとすること。

❺仕事と生活を調和させることで、効果的な生徒指導が可能となる。

<table>
<tr><td>10</td><td>20</td></tr>
</table>

　身の健康に気を配る。
　私は教師として、子ども一人ひとりと真剣に向き合い、よりよい授業や学級経営を実現するために努力を惜しまない所存である。

アドバイス

▶800字程度という指定の論作文であるが、本書P.12（4）の制限時間と字数の中で触れたように、字数の目安としては90％以上の近似値としており、「800字程度」の場合には800字を超えることがあっても、超過部分があまり大幅にならないように配慮すべきである、としている。当該論作文は800字に対して910字、つまり110字分超過している。許容範囲内ともいえるが、大幅に超えないように練習することを勧めたい。当該県の論作文は例年800字程度の出題である。

▶序論・結論で約4割、本論6割弱で構成されているが、序論をもう少し整理して本論の論述をより重視したいものである。また、これからの教員に求められる資質・能力について、（1）の学び続ける姿勢と（2）の豊かな人間性が求められる理由が明らかではない。果たして、「基礎的学力を身に付けさせる」「良好な人間関係を身に付けさせる」だけでよいのだろうか。変化の激しい時代との関わりに言及したい。

▶本論について、2つの見出しをつけており、読み手にとっては読みやすく理解しやすい。本論の（1）については、具体的な学習場面を想定して授業改善と学び続ける姿勢について論述するとよい。（2）の人間性を豊かに育成することについても具体的な指導場面を想定して実践したいことを述べる。それとの関わりで、教員に求められる資質・能力とその向上策について論述すると説得力が増すはずである。

▶結論部分では、本論の学校内外での研修や「働き方改革」が進む中で見直されるようになった「ワークライフバランス」などについて触れながら若手教員としての決意を力強く述べるとよい。

読んでおきたい資料集

●中教審答申「教職生活の全体を通じた教員の資質・能力の総合的な向上方策について」（2015年12月）
●「わいせつ教員対策新法」（2022年4月）

第3章

資料編

教育委員会の求める教員像

	公表している内容
北海道	○教育者として、強い使命感・倫理観と、子どもへの深い教育的愛情を、常に持ち続ける教員 ○教育の専門家として、実践的指導力や専門性の向上に、主体的に取り組む教員 ○学校づくりを担う一員として、地域等とも連携・協働しながら、課題解決に取り組む教員
青森県	青森県公立学校の教員として求めるものは、広い教養、充実した指導力、心身の健康、教育者としての使命感・意欲、組織の一員としての自覚・協調性、児童生徒に対する深い教育的愛情等、教員としての資質・能力・適性を有することはもちろん、得意分野をもつ個性豊かで人間性あふれる人材です。
岩手県	岩手県の求める教師像 1 分かりやすい授業ができ、児童生徒に確かな学力をつけることができる教師 2 児童生徒に対する愛情を持ち、一人ひとりの児童生徒と真剣に向き合うことができる教師 3 豊かな人間性を持ち、幅広い教養と良識を身につけている教師 4 教員としての使命感や責任感を持っている教師
宮城県	学校の教育力を構成する実践力として「授業力」「生徒指導力」「子供理解」「学校を支える力」、実践力の基盤となる意欲・人間性等として「自己研鑽力」「教育への情熱」「たくましく豊かな人間性」を「みやぎの教員に求められる資質・能力」と位置付け、募集案内・Webページ等で公表している。
秋田県	秋田県が求める教師像 1 教育者としての強い使命感と高い倫理観を身に付けている 2 協調性と豊かなコミュニケーション能力を有している 3 教育的愛情にあふれ、児童生徒の心身の状況を踏まえ、受容的・共感的に理解ができる 4 個性豊かでたくましく、常に学び続ける探究力を有している 5 教科等に関する深い専門的知識と広く豊かな教養を身に付けている そしてこれらを基盤とした実践的指導力を有する人
山形県	1 児童生徒への深い教育愛と教育に対する強い使命感、責任感のある方 2 明るく心身ともに健康で、高い倫理観と規範意識を備え、法令を遵守する方 3 豊かな教養とより高い専門性を身につけるために、常に学び、自らを向上させる姿勢をもち続ける方 4 山形県の教員として、郷土を愛する心を持ち、人とのつながりを大切にして、地域社会においてよりよい学校を築こうとする方
福島県	○「福島らしさ」をいかした多様性を力に変える教育と、福島で学び福島に誇りを持つことができる「福島を生きる」教育を実践する教員 ○高い倫理観と教育に対する情熱・使命感を持ち、児童生徒に伴走しながら学び続ける教員 ○心身共に健康で、自らの強みや指導力をいかし、チームとして多様化・複雑化する教育ニーズに対応する教員
茨城県	茨城県の求める教師像 1 教育者としての資質能力に優れた、人間性豊かな教師 2 使命感に燃え、やる気と情熱をもって教育にあたることができる活力に満ちた教師 3 広い教養を身に付け、子どもとともに積極的に教育活動のできる指導力のある教師 4 子どもが好きで、子どもとともに考え、子どもの気持ちを理解できる教師 5 心身ともに健康で、明るく積極的な教師
栃木県	・人間性豊かで信頼される教師 ・幅広い視野と確かな指導力をもった教師 ・教育的愛情と使命感をもった教師

	公表している内容
群馬県	1 社会人としての優れた識見を有する教員 2 幅広い視野と高い専門性を有する教員 3 豊かな人間性とコミュニケーション能力を有する教員
埼玉県	埼玉県教育委員会が求める教師像 ・健康で、明るく、人間性豊かな教師 ・教育に対する情熱と使命感をもつ教師 ・幅広い教養と専門的な知識・技能を備えた教師
千葉県	千葉県・千葉市が求める教員像 ○人間性豊かで、教育愛と使命感に満ちた教員 ○高い倫理観をもち、心身ともに健康で、明朗、快活な教員 ○幅広い教養と学習指導の専門性を身に付けた教員 ○幼児児童生徒の成長と発達を理解し、悩みや思いを受け止め、支援できる教員 ○組織の一員としての責任感と協調性をもち、互いに高め合う教員
東京都	東京都の教育に求められる教師像 1 教育に対する熱意と使命感を持つ教師 2 豊かな人間性と思いやりのある教師 3 子供のよさや可能性を引き出し伸ばすことができる教師 4 組織人として積極的に協働し互いに高め合う教師
神奈川県	・人格的資質と情熱をもっている人 ・子どもや社会の変化による課題を把握し解決できる人 ・子どもが自ら取り組むわかりやすい授業を実践できる人
新潟県	新潟県が求める教師像 ○子どもへの愛情をもっている人 ○コミュニケーションを大切にしながら、周囲と信頼関係を構築する人 ○学び続けることの重要性について理解し、理想の教師像や目指す授業像の実現に向けて努力する人 ○豊かな人権感覚をもち、法令や服務規律を遵守し、責任をもって自らの職責を果たす人
富山県	富山県ではこんな教員を求めています！ ・子どもに共感し、寄り添うことができる人 ・自律心を備え、率先してものごとに取り組む人 ・広い視野を持ち、多様性を尊重する人 ・コミュニケーションを大切にし、他者と協働できる人 ・謙虚な姿勢を忘れず、自らを磨き、学び続ける人
石川県	石川県が求める教師像 1 児童生徒に対する教育的愛情を有する人 2 責任感と使命感を有する人 3 豊かな教養と専門的知識を有する人 4 広く豊かな体験を持ち、指導力・実践力を有する人 5 向上心を持ち、明るさ、積極性に富む人
福井県	福井が求める教師像 ①校種・教科等に関する専門的知識・実践的技能を持った人 ②専門分野に偏らない幅広い教養を身につけ、自立した社会人としての良識や幅広い視野を持った人 ③子どもたちはもとより、同僚や保護者、地域社会と円滑な人間関係を築き、課題に対して臨機応変に対応できる人 ④教育に対する情熱・使命感に燃え、常に学び続ける向上心を持った人
山梨県	求める教員像 ○豊かな人間性と幅広い視野を持った教員 ○教育に対する情熱と使命感がある教員 ○児童生徒と保護者に信頼される教員 ○幅広い教養と専門的な知識・技能を持った教員 ○生涯にわたって主体的に学び続ける教員

	公表している内容
長野県	・教育者としての使命感と責任感を持ち、社会人として規律を遵守する人 ・教育への情熱を持ち、真摯に子どもを理解しようとする人 ・豊かな人間性と広い視野、確かな人権意識を持ち、子どもや保護者の思いに共感できる人 ・同僚や保護者、地域の方々と協力し、共に汗を流し行動する人 ・創造性と積極性があり、常に向上し続けようとする、心身のたくましさを持っている人 ・幅広い教養と教科等の専門的な知識・技能を持ち、柔軟に対応することができる人 ・探究的な学びや、校内外での様々な活動に対して、積極的に取り組むことのできる人
岐阜県	・幅広い教養と高い専門性をもち、常に学び続ける教師 ・誰一人悲しい思いをさせない、愛情と使命感あふれる教師 ・指導方法を工夫し、児童生徒に確かな学力をつける教師
静岡県	教育的素養・総合的人間力 ○教職人生を通して、教育者としての使命感、倫理観・人権意識、社会性、教育に対する誇りを持ち、新しい知識・技能を学び続け、子供への共感・理解や教育的愛情の涵養、信頼関係の構築を図っている。 ○教職人生を通して、真摯に学び続ける姿勢と自律心、変化を恐れない積極性とリーダーシップを持ち、広い視野と社会環境への理解を基に地域社会と関わり、豊かな人間性の向上を図っている。 ○「才徳兼備」の人づくりを担う一人として、常に児童生徒の模範となるよう行動している。 これらを基盤として、キャリアステージに応じて、実践・省察・改善を繰り返しながら、「授業力」「生徒指導力」「教育業務遂行力」「組織運営力」を身に付けている教員を求めています。
愛知県	①広い教養と豊富な専門的な知識・技能を備えた人　②児童生徒に愛情をもち、教育に情熱と使命感をもつ人　③高い倫理観をもち、円満で調和のとれた人　④実行力に富み、粘り強さがある人　⑤明るく、心身ともに健康な人　⑥組織の一員としての自覚や協調性がある人
三重県	＊教育に対する情熱と使命感をもつ人 　子どもに対する愛情や教育者としての責任感が強く、常に子どもの人格と個性を尊重した指導ができる人 ＊専門的知識・技能に基づく課題解決能力をもつ人 　常に自己研鑽に努め、子どもとともに課題に取り組む創造性、積極性、行動力をもつ人 ＊自立した社会人としての豊かな人間性をもつ人 　優れた人権感覚と社会人としての良識に富み、組織の一員として関係者と協力して職責を果たし、子どもや保護者との間に深い信頼関係が築ける人
滋賀県	◎ 教育者としての使命感と責任感、教育的愛情を持っている人 ◎ 柔軟性と創造性を備え、専門的指導力を持っている人 ◎ 明朗で、豊かな人間性と社会性を持っている人
京都府	京都府の教員に必要な５つの力 ・気づく力（児童生徒一人一人を深く理解し、寄り添った指導ができるよう、小さな変化にも気づくことができる力） ・伸ばす力（豊かな人間性と高い専門性に基づく優れた指導力を有し、児童生徒一人一人が豊かな未来を切り拓いていけるよう、それぞれの個性や能力を最大限に伸ばすことができる力） ・挑戦する力（探究心や自律的に学ぶ姿勢を持ち、時代の変化や自らのキャリアステージに応じて求められる資質能力を高めながら、諸課題の解決に向け、挑戦することができる力） ・つながる力（他の教職員、保護者や地域社会、多様な専門性を持つ人材と効果的に連携・分担しながら、組織的・協働的に諸課題を解決するため、チームの一員としてつながることができる力） ・展望する力（次代を担う人材に必要な学びを提供できるよう、広い視野で時代や社会、環境の変化を的確につかみ取り、未来を展望することができる力）
大阪府	1豊かな人間性 　何より子どもが好きで、子どもと共感でき、子どもに積極的に心を開いていくことができる人 2実践的な専門性 　幅広い識見や主体的・自律的に教育活動に当たる姿勢など、専門的知識・技能に裏打ちされた指導力を備えた人 3開かれた社会性 　保護者や地域の人々と相互連携を深めながら、信頼関係を築き、学校教育を通して家庭や地域に働きかけ、その思いを受け入れていく人

	公表している内容
兵庫県	兵庫県が求める教員としての素養 ○教育に対する情熱・使命感をもち、児童生徒に愛情をもって接することができる。 ○教養、社会性、コミュニケーション力、想像力等の総合的な人間性を備えている。 ○高い倫理観と規範意識をもち、自らの人権感覚を高めることができる。 ○児童生徒、保護者や地域の方々と公正・公平な立場で対応することができる。 ○常に学び続ける姿勢をもち、新たな課題へ挑戦することができる。
奈良県	・子どもの学ぶ意欲を高め、生涯にわたり学び続ける力をはぐくむ人 ・豊かな人間性をもち、「生きる力」を備えた心身ともに健やかな子どもをはぐくむ人 ・奈良の伝統、文化を理解し、地域と社会的絆の中で子どもをはぐくむ人
和歌山県	○自らひたむきに学び続け、子供とともに未来を切り拓く人 ○豊かな人間性と社会性をもち、学習指導に高い専門性を有する人 ○和歌山を愛し、家庭や地域とのつながりを大切にして、子供の気持ちを受けとめ、子供の育ち 　と学びをともに支えてくれる人
鳥取県	鳥取県公立学校教員として求める教師像 ○児童生徒に対する深い理解と教育的愛情のある教師 ○教科等に関する専門的な知識・技能と実践的な指導力を持つ教師 ○課題解決に向けた柔軟な発想と対応能力を持つ教師 ○組織の構成員としての自覚と協調性のある教師 ○社会人としての豊かな教養、優れた人権意識を持つ教師
島根県	島根県の教員として求められる基本的な資質・能力 1 豊かな人間性と職務に対する使命感 2 子どもの発達の支援に対する理解と対応 3 職務にかかわる専門的知識・技能及び態度 4 学校組織の一員として考え行動する意欲・能力 5 よりよい社会をつくるための意欲・能力
岡山県	岡山県の教育課題を深く理解し、果敢に立ち向かうことのできる教員 ○本県の教育課題である学力向上や徳育、生徒指導に関する確かな指導力のある人 ○地域の教育資源の活用やキャリア教育により、学ぶ楽しさや学ぶ意味を伝える人 強い使命感と情熱、高い倫理観、豊かな教育的愛情を持った教員 ○本気で子どもたちと関わる中で、教員としての喜びや意義を見いだせる人 ○子ども一人一人の良さを認めて、子どものやる気を引き出すことができる人 多様な経験を積む中で協働して課題解決に当たるなど、生涯にわたって学び続ける教員 ○多様な経験や校内外での研鑽により、専門性やコミュニケーション能力を高める人 ○チームの一員として協働する中で、自ら行動するとともに他者にも働き掛け、必要に応じて支 　援しようとするリーダーシップを発揮して課題解決に当たることができる人
広島県	広島県「求められる教職員像」 普遍的な事項 ○高い倫理観と豊かな人間性をもっている。 ○子どもに対する教育的愛情と教育に対する使命感をもっている。 ○専門性を発揮し、的確に職務を遂行できる。 ○社会や子どもの変化に柔軟に対応できる。 新たな「教育県ひろしま」の創造に向けて特に求められる事項 ○確かな授業力を身に付けている。 ○豊かなコミュニケーション能力を有している。 ○新たなものに積極的に挑戦する意欲をもっている。 ○他の教職員と連携・協働し、組織的に職務を遂行できる。 【広島県が特に求める資質・能力】 ○問題に直面した時点で集められる情報や知識を入手し、自ら深く考え、それを統合して新しい 　答えを創り出す力 ○アイデア・情報・知識の交換や共有、アイデアの深化や答えの再吟味のために他者と協働・協 　調できる力 ○協調的・創造的な問題解決のために、どのような分野においても学び続ける力

	公表している内容
山口県	山口県が求める教師像 ○豊かな人間性と人権尊重の精神を身につけた人 ○強い使命感と倫理観をもち続けることができる人 ○児童生徒を共感的に理解し、深い教育的愛情をもっている人 ○幅広い教養と専門的知識、技能をもっている人 ○豊かな社会性をもち、幅広いコミュニケーションができる人 ○常に自己研鑽に努める意欲とチャレンジ精神のある人
徳島県	徳島県の教員に求められる資質・能力 1 教員としての使命感・情熱を持ち、高い倫理観と人権尊重の精神にあふれ、積極的に地域や他者と関わりながら、生涯をとおして学び続けるたくましい教員 2 高い専門性を有し、児童生徒の未来を切り拓き、個性・能力を最大限に伸ばす授業を構想・実践しながら、改善していく教員 3 キャリア教育の視点を踏まえ、一人ひとりが輝き、新たな価値を創造していく児童生徒の育成を目指し、課題を解決しながら前進する教員 4 組織の一員として、目標と自分の役割を理解し、責任を果たし、家庭や地域とのつながりの中で、学校・地域の活性化に貢献する教員
香川県	目指すべき香川の教員像 1 教育に対する情熱をもち、素養と資質を備えた教員 2 専門的な知識・技能と指導力を有し、社会変化や教育課題に適切に対応できる教員 3 連携・協働しながら学校運営に積極的に参画する教員
愛媛県	本県では、①子どもが好きで、未来を担う子どもたちを育成しているという誇りと気概を持って教育に当たることができる人　②愛顔（えがお）にあふれ、あいさつを大切にする人　③仕事にも人にも誠実に向き合う人を求めています。
高知県	高知県の求める教員像 〈使命感と誇り〉 ・教育の仕事に対する使命感や誇り、子どもに対する愛情や責任感のある人 〈専門力〉 ・教育の専門家として、教科指導力、児童生徒に対する理解力、指導力、集団指導力の向上に取り組む意欲のある人 〈社会人〉 ・豊かな人間性や社会性、常識と教養を備え、組織の一員としての自覚を持てる人
福岡県	福岡県教育委員会では、次の資質を有する教師を求めています。 1 子どもが憧れる人間的魅力 2 子どもに対する広く深い愛情 3 教師としての強い使命感
佐賀県	「教育に対する使命感・情熱」に加え、「豊かな人間性」や「実践的な指導力」及び「粘り強く取り組むたくましさ」を持った教師を求めています。
長崎県	校種ごとに求める教師像を次のように示している。 小学校「心豊かで明るく、子どもとともに遊び、ともに学ぼうとする人」 中学校「情熱にあふれ、生徒とともにあり、わかる授業に努める人」 高等学校「教科に関する専門性が高く、課外活動にも熱心に取り組み、明るく社会性に富む人」 特別支援学校「子どもに対する純粋な愛情を持ち、ともに学び、ともに成長することを喜びとする人」 養護教諭「子どもに対して深い愛情をそそぎ、健やかな成長を支えることに喜びを感じる人」
熊本県	くまもとの教職員像〜「認め、ほめ、励まし、伸ばす」くまもとの教職員〜 1 教職員としての基本的資質 　①教育的愛情と人権感覚　②使命感と向上心　③組織の一員としての自覚 2 教職員としての専門性 　①児童生徒理解と豊かな心の育成　②学習の実践的指導力　③保護者・地域住民との連携

	公表している内容
大分県	専門的知識をもち、実践的指導力のある人 使命感にあふれ、高い倫理観と豊かな人間性をもつ人 柔軟性と創造力をそなえ、未知の課題に立ち向かう人 学校組織の一員として考え行動する人
宮崎県	宮崎県では、このような教員を求めています。 ○子どもに対する愛情と教育に対する情熱・使命感をもち、子どもとの信頼関係を築くことができる（愛情と情熱・使命感） ○分かりやすい授業を行い、子どもに確かな学力を育成するなど高い専門性を身に付けている（高い専門性） ○社会人としての幅広い教養と良識や倫理観、心の豊かさを身に付けている（幅広い社会性、倫理観、人間性） ○絶えず学び続け、自らの資質・能力を高めている（学び続ける姿勢）
鹿児島県	鹿児島県はこんな教師を求めています。 ○心身ともに健やかで、明朗活発な教師 ○高い専門性と幅広い教養をもち、謙虚に学び続ける教師 ○情熱と使命感にあふれ、教育的愛情をもつ教師 ○人間性豊かで的確なコミュニケーション能力をもつ教師
沖縄県	○人間性豊かで、教育者としての使命感と幼児児童生徒への教育的愛情のある教員 ○幅広い教養と教育に関する専門的知識・技能を有し、常に学び続ける実践的指導力のある教員 ○沖縄県の自然、歴史及び文化に誇りを持ち、多様性を受容し、グローバルな視点を兼ね備えた教員 ○豊かなコミュニケーション能力を有し、組織力を活用できる総合的な人間力を持った教員
札幌市	札幌市が求める教員像 ・教育者として、強い使命感・倫理観と、子どもへの深い教育的愛情を、常にもち続けている教員 ・教育の専門家として、実践的指導力や専門性の向上に、主体的に取り組む教員 ・園・学校づくりを担う一員として、地域等とも連携・協働しながら、課題解決に取り組む教員
仙台市	仙台市が求める教員像 ○教育者としての高い倫理観と使命感、情熱をもち続ける教員 ○人間味にあふれ、児童生徒・保護者・地域・同僚との関わりを大切にし続ける教員 ○専門性や実践的な指導力の向上を目指し、学び続ける教員
さいたま市	さいたま市が求める教師像 「豊かな人間性と社会性」「強い使命感と教育への情熱」「幅広い教養と実践的な専門性」を備えた常に学び続ける教師
千葉市	千葉県・千葉市が求める教員像 ○人間性豊かで、教育愛と使命感に満ちた教員 ○高い倫理観をもち、心身ともに健康で、明朗、快活な教員 ○幅広い教養と学習指導の専門性を身に付けた教員 ○幼児児童生徒の成長と発達を理解し、悩みや思いを受け止め、支援できる教員 ○組織の一員としての責任感と協調性をもち、互いに高め合う教員
横浜市	・教育への使命感や情熱をもち、学び続ける教師 ・子どもによりそい、豊かな成長を支える教師 ・「チーム学校」の一員として、ともに教育を創造する教師
川崎市	①子どもの話にきちんと耳を傾けることができる教師 ②子どもと一緒に考え行動することができる教師 ③子どもに適切なアドバイスを与えることができる教師 ④教材研究がきちんとできる教師
相模原市	・人間性豊かな教員 ・信頼される教員 ・指導力向上に努める教員

	公表している内容
新潟市	新潟市が求める「教師像」 次代の新潟を支え、世界にはばたく心豊かな子どもを育むことのできる「授業力」「組織マネジメント力」「人間力」を備えた、市民感覚に富んだ教師
静岡市	目指す教師像：優れた専門知識をもち、心身ともに健康で、豊かな人間性を兼ね備えた人 ・教育に燃える熱意、使命感をもった教師 ・子どもに学ぶ楽しさを教える専門的な知識・技能をもった教師 ・子どもを包み込む温かさ、優しさをもった教師 ・子どもに生き方を教えることができる教師 ・人とつながる人間関係調整力をもった教師
浜松市	浜松市の求める教員像「人間味あふれる教員」 ・強い使命感をもち、児童・生徒のために情熱をもって教育実践に取り組む教員 ・児童・生徒や保護者に対して、人間味あるかかわりができる教員 ・児童・生徒を引き付け、児童・生徒に力を付ける授業展開ができる教員 ・健全な集団づくりができる教員 ・社会人としての常識や、教員としてふさわしい高い倫理観を身に付けた教員
名古屋市	名古屋市では、「専門的な知識と幅広い教養を有し、教育に対する情熱と使命感をもち、健康な体と豊かな人間性を備えた、知・徳・体のバランスの取れた人物」を求めています。
京都市	1 子どもへの教育的愛情と教職への使命感や情熱をもっている人 2 常に自己研鑽に努め、子どもと共に学び、成長しようとする姿勢がある人 3 チームとして周囲と連携・協働でき、幅広い知見で課題解決する力がある人
大阪市	大阪市では、子どもが安心して成長できる安全な社会（学園・家庭・地域）の実現や、心豊かに力強く生き抜き未来を切り拓くための学力・体力の向上、ICTを活用した教育の推進に貢献できる次のような教員を求めています。 ①情熱：教職に対する情熱、愛情、使命感を持ち、困難にも立ち向かえる人 ②教師としての基礎力：広く豊かな教養を基盤とした、専門性と指導力を備えた人 ③人間味：子どもに対する教育的愛情と、カウンセリングマインドを備えた人
堺市	堺市の求める人物像 子どもの主体的な学びを創造する人〔主体的な学び〕 ○主体的・対話的で深い学びの意義や方法について理解し、取り組む意欲のある人 ○子どもの興味・関心を引き出す問題解決的な学習について理解し、取り組む意欲のある人 学校のチーム力を向上させる人〔チーム力〕 ○チームの一員としての意識をもち、周囲と協働していくことができる人 ○チームとして課題解決に向けて取り組むことの重要性を理解し、主体的に働きかけることができる人 豊かな人権感覚をもち、自覚と責任のもとに行動する人〔豊かな人権感覚〕 ○教員となることについて自覚をもち、責任ある行動をとることができる人 ○広い視野で自他を肯定的に捉え、人権を尊重する態度や意識をもつ人
神戸市	神戸市の求める人物像 (1) 豊かな人間性にあふれ、子供に寄り添うことができる人 (2) 自律心を備え、多様性を尊重し、協調・協働できる人 (3) 自らの資質・能力向上のため、学び続けることができる人
岡山市	岡山市が求める教員像 「自立に向かって成長する子ども」の育成を推進する教員 ○岡山市の教育に夢と希望をもち、使命感に燃えている人 ○子どもへの愛情をもち、自らも成長していくことができる人 ○子どもの知・徳・体のバランスのとれた力を向上できる専門的な知識・技能のある人 ○中学校区を単位とした学校園一貫教育（岡山型一貫教育）と岡山市地域協働学校の趣旨を理解し、実践することができる人 ○社会の変化や新しい教育課題に柔軟に対応できる人 ○豊かなコミュニケーション能力、社会人としての良識をもち、他者と協調できる人

公表している内容	
広島市	広島市「求められる教職員像」 《使命感や責任感・教育的愛情》 ○教職に対する強い責任感を有している。 ○自主的に学び続ける力がある。 ○深い教育的な愛情を有している。 《専門職としての高度な知識・技能》 ○確かな専門的知識を有している。 ○確実に実践できる力がある。 ○新たな学びの実践的指導力をもっている。 《総合的な人間力》 ○豊かな人間性や社会性を有している。 ○高いコミュニケーション能力がある。 ○チームで対応できる力がある。 ○地域や社会の多様な組織等と連携・協働できる力がある。 【広島市が特に求める資質・能力】広島市の子供たちに以下の資質・能力を育成する力 ○本質や根源を探究し、課題解決に向けて論理的・主体的に考え行動する力 ○平和を希求する心 ○互いの違いや多様性を理解・尊重し、共生・協働する力 ○豊かなコミュニケーション能力 ○自分たちのまちを愛する心
北九州市	北九州市の教職員に求められ、期待される資質 ○地域への深い理解と愛情 ○培ってきた知識、技能、同僚性のある教育環境の土壌に立ち、常に視野を広げ、新しいことに挑戦する姿勢 ○児童生徒に寄り添う姿勢と人権尊重の精神
福岡市	・向上心を持ち、子どもの学ぶ意欲と学力を高める学習指導ができる教員 ・人権感覚にあふれ、子ども理解に基づいたあたたかい生徒指導ができる教員 ・危機管理意識を持ち、子どもの生命や身体の安全を確保できる教員 ・協調性を持ち、同僚や保護者・地域等と協働しながら教育活動を推進できる教員 ・社会性を備え、法令を遵守しながら体罰や飲酒運転等の不祥事を根絶できる教員
熊本市	「教育都市くまもとの教職員像」 1 いつの時代も求められる資質や能力 (1) 豊かな人間性をもち、人権感覚にすぐれた教職員、(2) 教育者としての強い使命感と誇り、高い倫理観をもった教職員、(3) 教育的愛情をもち、子どもたちから信頼される教職員、(4) 幅広い教養と専門的な知識に基づく実践的指導力をもった教職員 2 今、時代が特に求める資質や能力 (1) 広い視野をもち、社会の変化に対応して課題を解決できる教職員、(2) 社会性と高いコミュニケーション能力をもった教職員、(3) 組織の一員として責任感をもち、互いに高めあい協働する教職員、(4) 熊本を愛し、保護者や地域の人々に信頼される教職員
豊能地区	求める人物像 教育への情熱（教育に情熱を持ち、一人ひとりの子どもに愛情を注げる人） 確かな指導力（専門的知識・技能をもとに、子どもの個性を尊重し、的確な指導ができる人） 豊かな人間性（広く豊かな教養と開かれた社会性を持ち、子どもや保護者、地域の方々と信頼関係が築ける人）

出典：各都道府県・指定都市教育委員会及び大阪府豊能地区教職員人事協議会が行う教員採用選考試験の実施要項・募集案内やホームページなどで公表されている「求める教員像」より作成

第1部　学習指導要領等改訂の基本的な方向性

第1章　これまでの学習指導要領等改訂の経緯と子供たちの現状

（前回改訂までの経緯）

○　これまで学習指導要領等は、時代の変化や子供たちの状況、社会の要請等を踏まえ、おおよそ10年ごとに、数次にわたり改訂されてきた。

○　平成20年に行われた前回改訂は、教育基本法の改正により明確になった教育の目的や目標を踏まえ、知識基盤社会でますます重要になる子供たちの「生きる力」をバランス良く育んでいく観点から見直しが行われた。

　　特に学力については、「ゆとり」か「詰め込み」かの二項対立を乗り越え、基礎的な知識及び技能、思考力、判断力、表現力等及び主体的に学習に取り組む態度という学力の三要素のバランスのとれた育成が重視されることとなった。教育目標や内容が見直されるとともに、習得・活用・探究という学びの過程の中で、言語活動や体験活動等を重視することとされ、そのために必要な授業時数も確保されることとなった。

（子供たちの現状と課題）

○　子供たちの学力については、国内外の学力調査の結果によれば近年改善傾向にある。子供たちの9割以上が学校生活を楽しいと感じ、保護者の8割は総合的に見て学校に満足している。こうした現状は、各学校において、学習指導要領等に基づく真摯な取組が重ねられてきたことの成果と考えられる。

○　一方で、判断の根拠や理由を明確に示しながら自分の考えを述べることなどについては課題が指摘されている。学ぶことの楽しさや意義が実感できているかどうか、自分の判断や行動がよりよい社会づくりにつながるという意識を持てているかどうかという点では、肯定的な回答が国際的に見て相対的に低いことなども指摘されている。学ぶことと自分の人生や社会とのつながりを実感しながら、自らの能力を引き出し、学習したことを生活や社会の中の課題解決に生かしていくという面には課題がある。

　　また、情報化の進展に伴い、子供を取り巻く情報環境が変化する中で、視覚的な情報と言葉との結びつきが希薄になり、知覚した情報の意味を吟味したり、文

章の構成や内容を的確に捉えたりしながら読み解くことが少なくなっていること、教科書の文章を読み解けていないとの調査結果があることなど、読解力に関する課題等も指摘されている。

○　豊かな心や人間性を育んでいく観点からは、子供たちが様々な体験活動を通じて、生命の有限性や自然の大切さ、自分の価値を認識しつつ他者と協働することの重要性などを、実感し理解できるようにする機会や、文化芸術を体験して感性を高めたりする機会が限られているとの指摘もある。
　　平成27年3月に行われた道徳教育に関する学習指導要領一部改正に当たっては、多様な人々と互いを尊重し合いながら協働し、社会を形作っていく上で共通に求められるルールやマナーを学び、規範意識などを育むとともに、人としてよりよく生きる上で大切なものとは何か、自分はどのように生きるべきかなどについて考えを深め、自らの生き方を育んでいくことなどの重要性が指摘されている。

○　体力については、運動する子供とそうでない子供の二極化傾向や、スポーツを「する」のみならず「みる、支える、知る」といった多様な視点から関わりを考えることが課題となっている。
　　子供の健康に関しては、性や薬物等に関する情報の入手が容易になるなど、子供たちを取り巻く環境が大きく変化している。また、食を取り巻く社会環境や、子供を取り巻く安全に関する環境も変化しており、必要な情報を自ら収集し、適切に意思決定や行動選択を行うことができる力を子供たち一人一人に育むことが課題となっている。

（子供たち一人一人の成長を支え可能性を伸ばす視点の重要性）

○　家庭の経済的な背景や、障害の状況や発達の段階、学習や生活の基盤となる日本語の能力、一人一人のキャリア形成など、子供の発達や学習を取り巻く個別の教育的ニーズを把握し、そうした課題を乗り越え、一人一人の可能性を伸ばしていくことも課題となっている。

（第2章、第3章略）

第4章　学習指導要領等の枠組みの改善と「社会に開かれた教育課程」

1.「社会に開かれた教育課程」の実現

○　前章において述べた教育課程の課題を乗り越え、子供たちの日々の充実した生活を実現し、未来の創造を目指していくためには、「社会に開かれた教育課程」として次の点が重要になる。

① 社会や世界の状況を幅広く視野に入れ、よりよい学校教育を通じてよりよい社会を創るという目標を持ち、教育課程を介してその目標を社会と共有していくこと。

② これからの社会を創り出していく子供たちが、社会や世界に向き合い関わり合い、自らの人生を切り拓いていくために求められる資質・能力とは何かを、教育課程において明確化し育んでいくこと。

③ 教育課程の実施に当たって、地域の人的・物的資源を活用したり、放課後や土曜日等を活用した社会教育との連携を図ったりし、学校教育を学校内に閉じずに、その目指すところを社会と共有・連携しながら実現させること。

2．学習指導要領等の改善の方向性

（1）学習指導要領等の枠組みの見直し

（「学びの地図」としての枠組みづくりと、各学校における創意工夫の活性化）

○ 新しい学習指導要領等に向けては、以下の6点に沿って枠組みを考えていくことが必要となる。

① 「何ができるようになるか」（育成を目指す資質・能力）

② 「何を学ぶか」（教科等を学ぶ意義と、教科等間・学校段階間のつながりを踏まえた教育課程の編成）

③ 「どのように学ぶか」（各教科等の指導計画の作成と実施、学習・指導の改善・充実）

④ 「子供一人一人の発達をどのように支援するか」（子供の発達を踏まえた指導）

⑤ 「何が身に付いたか」（学習評価の充実）

⑥ 「実施するために何が必要か」（学習指導要領等の理念を実現するために必要な方策）

（新しい学習指導要領等の考え方を共有するための、総則の抜本的改善）

○ 学習指導要領等の改訂においては、総則の位置付けを抜本的に見直し、前述①〜⑥に沿った章立てとして組み替え、全ての教職員が校内研修や多様な研修の場を通じて、新しい教育課程の考え方について理解を深めることができるようにすることが重要である。

（2）教育課程を軸に学校教育の改善・充実の好循環を生み出す「カリキュラム・マネジメント」の実現

○ 「社会に開かれた教育課程」の理念のもと、子供たちに資質・能力を育んでい

くためには、前項（1）①〜⑥に関わる事項を各学校が組み立て、家庭・地域と連携・協働しながら実施し、目の前の子供たちの姿を踏まえながら不断の見直しを図ることが求められる。こうした「カリキュラム・マネジメント」は、以下の三つの側面から捉えることができる。

① 各教科等の教育内容を相互の関係で捉え、学校教育目標を踏まえた教科等横断的な視点で、その目標の達成に必要な教育の内容を組織的に配列していくこと。
② 教育内容の質の向上に向けて、子供たちの姿や地域の現状等に関する調査や各種データ等に基づき、教育課程を編成し、実施し、評価して改善を図る一連のPDCAサイクルを確立すること。
③ 教育内容と、教育活動に必要な人的・物的資源等を、地域等の外部の資源も含めて活用しながら効果的に組み合わせること。

（3）「主体的・対話的で深い学び」の実現（「アクティブ・ラーニング」の視点）

○ 子供たちが、学習内容を人生や社会の在り方と結びつけて深く理解し、これからの時代に求められる資質・能力を身に付け、生涯にわたって能動的に学び続けることができるよう、「主体的・対話的で深い学び」の実現に向けて、授業改善に向けた取組を活性化していくことが重要である。

○ 今回の改訂が目指すのは、学習の内容と方法の両方を重視し、子供の学びの過程を質的に高めていくことである。単元や題材のまとまりの中で、子供たちが「何ができるようになるか」を明確にしながら、「何を学ぶか」という学習内容と、「どのように学ぶか」という学びの過程を組み立てていくことが重要になる。

第5章　何ができるようになるか　—育成を目指す資質・能力—

1．育成を目指す資質・能力についての基本的な考え方

○ 育成を目指す資質・能力に共通する要素を明らかにし、教育課程の中で計画的・体系的に育んでいくことができるようにする必要がある。

2．資質・能力の三つの柱に基づく教育課程の枠組みの整理

○ 教科等と教育課程全体の関係や、教育課程に基づく教育と資質・能力の育成の間をつなぎ、求められる資質・能力を確実に育むことができるよう、教科等の目標や内容を以下の三つの柱に基づき再整理することが必要である。

① 「何を理解しているか、何ができるか（生きて働く「知識・技能」の習得）」

② 「理解していること・できることをどう使うか（未知の状況にも対応できる「思考力・判断力・表現力等」の育成）」

③ 「どのように社会・世界と関わり、よりよい人生を送るか（学びを人生や社会に生かそうとする「学びに向かう力・人間性等」の涵養）」

3. 教科等を学ぶ意義の明確化

○　子供たちに必要な資質・能力を育んでいくためには、各教科等をなぜ学ぶのか、それを通じてどういった力が身に付くのかという、教科等を学ぶ本質的な意義を明確にすることが必要になる。各教科等の教育目標や内容については、第2部において示すとおり、資質・能力の在り方を踏まえた再編成を進めることが必要である。

○　各教科等を学ぶ本質的な意義の中核をなすのが「見方・考え方」であり、教科等の教育と社会をつなぐものである。子供たちが学習や人生において「見方・考え方」を自在に働かせられるようにすることにこそ、教員の専門性が発揮されることが求められる。

4. 教科等を越えた全ての学習の基盤として育まれ活用される資質・能力

○　全ての学習の基盤となる言語能力や情報活用能力、問題発見・解決能力などを、各学校段階を通じて体系的に育んでいくことが重要である。

5. 現代的な諸課題に対応して求められる資質・能力

○　現代的な諸課題に対応して、子供の姿や地域の実情を踏まえつつ、以下のような力を育んでいくことが重要となる。

健康・安全・食に関する力
主権者として求められる力
新たな価値を生み出す豊かな創造性
グローバル化の中で多様性を尊重するとともに、現在まで受け継がれてきた我が国固有の領土や歴史について理解し、伝統や文化を尊重しつつ、多様な他者と協働しながら目標に向かって挑戦する力
地域や社会における産業の役割を理解し地域創生等に生かす力
自然環境や資源の有限性等の中で持続可能な社会をつくる力
豊かなスポーツライフを実現する力

6. 資質・能力の育成と、子供たちの発達や成長のつながり

○　今回の改訂における教育課程の枠組みの整理は、各教科等で学ぶことを単に積み上げるのではなく、発達の段階に応じた縦のつながりと、各教科等の横のつながりを行き来しながら、教育課程の全体像を構築していくことを可能とするものである。

○　資質・能力の育成に当たっては、子供一人一人の興味や関心、発達や学習の課題等を踏まえ、それぞれの個性に応じた学びを引き出し、一人一人の資質・能力を高めていくことも重要となる。

第6章　何を学ぶか　―教科等を学ぶ意義と、 教科等間・学校段階間のつながりを踏まえた教育課程の編成―

○　様々な資質・能力は、教科等の学習から離れて単独に育成されるものではなく、関連が深い教科等の内容事項と関連付けながら育まれるものであり、資質・能力の育成には知識の質や量が重要である。こうした考えに基づき、今回の改訂は、学びの質と量を重視するものであり、学習内容の削減を行うことは適当ではない。

○　教科・科目構成については、第2部に示すとおり、初等中等教育全体を通じた資質・能力育成の見通しの中で、小学校における外国語教育については、教科の新設等を行い、また、高等学校においては、国語科、地理歴史科その他の教科について、初等中等教育を修了するまでに育成を目指す資質・能力の在り方や、高等学校教育における「共通性の確保」及び「多様性への対応」の観点を踏まえつつ、科目構成の見直しを行うことが必要である。

○　幼稚園教育要領においては、ねらいや内容をこれまで通り領域別に示しつつ、資質・能力の三つの柱に沿って内容の見直しを図ることや、「幼児期の終わりまでに育ってほしい姿」を位置付けることが必要である。

第7章　どのように学ぶか ―各教科等の指導計画の作成と実施、学習・指導の改善・充実―

1. 学びの質の向上に向けた取組

○　子供たちは、主体的に、対話的に、深く学んでいくことによって、学習内容を人生や社会の在り方と結びつけて深く理解したり、未来を切り拓（ひら）くために必要な資質・能力を身に付けたり、生涯にわたって能動的に学び続けたりすることができる。こうした学びの質に着目して、授業改善の取組を活性化しようというのが、今回の改訂が目指すところである。

○ 特に小・中学校では、多くの関係者による授業改善の実践が重ねられてきている。他方、高等学校、特に普通科においては、自らの人生や社会の在り方を見据えてどのような力を主体的に育むかよりも、大学入学者選抜に向けた対策が学習の動機付けとなりがちであることが課題となっている。今後は、特に高等学校において、義務教育までの成果を確実につなぎ、一人一人に育まれた力を更に発展・向上させることが求められる。

2. 「主体的・対話的で深い学び」を実現することの意義

（「主体的・対話的で深い学び」とは何か）

○ 「主体的・対話的で深い学び」の実現とは、特定の指導方法のことでも、学校教育における教員の意図性を否定することでもない。教員が教えることにしっかりと関わり、子供たちに求められる資質・能力を育むために必要な学びの在り方を絶え間なく考え、授業の工夫・改善を重ねていくことである。

○ 「主体的・対話的で深い学び」の実現とは、以下の視点に立った授業改善を行うことで、学校教育における質の高い学びを実現し、学習内容を深く理解し、資質・能力を身に付け、生涯にわたって能動的（アクティブ）に学び続けるようにすることである。

　① 学ぶことに興味や関心を持ち、自己のキャリア形成の方向性と関連付けながら、見通しを持って粘り強く取り組み、自己の学習活動を振り返って次につなげる「主体的な学び」が実現できているか。
　② 子供同士の協働、教職員や地域の人との対話、先哲の考え方を手掛かりに考えること等を通じ、自己の考えを広げ深める「対話的な学び」が実現できているか。
　③ 習得・活用・探究という学びの過程の中で、各教科等の特質に応じた「見方・考え方」を働かせながら、知識を相互に関連付けてより深く理解したり、情報を精査して考えを形成したり、問題を見いだして解決策を考えたり、思いや考えを基に創造したりすることに向かう「深い学び」が実現できているか。

（各教科等の特質に応じた学習活動を改善する視点）

○ 「アクティブ・ラーニング」については、地域や社会の具体的な問題を解決する学習を指すものと理解されることがあるが、例えば国語や各教科等における言語活動や、社会科において課題を追究し解決する活動、理科において観察・実験を通じて課題を探究する学習、体育における運動課題を解決する学習、美術における表現や鑑賞の活動など、全ての教科等における学習活動に関わるものであり、これまでも充実が図られてきたこうした学習を、更に改善・充実させていく

ための視点であることに留意が必要である。

○　こうした学習活動については、今までの授業時間とは別に新たに時間を確保しなければできないものではなく、現在既に行われているこれらの活動を、「主体的・対話的で深い学び」の視点で改善し、単元や題材のまとまりの中で指導内容を関連付けつつ、質を高めていく工夫が求められている。

（単元等のまとまりを見通した学びの実現）

○　「主体的・対話的で深い学び」は、１単位時間の授業の中で全てが実現されるものではなく、単元や題材のまとまりの中で実現されていくことが求められる。

（「深い学び」と「見方・考え方」）

○　学びの「深まり」の鍵となるのが、各教科等の特質に応じた「見方・考え方」である。「見方・考え方」は、新しい知識・技能を既に持っている知識・技能と結びつけながら深く理解し、社会の中で生きて働くものとして習得したり、思考力・判断力・表現力を豊かなものとしたり、社会や世界にどのように関わるかの視座を形成したりするために重要なものである。「見方・考え方」を軸としながら、幅広い授業改善の工夫が展開されていくことを期待する。

3．発達の段階や子供の学習課題等に応じた学びの充実

○　「主体的・対話的で深い学び」の具体的な在り方は、発達の段階や子供の学習課題等に応じて様々である。基礎的・基本的な知識・技能の習得に課題が見られる場合には、子供の学びを深めたり主体性を引き出したりといった工夫を重ねながら、確実な習得を図ることが求められる。

○　体験活動を通じて、様々な物事を実感を伴って理解したり、人間性を豊かにしたりしていくことも求められる。加えて、子供たちに情報技術を手段として活用できる力を育むためにも、学校において日常的にICTを活用できるような環境づくりが求められる。

第8章　子供一人一人の発達をどのように支援するか
　　　　　―子供の発達を踏まえた指導―

1．学習活動や学校生活の基盤となる学級経営の充実

○　子供の学習活動や学校生活の基盤となるのが、日々の生活を共にする基礎的な集団である学級やホームルームであり、小・中・高等学校を通じた充実を図ることが重要である。

2. 学習指導と生徒指導

○ 生徒指導については、個別の問題行動等への対応にとどまらないよう、どのような資質・能力の育成を目指すのか等を踏まえながら、改めて意義を捉え直しその機能が発揮されるようにしていくことが重要である。学習指導と生徒指導とを相互に関連付け充実を図ることも重要である。

3. キャリア教育（進路指導を含む）

○ 小・中・高等学校を見通した充実を図るため、キャリア教育の中核となる特別活動の役割を一層明確にするとともに、「キャリア・パスポート（仮称）」の活用を図る。

○ キャリア教育の実施に当たっては、地域との連携・協働を進めていく必要がある。また、これまでの進路指導の実践をキャリア教育の視点から捉え直していくことが求められる。

4. 個に応じた指導

○ 一人一人の発達や成長をつなぐ視点で資質・能力を育成し、学習内容を確実に身に付ける観点から、個に応じた指導を一層重視する必要がある。

5. 教育課程全体を通じたインクルーシブ教育システムの構築を目指す特別支援教育

○ 特別支援教育に関する教育課程の枠組みを、全ての教職員が理解できるよう、通級による指導や特別支援学級における教育課程編成の基本的な考え方をわかりやすく示していくことが求められる。また、幼・小・中・高等学校の通常の学級においても、発達障害を含む障害のある子供が在籍している可能性があることを前提に、全ての教科等において指導の工夫の意図、手立ての例を具体的に示していくことが必要である。

○ 通級による指導を受ける児童生徒及び特別支援学級に在籍する児童生徒については、「個別の教育支援計画」や「個別の指導計画」を全員作成することが適当である。平成30年度から制度化される高等学校における通級による指導については、制度の実施にあたり必要な事項を示すことと併せて、円滑に準備が進められるような実践例の紹介等が求められる。

○ 障害者理解や交流及び共同学習については、学校の教育活動全体での一層の推進を図ることが求められる。その際、2020年東京オリンピック・パラリンピック競技大会を契機とする「心のバリアフリー」の推進の動向も踏まえ、全ての人

が、障害等の有無にかかわらず、多様性を尊重する態度を育成できるようにすることが求められる。

6. 子供の日本語の能力に応じた支援の充実

○　海外から帰国した児童生徒や、近年増加傾向にある外国人児童生徒が、どのような年齢・学年で日本の学校教育を受けることになったとしても、一人一人の日本語の能力に応じた支援を受け、学習や生活の基盤を作っていくことができるよう、指導の目標や支援の視点を明確にして取り組んでいくことが求められる。

○　児童生徒の日本語の能力に応じて、特別の指導を行う必要がある場合には、通級による指導を行うことができるよう「特別の教育課程」が平成26年度から制度化されたところであり、児童生徒の状況に応じて、在籍学級における支援と通級による指導の双方を充実させていくことが必要である。

第9章　何が身に付いたか　―学習評価の充実―

○　学習評価については、教育課程や学習・指導方法の改善と一貫性を持った形で改善を進めることが求められる。また、「カリキュラム・マネジメント」の中で、学習評価の改善を、授業改善及び組織運営の改善に向けた学校教育全体のサイクルに位置付けていくことが必要である。

○　今後、観点別評価については、目標に準拠した評価の実質化や、教科・校種を超えた共通理解に基づく組織的な取組を促す観点から、小・中・高等学校の各教科を通じて、「知識・技能」「思考・判断・表現」「主体的に学習に取り組む態度」の3観点に整理することとし、指導要録の様式を改善することが必要である。

○　なお、観点別学習状況の評価には十分示しきれない、児童生徒一人一人のよい点や可能性、進歩の状況等については、日々の教育活動や総合所見等を通じて積極的に子供に伝えることが重要である。

（以下、略）

中央教育審議会答申「教職生活の全体を通じた教員の資質能力の総合的な向上方策について」（抄）平成 24 年 8 月 28 日

Ⅰ．現状と課題

○　グローバル化や情報化、少子高齢化など社会の急激な変化に伴い、高度化・複雑化する諸課題への対応が必要となっており、学校教育において、求められる人材育成像の変化への対応が必要である。

○　これに伴い、21 世紀を生き抜くための力を育成するため、これからの学校は、基礎的・基本的な知識・技能の習得に加え、思考力・判断力・表現力等の育成や学習意欲の向上、多様な人間関係を結んでいく力の育成等を重視する必要がある。これらは、様々な言語活動や協働的な学習活動等を通じて効果的に育まれることに留意する必要がある。

○　今後は、このような新たな学びを支える教員の養成と、学び続ける教員像の確立が求められている。

○　一方、いじめ・暴力行為・不登校等への対応、特別支援教育の充実、ICT の活用など、諸課題への対応も必要となっている。

○　これらを踏まえ、教育委員会と大学との連携・協働により、教職生活全体を通じて学び続ける教員を継続的に支援するための一体的な改革を行う必要がある。

（1）　これからの社会と学校に期待される役割

○　グローバル化や情報通信技術の進展、少子高齢化など社会の急激な変化に伴い、高度化、複雑化する諸課題への対応が必要となっており、多様なベクトルが同時に存在・交錯する、変化が激しく先行きが不透明な社会に移行しつつある。

○　こうした中で、幅広い知識と柔軟な思考力に基づいて、知識を活用し、付加価値を生み、イノベーションや新たな社会を創造していく人材や、国際的視野を持ち、個人や社会の多様性を尊重しつつ、他者と協働して課題解決を行う人材が求められている。

○　これに伴い、21 世紀を生き抜くための力を育成するため、これからの学校は、基礎的・基本的な知識・技能の習得に加え、これらを活用して課題を解決するために必要な思考力・判断力・表現力等の育成や学習意欲の向上、多様な人間関係を結んでいく力の育成等を重視する必要がある。これらは、様々な言語活動や協

働的な学習活動を通じて効果的に育まれることに留意する必要がある。さらに、地域社会と一体となった子どもの育成を重視する必要があり、地域社会の様々な機関等との連携の強化が不可欠である。

○　また、学校現場では、いじめ・暴力行為・不登校等生徒指導上の諸課題への対応、特別支援教育の充実、外国人児童生徒への対応、ICTの活用の要請をはじめ、複雑かつ多様な課題に対応することが求められている。加えて、社会全体の高学歴化が進行する中で教員の社会的地位の一層の向上を図ることの必要性も指摘されている。

○　このため、教員がこうした課題に対応できる専門的知識・技能を向上させるとともに、マネジメント力を有する校長のリーダーシップの下、地域の力を活用しながら、チームとして組織的かつ効果的な対応を行う必要がある。

○　もとより、教員の自己研鑽の意欲は高いものがあり、日本の授業研究の伝統は諸外国からも注目され、こうした自主的な資質能力向上の取組がこれまで日本の教育の発展を支えてきたとの指摘もある。今後、学校を取り巻く状況が大きく変化していく中で、そうした様々な校内・校外の自主的な活動を一層活性化し、教職員がチームとして力を発揮していけるような環境の整備、教育委員会等による支援も必要である。

（2）　これからの教員に求められる資質能力

○　これからの社会で求められる人材像を踏まえた教育の展開、学校現場の諸課題への対応を図るためには、社会からの尊敬・信頼を受ける教員、思考力・判断力・表現力等を育成する実践的指導力を有する教員、困難な課題に同僚と協働し、地域と連携して対応する教員が必要である。

○　また、教職生活全体を通じて、実践的指導力等を高めるとともに、社会の急速な進展の中で、知識・技能の絶えざる刷新が必要であることから、教員が探究力を持ち、学び続ける存在であることが不可欠である（「学び続ける教員像」の確立）。

○　上記を踏まえると、これからの教員に求められる資質能力は以下のように整理される。これらは、それぞれ独立して存在するのではなく、省察する中で相互に関連し合いながら形成されることに留意する必要がある。
（i）教職に対する責任感、探究力、教職生活全体を通じて自主的に学び続ける力（使命感や責任感、教育的愛情）
（ii）専門職としての高度な知識・技能

・教科や教職に関する高度な専門的知識（グローバル化、情報化、特別支援教育その他の新たな課題に対応できる知識・技能を含む）
・新たな学びを展開できる実践的指導力（基礎的・基本的な知識・技能の習得に加えて思考力・判断力・表現力等を育成するため、知識・技能を活用する学習活動や課題探究型の学習、協働的学びなどをデザインできる指導力）
・教科指導、生徒指導、学級経営等を的確に実践できる力
(iii)総合的な人間力（豊かな人間性や社会性、コミュニケーション力、同僚とチームで対応する力、地域や社会の多様な組織等と連携・協働できる力）

（3） 取り組むべき課題

○ 今後、このような資質能力を有する、新たな学びを支える教員を養成するとともに、「学び続ける教員像」の確立が必要である。

○ 特に、教科や教職に関する高度な専門的知識や、新たな学びを展開できる実践的指導力を育成するためには、教科や教職についての基礎・基本を踏まえた理論と実践の往還による教員養成の高度化が必要である。

○ 他方、初任者が実践的指導力やコミュニケーション力、チームで対応する力など教員としての基礎的な力を十分に身に付けていないことなどが指摘されている。こうしたことから、教員養成段階において、教科指導、生徒指導、学級経営等の職務を的確に実践できる力を育成するなど何らかの対応が求められている。特に、いじめ・暴力行為・不登校等生徒指導上の諸課題は深刻な状況にあり、陰湿ないじめなど、教員から見えにくい事案についても子どもの兆候を見逃さず、課題を早期に把握し、警察等の関係機関と連携するなどして的確に対応できる指導力を養うとともに、教職員全体でチームとして取り組めるよう、こうした力を十分に培う必要がある。

○ さらに、教員は、教職生活全体を通じて、実践的指導力等を高めるとともに、社会の急速な進展の中で知識・技能が陳腐化しないよう絶えざる刷新が必要であり、「学び続ける教員像」を確立する必要がある。このような教員の姿は、子どもたちの模範ともなる。

○ 大学での養成と教育委員会による研修は分断されており、教員が大学卒業後も学びを継続する体制が不十分である。このため、教員が教職生活全体にわたって学びを継続する意欲を持ち続けるための仕組みを構築する必要がある。

○ 加えて、自らの実践を理論に基づき振り返ることは資質能力の向上に有効であるが、現職研修において大学と連携したこのような取組は十分でない。

○ また、教員採用選考において、養成段階における学習成果の活用など、大学との連携が不十分である。

○ 優れた教員の養成、研修や確保は、大学や学校の中だけで行うのではなく、学校支援に関わる関係者をはじめとする広く社会全体の力を結集して取り組んでいくことも必要である。

○ 以上のことを踏まえ、教育委員会と大学との連携・協働により、教職生活全体を通じて学び続ける教員を継続的に支援するための一体的な改革を行う必要がある。

（以下、略）

中央教育審議会答申「これからの学校教育を担う教員の資質能力の向上について～学び合い、高め合う教員育成コミュニティの構築に向けて～」（要約版）平成27年12月21日

2．これからの時代の教員に求められる資質能力

○ これまで教員として不易とされてきた資質能力に加え、**自律的に学ぶ姿勢**を持ち、時代の変化や自らのキャリアステージに応じて求められる資質能力を生涯にわたって高めていくことのできる力や、情報を適切に収集し、選択し、活用する能力や知識を有機的に結びつけ構造化する力。

○ アクティブ・ラーニングの視点からの授業改善、道徳教育の充実、小学校における外国語教育の早期化・教科化、ICTの活用、発達障害を含む特別な支援を必要とする児童生徒等への対応などの**新たな課題に対応できる力量**。

○ 「チーム学校」の考えの下、多様な専門性を持つ人材と効果的に連携・分担し、**組織的・協働的に諸課題の解決に取り組む力**。（ゴシック部分は著者による）

第Ⅰ部　総論

1．急激に変化する時代の中で育むべき資質・能力

- 社会の在り方が劇的に変わる「Society5.0時代」の到来
- 新型コロナウイルスの感染拡大など先行き不透明な「予測困難な時代」

新学習指導要領の着実な実施 ICTの活用

一人一人の児童生徒が、自分のよさや可能性を認識するとともにあらゆる他者を価値のある存在として尊重し、多様な人々と協働しながら様々な社会的変化を乗り越え、豊かな人生を切り拓き、持続可能な社会の創り手となることができるようにすることが必要

2．日本型学校教育の成り立ちと成果、直面する課題と新たな動きについて

[成果]

- 学校が学習指導のみならず、生徒指導の面でも主要な役割を担い、児童生徒の状況を総合的に把握して教師が指導を行うことで子供たちの知・徳・体を一体で育む「日本型学校教育」は諸外国から高い評価
- 新型コロナウイルス感染症の感染拡大防止のため、全国的に学校の臨時休業措置が取られたことにより再認識された学校の役割
  ①学習機会と学力の保障　②全人的な発達・成長の保障　③身体的、精神的な健康の保障（安全・安心につながることができる居場所・セーフティネット）

[課題]

子供たちの意欲・関心・学習習慣等や、高い意欲や能力をもった教師やそれを支える職員の力により成果を挙げる一方、変化する社会の中で以下の課題に直面

- 本来であれば家庭や地域でなすべきことまでが学校に委ねられることになり、結果として学校及び教師が担うべき業務の範囲が拡大され、その負担が増大
- 子供たちの多様化（特別支援教育を受ける児童生徒や外国人児童生徒等の増加、貧困、いじめの重大事態や不登校児童生徒数の増加等）
- 生徒の学習意欲の低下

- 教師の長時間勤務による疲弊や教員採用倍率の低下、教師不足の深刻化
- 学習場面におけるデジタルデバイスの使用が低調であるなど、加速度的に進展する情報化への対応の遅れ
- 少子高齢化、人口減少による学校教育の維持とその質の保証に向けた取組の必要性
- 新型コロナウイルス感染症の感染防止策と学校教育活動の両立、今後起こり得る新たな感染症への備えとしての教室環境や指導体制等の整備

教育振興基本計画の理念 （自立・協働・創造）の継承	学校における 働き方改革の推進	GIGAスクール 構想の実現	新学習指導要領の 着実な実施

必要な改革を躊躇なく進めることで、従来の日本型学校教育を発展させ、
「令和の日本型学校教育」を実現

3．2020年代を通じて実現すべき「令和の日本型学校教育」の姿

①**個別最適な学び**（「個に応じた指導」（指導の個別化と学習の個性化）を学習者の視点から整理した概念

> ◆ 新学習指導要領では、「個に応じた指導」を一層重視し、指導方法や指導体制の工夫改善により、「個に応じた指導」の充実を図るとともに、コンピュータや情報通信ネットワークなどの情報手段を活用するために必要な環境を整えることが示されており、これらを適切に活用した学習活動の充実を図ることが必要
> ◆ GIGAスクール構想の実現による新たなICT環境の活用、少人数によるきめ細かな指導体制の整備を進め、「個に応じた指導」を充実していくことが重要
> ◆ その際、「主体的・対話的で深い学び」を実現し、学びの動機付けや幅広い資質・能力の育成に向けた効果的な取組を展開し、個々の家庭の経済事情等に左右されることなく、子供たちに必要な力を育む

指導の個別化

- 基礎的・基本的な知識・技能等を確実に習得させ、思考力・判断力・表現力等や、自ら学習を調整しながら粘り強く学習に取り組む態度等を育成するため、
  ・支援が必要な子供により重点的な指導を行うことなど効果的な指導を実現
  ・特性や学習進度等に応じ、指導方法・教材等の柔軟な提供・設定を行う

学習の個性化

- 基礎的・基本的な知識・技能等や情報活用能力等の学習の基盤となる資質・能力等を土台として、子供の興味・関心等に応じ、一人一人に応じた学習活動や学習課題に取り組む機会を提供することで、子供自身が学習が最適となるよう調整する

- ◆「個別最適な学び」が進められるよう、これまで以上に子供の成長やつまずき、悩みなどの理解に努め、個々の興味・関心・意欲等を踏まえてきめ細かく指導・支援することや、子供が自らの学習の状況を把握し、主体的に学習を調整することができるよう促していくことが求められる
- ◆その際、ICTの活用により、学習履歴（スタディ・ログ）や生徒指導上のデータ、健康診断情報等を利活用することや、教師の負担を軽減することが重要

それぞれの学びを一体的に充実し
「主体的・対話的で深い学び」の実現に向けた授業改善につなげる

②協働的な学び

- ◆「個別最適な学び」が「孤立した学び」に陥らないよう、探究的な学習や体験活動等を通じ、子供同士で、あるいは多様な他者と協働しながら、他者を価値ある存在として尊重し、様々な社会的な変化を乗り越え、持続可能な社会の創り手となることができるよう、必要な資質・能力を育成する「協働的な学び」を充実することも重要
- ◆集団の中で個が埋没してしまうことのないよう、一人一人のよい点や可能性を生かすことで、異なる考え方が組み合わさり、よりよい学びを生み出す

- ●知・徳・体を一体的に育むためには、教師と子供、子供同士の関わり合い、自分の感覚や行為を通して理解する実習・実験、地域社会での体験活動など、様々な場面でリアルな体験を通じて学ぶことの重要性が、AI技術が高度に発達するSociety5.0時代にこそ一層高まる
- ●同一学年・学級はもとより、異学年間の学びや、ICTの活用による空間的・時間的制約を超えた他の学校の子供等との学び合いも大切

（中略）

4．「令和の日本型学校教育」の構築に向けた今後の方向性

- ◆全ての子供たちの知・徳・体を一体的に育むため、これまで日本型学校教育が果たしてきた、①学習機会と学力の保障、②社会の形成者としての全人的な発達・成長の保障、③安全安心な居場所・セーフティネットとしての身体的、精神的な健康の保障を学校教育の本質的な役割として重視し、継承していく
- ◆教職員定数、専門スタッフの拡充等の人的資源、ICT環境や学校施設の整備等の物的資源を十分に供給・支援することが国に求められる役割
- ◆学校だけでなく地域住民等と連携・協働し、学校と地域が相互にパートナーとして一体となって子供たちの成長を支えていく

> ◆ 一斉授業か個別学習か、履修主義か修得主義か、デジタルかアナログか、遠隔・オンラインか対面・オフラインかといった「二項対立」の陥穽に陥らず、教育の質の向上のために、発達の段階や学習場面等により、どちらの良さも適切に組み合わせて生かしていく
> ◆ 教育政策のPDCAサイクルの着実な推進

全ての子供たちの可能性を引き出す、個別最適な学びと、協働的な学びの実現のための改革の方向性

（1）学校教育の質と多様性、包摂性を高め、教育の機会均等を実現する

- 子供たちの資質・能力をより一層確実に育むため、基礎学力を保障してその才能を十分に伸ばし、社会性等を育むことができるよう、学校教育の質を高める
- 学校に十分な人的配置を実現し、1人1台端末や先端技術を活用しつつ、多様化する子供たちに対応して個別最適な学びを実現しながら、学校の多様性と包摂性を高める
- ICTの活用や関係機関との連携を含め、学校教育に馴染めないでいる子供に対して実質的に学びの機会を保障するとともに、地理的条件に関わらず、教育の質と機会均等を確保

（2）連携・分担による学校マネジメントを実現する

- 校長を中心に学校組織のマネジメント力の強化を図るとともに、学校内外との関係で「連携と分担」による学校マネジメントを実現
- 外部人材や専門スタッフ等、多様な人材が指導に携わることのできる学校の実現、事務職員の校務運営への参画機会の拡大、教師同士の役割の適切な分担
- 学校・家庭・地域がそれぞれの役割と責任を果たし、相互に連携・協働して、地域全体で子供たちの成長を支えていく環境を整備
- カリキュラム・マネジメントを進めつつ、学校が家庭や地域社会と連携し、社会とつながる協働的な学びを実現

（3）これまでの実践とICTとの最適な組合せを実現する

- ICTや先端技術の効果的な活用により、新学習指導要領の着実な実施、個別に最適な学びや支援、可視化が難しかった学びの知見の共有等が可能
- GIGAスクール構想の実現を最大限生かし、教師が対面指導と遠隔・オンライン教育とを使いこなす（ハイブリッド化）ことで、様々な課題を解決し、教育の質を向上
- 教師による対面指導や子供同士による学び合い、多様な体験活動の重要性が一層高まる中で、ICTを活用しながら協働的な学びを実現し、多様な他者とともに問題発見・解決に挑む資質・能力を育成

（4）履修主義・修得主義等を適切に組み合わせる

- 修得主義や課程主義は、個人の学習状況に着目するため、個に応じた指導等に対

する寛容さ等の特徴があるが、集団としての教育の在り方が問われる面は少ない

● 履修主義や年齢主義は、集団に対し、ある一定の期間をかけて共通に教育を行う性格を有し、一定の期間の中で、個々人の成長に必要な時間のかかり方を多様に許容し包含する一方、過度の同調性や画一性をもたらす可能性

● 義務教育段階においては、進級や卒業の要件としては年齢主義を基本としつつも、教育課程の履修を判断する基準としては履修主義と修得主義の考え方を適切に組み合わせ「個別最適な学び」及び「協働的な学び」との関係も踏まえつつ、それぞれの長所を取り入れる

● 高等学校教育においては、その特質を踏まえた教育課程の在り方を検討

● これまで以上に多様性を尊重、ICT等も活用しつつカリキュラム・マネジメントを充実

（5）感染症や災害の発生等を乗り越えて学びを保障する

● 今般の新型コロナウイルス感染症対応の経験を踏まえ、新たな感染症や災害の発生等の緊急事態であっても必要な教育活動の継続

● 「新しい生活様式」も踏まえ、子供の健康に対する意識の向上、衛生環境の整備や、新しい時代の教室環境に応じた指導体制、必要な施設・設備の整備

● 臨時休業時等であっても、関係機関等との連携を図りつつ、子供たちと学校との関係を継続し、心のケアや虐待の防止を図り、子供たちの学びを保障する

● 感染症に対する差別や偏見、誹謗中傷等を許さない

● 首長部局や保護者、地域と連携・協働しつつ、率先して課題に取り組み、学校を支援する教育委員会の在り方について検討

（6）社会構造の変化の中で、持続的で魅力ある学校教育を実現する

● 少子高齢化や人口減少等で社会構造が変化する中、学校教育の持続可能性を確保しつつ魅力ある学校教育の実現に向け、必要な制度改正や運用改善を実施

● 魅力的で質の高い学校教育を地方においても実現するため、高齢者を含む多様な地域の人材が学校教育に関わるとともに、学校の配置や施設の維持管理、学校間連携の在り方を検討

5.「令和の日本型学校教育」の構築に向けたICTの活用に関する基本的な考え方

◆「令和の日本型学校教育」を構築し、全ての子供たちの可能性を引き出す、個別最適な学びと、協働的な学びを実現するためには、ICTは必要不可欠

◆これまでの実践とICTとを最適に組み合わせることで、様々な課題を解決し、教育の質の向上につなげていくことが必要

◆ICTを活用すること自体が目的化しないよう留意し、PDCAサイクルを意識し、効果検証・分析を適切に行うことが重要であるとともに、健康面を含め、ICTが児童生徒に与える影響にも留意することが必要

◆ICTの全面的な活用により、学校の組織文化、教師に求められる資質・能力も変わっていく中で、Society5.0時代にふさわしい学校の実現が必要

（1）学校教育の質の向上に向けたICTの活用

- カリキュラム・マネジメントを充実させ、各教科等で育成を目指す資質・能力等を把握した上で、ICTを「主体的・対話的で深い学び」の実現に向けた授業改善に生かすとともに、従来は伸ばせなかった資質・能力の育成や、これまでできなかった学習活動の実施、家庭等学校外での学びの充実
- 端末の活用を「当たり前」のこととし、児童生徒自身がICTを自由な発想で活用するための環境整備、授業デザイン
- ICTの特性を最大限活用した、不登校や病気療養等により特別な支援が必要な児童生徒に対するきめ細かな支援、個々の才能を伸ばすための高度な学びの機会の提供等
- ICTの活用と少人数によるきめ細かな指導体制の整備を両輪とした、個別最適な学びと協働的な学びの実現

（2）ICTの活用に向けた教師の資質・能力の向上

- 養成・研修全体を通じ、教師が必要な資質・能力を身に付けられる環境の実現
- 養成段階において、学生の1人1台端末を前提とした教育を実現しつつ、ICT活用指導力の養成やデータリテラシーの向上に向けた教育の充実
- ICTを効果的に活用した指導ノウハウの迅速な収集・分析、新時代に対応した教員養成モデルの構築等、教員養成大学・学部、教職大学院のリーダーシップによるSociety5.0時代の教員養成の実現
- 国によるコンテンツ提供や都道府県等における研修の充実等による現職教師のICT活用指導力の向上、授業改善に取り組む教師のネットワーク化

（3）ICT環境整備の在り方

- GIGAスクール構想により配備される1人1台の端末は、クラウドの活用を前提としたものであるため、高速大容量ネットワークを整備し、教育情報セキュリティポリシー等でクラウドの活用を禁止せず、必要なセキュリティ対策を講じた上で活用を促進
- 義務教育段階のみならず、多様な実態を踏まえ、高等学校段階においても1人1台端末環境を実現するとともに、端末の更新に向けて丁寧に検討
- 各学校段階において端末の家庭への持ち帰りを可能とする
- デジタル教科書・教材等の普及促進や、教育データを蓄積・分析・利活用できる環境整備、ICT人材の確保、ICTによる校務効率化

（以下、略）

資格試験研究会

現職教員・教員OB・研究者などが主体となって結成された教員採用試験・公務員採用試験をはじめとした資格試験を研究するグループ。教員採用試験分野では現在までに『教職教養らくらくマスター』『一般教養らくらくマスター』『教職教養 よく出る過去問224』『教員採用試験 速攻の教育時事』などを執筆している。

本書の執筆陣は、元高等学校校長、元教育委員会指導主事などの経歴を持つ。メンバーそれぞれが教員採用試験において試験官を務めた経験があり、また現在も大学などで教職関連の講義・指導を行っている。優れた教員候補者を見極める試験官の観点と、現在の学生の弱点を的確に改善する指導者の観点の両方を、本書に展開している。

カバーデザイン：サイクルデザイン
本文デザイン：株式会社 森の印刷屋
イラスト：高木みなこ

2025年度版　教員採用試験　差がつく論文の書き方

2024 年 2 月 25 日　初版第 1 刷発行　　　　　　　　　　　　　〈検印省略〉

編　者──資格試験研究会
発行者──淺井　亨
発行所──株式会社 実務教育出版
　　　　　〒163-8671　東京都新宿区新宿 1-1-12
　　　　　☎編集 03-3355-1812　販売 03-3355-1951
　　　　　振替　00160-0-78270
組　版──株式会社 森の印刷屋
印　刷──壮光舎印刷
製　本──東京美術紙工